I0093506

Hans-Günter Gruber

Ethisch denken und handeln

2. Auflage

Dimensionen Sozialer Arbeit und der Pflege Band 8

Herausgegeben von der Katholischen Stiftungsfachhochschule München
Abteilungen Benediktbeuern und München

Ethisch denken und handeln

Grundzüge einer Ethik der Sozialen Arbeit

von Hans-Günter Gruber

2., aktualisierte und verbesserte Auflage

Lucius & Lucius · Stuttgart · 2009

Anschrift des Autors:

Prof. Dr. Hans-Günter Gruber
Ludwig-Thoma-Straße 5
85716 Unterschleißheim

Bibliographische Information der Deutschen Nationalbibliothek

Die Deutsche Nationalbibliothek verzeichnet diese Publikation in der Deutschen
Nationalbibliografie; detaillierte bibliografische Daten sind im Internet über
http://dnb.ddb.de abrufbar

Das Foto auf dem vorderen Umschlag stammt von Manuel Mackedanz

ISBN 978-3-8282-0448-5

© Lucius & Lucius Verlagsgesellschaft mbH Stuttgart 2009
    Gerokstraße 51 · D-70184 Stuttgart
    www.luciusverlag.com

Das Werk einschließlich aller seiner Teile ist urheberrechtlich geschützt. Jede Verwer-
tung außerhalb der engen Grenzen des Urheberrechtsgesetzes ist ohne Zustimmung des
Verlags unzulässig und strafbar. Das gilt insbesondere für Vervielfältigungen, Überset-
zungen, Mikroverfilmungen und die Einspeicherung und Verarbeitung in elektronischen
Systemen.

Druck und Bindung: Thomas Müntzer, Bad Langensalza

Inhalt

Einleitung 1

1. Kapitel: Ethik in der Sozialen Arbeit 5
  I. Soziale Arbeit als institutionalisierte Form gesellschaftlicher Solidarität . . 7
  II. Ethik als wissenschaftliche Reflexion guten und richtigen Handelns 11
  III. Ethik als Bezugswissenschaft der Sozialen Arbeit 20

2. Kapitel: Ethos der Sozialen Arbeit 25
  I. Werte und Normen – Maßstäbe ethischen Handelns 25
    1. Normen als Regulative menschlichen Handelns 25
    2. Güter und Werte als Grundlage ethischer Normen 29
    3. Kriterien einer verantwortlichen Wert- und Normfindung 33
    4. Der Einfluss des Welt- und Menschenverständnisses auf den Prozess
       der Wert- und Normfindung 38
    5. Wertewandel und Wertevielfalt in der modernen Gesellschaft 41
    6. Grundwerte als unhintergehbare Grundlage offener Gesellschaften . . 45
  II. Werte und Normen in der Sozialen Arbeit 48
    1. Der Mensch als Person – oberstes Ziel und Richtmaß allen Handelns
       in der Sozialen Arbeit 49
      a. Begründung der besonderen Würde des Menschen 49
      b. Der ethische Gehalt der Menschenwürde-Idee 54
    2. Verantwortung als Einlösung des ethischen Sinnes von Freiheit 57
      a. Geschichte und Verständnis des Verantwortungsbegriffes 58
      b. Konsequenzen für die Praxis der Sozialen Arbeit 63
    3. Toleranz als ethischer Maßstab für den Umgang mit Differenz 68
      a. Toleranz als Lösungsmodell im Umgang mit
        Überzeugungskonflikten 68
      b. Toleranz als Anerkennung der Andersartigkeit des Anderen 71
      c. Konsequenzen für die Praxis der Sozialen Arbeit 76
    4. Gerechtigkeit als ethischer Maßstab für die angemessene Verteilung
       von Gütern und Lasten 80
      a. Gerechtigkeit als die sittliche Haltung, jedem das Seine zu
        gewähren 81
      b. Gerechtigkeit als sozial gerechte Ordnung 84
      c. Konsequenzen für die Praxis der Sozialen Arbeit 89

5. Solidarität mit den leidenden Menschen als Grundmotiv
sozialarbeiterischen Handelns 92
  a. Solidarität als Füreinander-Einstehen im Kampf gegen
  unmenschliche Lebensbedingungen 93
  b. Das Leid der Anderen als Kriterium und Ernstfall solidarischer
  Liebe 98
  c. Exkurs: Solidarische Liebe – Motiv helfenden Handelns? 102

3. Kapitel: Grundlagen und Kennzeichen ethisch verantwortlichen
Handelns 110
  I. Ethisches Handeln als Spannungseinheit von sittlich gutem Willen und
  sittlich richtiger Tat 111
  II. Ethische Handlungsmodelle und ihre Bewertung 119
    1. Das legalistische Modell einer reinen Gesetzesethik 120
    2. Das subjektivistische Modell einer extremen Situationsethik 124
    3. Das idealistische Modell einer radikalen Gesinnungsethik 127
    4. Das utilitaristische Modell einer einseitigen Folgenethik 133
  III. Kennzeichen ethisch verantwortlichen Handelns 138
    1. Das Entscheidungsmodell der Verantwortungsethik 139
      a. Max Webers Ansatz einer Verantwortungsethik 139
      b. Verantwortungsethik als Ethik des Bestmöglichen 141
    2. Bestimmungsmomente des ethischen Handlungsentscheids 146
      a. Die Gesinnung der handelnden Person 146
      b. Das Handlungsziel 152
      c. Die eingesetzten Mittel und Methoden 156
      d. Die vorhersehbaren Folgen 161
    3. Das Gewissen als Entscheidungs- und Kontrollinstanz 163
      a. Zur Herkunft des Gewissensbegriffes 163
      b. Das Gewissen als Ruf in die Verantwortung 166
      c. Das Gewissen als letztverbindliche ethische Urteilsinstanz 171
      d. Gewissensfreiheit und Gewissensirrtum 175

4. Kapitel: Ethische Entscheidungsfindung in der Praxis Sozialer Arbeit . . . 183
  I. Handeln im Konflikt 184
    1. Der Konflikt als Strukturmerkmal menschlichen Leben 184
    2. Der Handlungskonflikt als Ernstfall ethischer Reflexion 186
  II. Kriterien und Orientierungshilfen ethischer Entscheidungsfindung 189
    1. Kriterien für die Abwägung von Gütern und Werten 191
      a. Ranghöhe und Dringlichkeit 192
      b. Gemeinwohl und Eigenwohl 193
    2. Kriterien für die Abwägung von üblen Folgen 196
      a. Übelabwägung und Übelminimierung 196
      b. Vorzugsregeln zur Bestimmung des geringstmöglichen Übels 200

   3. Das Gesetz der Gradualität als Orientierungshilfe für die Bewertung
      subjektiver Handlungsvoraussetzungen 202
III. Der ethisch verantwortete Kompromiss 204
IV. Der Prozess der ethischen Entscheidungsfindung 207
   1. Fragen und Schritte des ethischen Entscheidungsprozesses 208
   2. Fallbeispiele 210
     a. Fallbeispiel 1 210
     b. Fallbeispiel 2 214
     c. Fallbeispiel 3 216

Schluss: Entscheidungssicherheit und Entscheidungszumutung 220

Literatur 224

Autor 234

Einleitung

Ziel der Sozialen Arbeit[1] und ihrer Institutionen ist die Vermeidung, Aufdeckung und Bewältigung sozialer Probleme. Sozialarbeiterinnen und Sozialarbeiter verstehen es als ihre Aufgabe, Menschen in sozial schwierigen Situationen mit professionellen Mitteln zu helfen, ein möglichst eigenständiges Leben in Gemeinschaft zu führen. Je nach Situation nimmt diese Hilfeleistung die Form der Vermittlung, der Betreuung, der Beratung, manchmal auch die der Kontrolle an. Bei aller inhaltlichen Unterschiedlichkeit ist den sozialarbeiterischen Interventionen eines gemeinsam: Sie alle bedeuten einen Eingriff in das Leben der davon betroffenen Menschen. Es kennzeichnet geradezu die Praxis der Sozialen Arbeit, dass hier Menschen handelnd in das Leben anderer Menschen eingreifen. Die meisten dieser sozialarbeiterischen Handlungen sind eindeutiger Natur. Sie gestatten aufgrund klar zu erkennender und einzuschätzender Ziele einen Entscheid auf der Basis eingeübter Handlungsmuster oder auch vorgefertigter Handlungsregelungen. Es muss abgewogen und entschieden werden, welche Form der Hilfeleistung sachlich angezeigt oder gesetzlich vorgesehen ist. In der Wissenschaft Soziale Arbeit wie auch im Studium der Sozialen Arbeit nimmt daher die Reflexion und Vermittlung der rechtlichen Grundlagen und Rahmenbedingungen der Sozialen Arbeit einen relativ breiten Raum ein.[2]

Immer wieder aber sehen sich in der Sozialen Arbeit professionell tätige Menschen auch Situationen gegenüber, die sich einer bloß rechtlichen Antwort entziehen. Es sind dies Situationen, die keine vorgefertigten Lösungen

---

[1]   Ich verwende in dieser Arbeit die Begriffe Sozialarbeit und Sozialpädagogik synonym. Zur Begründung vgl. die Ausführungen in Kapitel 1, Abschnitt I.

[2]   Die Bayrische Rahmenstudienordnung sieht für diesen Bereich zwölf Semesterwochenstunden vor. Demgegenüber fristet der Bereich der Ethik mit nur vier Semesterwochenstunden in acht Semestern ein relativ bescheidenes Dasein, insbesondere wenn man bedenkt, wie häufig von Verantwortlichen die ethische Relevanz sozialarbeiterischer Tätigkeiten betont wird.

zulassen, sondern eine ganz persönliche Stellungnahme und Abwägung der unterschiedlichen, einander oftmals widerstreitenden Ansprüche und Interessen erfordern. In solchen Situationen – es handelt sich hierbei in der Regel um Konfliktsituationen – geht es eben nicht mehr nur um rechtliche Fragen, um Fragen von erlaubt oder unerlaubt, von legal oder illegal. Hier geht es um genuin ethische Fragen, um Fragen von gut oder schlecht, von legitim oder illegitim. Wie in solchen Konfliktsituationen zu entscheiden ist, hat letztlich die zum Handeln aufgerufene Person zu bestimmen und zu verantworten. Was aber hat sie dabei alles zu berücksichtigen? Nach welchen Gesichtspunkten hat sie ihre Entscheidung zu treffen? Vor allem, gibt es Kriterien, die den Prozess der ethischen Entscheidungsfindung der subjektiven Willkür entziehen und ihn zu einem verantwortlichen, nachvollziehbaren Geschehen machen?

Ziel dieses Buches ist es, ein ethisches Handlungsmodell für die Praxis der Sozialen Arbeit zu entwerfen, ein Handlungsmodell, das den in den unterschiedlichen Praxisfeldern der Sozialen Arbeit tätigen Frauen und Männern eine Orientierungshilfe für einen verantwortlichen Handlungsentscheid bietet. Es geht im Folgenden also nicht um eine ethische Analyse jener sozialen und politischen Problemlagen, die das Leben der Menschen in der Bundesrepublik Deutschland gegenwärtig so sehr berühren und prägen. Dass Ethik und Soziale Arbeit hierzu ihre Stimme zu erheben und ihr Fachwissen und ihre Fachkompetenz in den öffentlichen Diskurs einzubringen haben, steht außer Zweifel.[3] Es geht auch nicht um philosophisch-theologische Fragen der Begründung einer Ethik des Sozialen oder gar der Sozialen Arbeit. Versuche hierzu, auch gelungene, gibt es seit mehreren Jahren.[4] Was in der noch jungen Wissenschaft Soziale Arbeit jedoch aussteht, ist die explizite und konzentrierte Darlegung einer handlungsorientierten Ethik der Sozialen Arbeit, aufgrund derer jede Sozialarbeiterin und jeder Sozialarbeiter[5]

---

[3]   Als Beispiel einer solchen ethischen Analyse fragwürdiger gesellschaftlicher Entwicklungen im Sozialbereich sei genannt Wilken 2000.
[4]   Vgl. hierzu etwa Schlüter [3]1995; Baum 1996; Schneider [2]2001; Martin 2001.
[5]   In diesem Buch soll, so weit möglich, sowohl die weibliche wie auch die männliche Sprachform verwendet werden. Wo um der Lesbarkeit willen darauf verzichtet wird, ist das andere Geschlecht stets mit angesprochen. Da die Mehrzahl der in der Praxis der

das eigene professionelle Handeln auf seine ethische Stimmigkeit und Legitimität hin überprüfen kann.

Die Entwicklung eines sozialarbeitstauglichen ethischen Handlungsmodells erfordert ein systematisches, logisch-stringentes Vorgehen. Dieses nimmt in einem *ersten Kapitel* bei der Frage nach dem Zuordnungsverhältnis von Ethik und Sozialer Arbeit seinen Ausgangspunkt. Geht es in diesem ersten Schritt um die Entdeckung der ethischen Fragestellung im Kontext professionellen sozialarbeiterischen Handelns, so wendet sich das *zweite Kapitel* dem Ethos der Sozialen Arbeit zu. Hier werden diejenigen Haltungen und Werte vorgestellt und inhaltlich genauer gefasst, die die Soziale Arbeit in ihrer ethischen Zielsetzung fundamental bestimmen. Werte und Normen strukturieren sowohl die Gesinnung der handelnden Person wie auch deren Ziele. Sie sind ein wichtiger Aspekt ethischen Handelns. Welche Aspekte darüber hinaus ethisches Handeln qualifizieren und wie diese Qualifikationsmerkmale modellhaft zur Darstellung gebracht werden können, ist Thema und Inhalt des *dritten Kapitels*. Hier wird, mit anderen Worten, ein für die Praxis der Sozialen Arbeit taugliches ethisches Handlungsmodell entwickelt und vorgestellt. In einem *vierten und letzten Kapitel* wird dieses ethische Handlungsmodell schließlich auf die Frage der ethischen Entscheidungsfindung hin fokussiert. An einigen ausgewählten Fallbeispielen aus der Praxis der Sozialen Arbeit wird in diesem letzten Abschnitt des Buches konkret aufgezeigt und erläutert, wie Sozialarbeiterinnen und Sozialarbeiter auch und gerade in ethischen Konfliktsituationen noch einen verantwortlichen Handlungsentscheid treffen können.

Die vorliegende Schrift wendet sich in erster Linie an Studierende und Fachkräfte aus dem Bereich der Sozialen Arbeit.[6] Darüber hinaus möchte sie

---

Sozialen Arbeit tätigen Menschen Frauen sind, habe ich mich dafür entschieden, bei der Berufsbezeichnung in der Regel nur die weibliche Form anzusprechen. Wenn im Text also von der Sozialarbeiterin die Rede ist, so ist damit jeweils auch der männliche Sozialarbeiter gemeint.

6   Da sich die hier vorgelegten Grundzüge einer handlungsorientierten Ethik der Sozialen Arbeit jedoch im Wesentlichen auf alle helfenden Berufe übertragen lassen, möchte diese Arbeit ausdrücklich auch Leserinnen und Leser ansprechen, die professionell in einem helfenden Beruf tätig sind.

aber auch Diskussions- und Arbeitsgrundlage für Lehrende sein. Die Idee zu diesem Buch ist entstanden aus zahlreichen Anregungen und Anfragen, die Studentinnen und Studenten der Sozialen Arbeit – zumeist im Anschluss an ihre Erfahrungen aus dem praktischen Studienjahr – in meinen Ethik-Lehrveranstaltungen an mich herangetragen haben. Diese Anregungen und Anfragen haben mich veranlasst, meinen handlungstheoretischen ethischen Ansatz zu konkretisieren und auf die Praxis der Sozialen Arbeit zu übertragen. Wertvolle Anregungen und Hinweise bei der Erstellung dieses Buches, insbesondere was die inhaltliche Ausgestaltung des dritten und vierten Kapitels betrifft, habe ich von meiner Kollegin Frau Prof. Dr. Tilly Miller sowie meiner Frau Gisela Menzinger-Gruber M.A. Päd. erhalten. Julia Gruber, Studentin der Germanistik, hat so manche sprachliche Unebenheit geglättet. Ihnen allen sei herzlich gedankt.

1. Kapitel: Ethik in der Sozialen Arbeit

Moderne Gesellschaften sind durch ihr hohes Maß an struktureller Differenzierung gekennzeichnet. In den vergangenen zwei Jahrhunderten haben sich in nahezu allen Ländern der westlichen Welt verschiedene soziale
Organisationsgeflechte mit je eigenen Funktionen, Handlungsthematiken,
Sinnkontexten und Rationalitätsmustern entwickelt und institutionell ver-
selbstständigt. Zu nennen wären hier etwa die Wirtschaft, die Politik, die
Wissenschaft, die Kirchen, das Gesundheits-, das Bildungs- und das Sozialwesen. Gleichzeitig damit wurden ehemals fusionierte und miteinander ver-
flochtene gesellschaftliche Funktionszusammenhänge entflochten. Was in
der traditionellen Gesellschaft Aufgabe ein und desselben Systems, etwa der
Familie, war, hat sich nunmehr auf funktional spezialisierte, relativ autonome, aufeinander jedoch in hohem Maße verwiesene soziale Organisationsgeflechte verteilt. Aufgrund ihrer Spezialisierung sind diese gesellschaftlichen
Teilsysteme überaus leistungsstark.
Niklas Luhmann hat bereits 1973 darauf hingewiesen, dass dieser gesellschaftliche Wandlungsprozess auch die Formen des Helfens tief greifend
verändert hat. Während in der traditionellen Gesellschaft soziale Hilfe noch
auf der moralisch generalisierten, schichtenmäßig geordneten Erwartungs-
struktur beruhte, hat sich in der zweiten Hälfte des 19. Jahrhunderts im
Anschluss an soziale Bewegungen sowie an die staatliche Sozialgesetzgebung
ein organisiertes, auf das Helfen spezialisiertes gesellschaftliches Teilsystem,
das Sozialwesen, herausgebildet und institutionell verfestigt. Hilfe in sozialen Notlagen wurde damit, so Luhmann, „in nie zuvor erreichter Weise eine
zuverlässig erwartbare Leistung, gleichsam Sicherheitshorizont des täglichen
Lebens auf unbegrenzte Zeit in den sachlichen Grenzen der Organisations-
programme, deren jeweiligen Inhalt man feststellen kann."[7] Das Organisa-
tionsprogramm, das jeweilige Hilfesystem wurde damit aber auch zur be-

---

[7] Luhmann 1973, 32.

stimmenden und zugleich die Möglichkeiten des Helfens begrenzenden Erfahrungs- und Handlungsgrundlage. Die Entscheidung, zu helfen oder nicht zu helfen, ist in diesem Rahmen nicht mehr eine „Sache des Herzens, der Moral oder der Gegenseitigkeit, sondern eine Frage der methodischen Schulung und der Auslegung des Programms, mit dessen Durchführung man während einer begrenzten Arbeitszeit beschäftigt ist. Die Problemvorzeichnung, auf die die Organisation verlässlich reagiert, findet sich in ihrer eigenen Struktur. Die Ausführung des Programms wird durch die Vorteile der Mitgliedschaft in Arbeitsorganisationen motiviert, die Mittel sind weitgehend Geldmittel und werden pauschal beschafft. Individuelle Motive zur Hilfe sind insoweit entbehrlich, und das bewirkt hohe Beliebigkeit, Steuerbarkeit und Änderbarkeit der Zuwendung von Hilfe. Die helfende Aktivität wird nicht mehr durch den Anblick der Not, sondern durch einen Vergleich von Tatbestand und Programm ausgelöst und kann in dieser Form generell und zuverlässig stabilisiert werden."[8] Diese organisierte Form der Sozialarbeit zeichne sich, so Luhmann, durch Effektivität und Zuverlässigkeit aus, grabe spontanen, unorganisierten Hilfsmotivationen aber gleichzeitig das Wasser ab und produziere Effekte selektiver Nichtbeachtung, insofern soziale Notlagen eben nur insoweit als Notlagen gesehen und anerkannt werden, als organisierte Routinen zu ihrer Lösung bereit stehen oder neue Routinen an die vorhandenen angegliedert werden können.[9]

Luhmann zeichnet hier ein kritisches, sozialtechnologisch geprägtes Bild des modernen Sozialwesens. Sozialarbeiter und Sozialarbeiterinnen werden in dieser soziologischen Wahrnehmung in ihrer Fachlichkeit von ihrem Methoden- und Organisationswissen bestimmt. Ethische Fragen spielen dieser Analyse zufolge in der Sozialen Arbeit keine Rolle mehr, es sei denn, man versteht die formale Beurteilung der Richtigkeit von Hilfsprogrammen als eine Aufgabe, die mehr als nur Verfahrenswissen erfordert; worauf in den Ausführungen Luhmanns allerdings nichts hindeutet. So scharfsichtig diese soziologische Analyse hinsichtlich des Stellenwerts der Sozialen Arbeit in der modernen Gesellschaft auch sein mag, so spiegelt sie doch ein verkürz-

---

[8]   Luhmann 1973, 34.
[9]   Vgl. Luhmann 1973, 36.

tes und damit defizitäres Sozialarbeitsverständnis wider. Mehr als in jeder anderen Hinsicht kommt dies in der von allen ethischen Bezügen und Fragestellungen bereinigten Beschreibung der Zielvorstellungen und Organisationsabläufe Sozialer Arbeit zum Ausdruck. Den folgenden Ausführungen liegt demgegenüber die These zugrunde, dass sowohl das Forschungsziel der Sozialarbeitswissenschaft wie auch deren Praxis Fragen von grundlegender ethischer Relevanz berühren.

I. Soziale Arbeit als institutionalisierte Form gesellschaftlicher Solidarität

Die Soziale Arbeit, wie sie heute an vielen deutschen Fachhochschulen gelehrt und wissenschaftlich traktiert wird, ist aus zwei voneinander zunächst ganz unabhängigen Berufen hervorgegangen: der Sozialarbeit und der Sozialpädagogik. Beide Professionen können auf eine über hundertjährige Tradition zurückblicken.[10] Der Ursprung der beruflichen Sozialarbeit liegt in der behördlichen Armenpflege, in der von christlich-religiösen Motiven geprägten ehrenamtlichen Wohlfahrtspflege und in der Frauenbewegung. Als Berufsarbeit für Frauen begann sie 1899 mit der Einrichtung eines Jahreskurses für soziale Hilfstätigkeit durch Alice Salomon in Berlin. In München gründete Ellen Ammann 1909 die erste Katholische Soziale Frauenschule in Deutschland. Am Ende des Ersten Weltkrieges gab es deutschlandweit bereits 22 Soziale Frauenschulen, ab 1925 auch einzelne Schulen, die männliche Wohlfahrtspfleger ausbildeten. Zwischen 1959 und 1964 wurden aus diesen Wohlfahrtsschulen Höhere Fachschulen für Sozialarbeit mit vierjähriger Ausbildung. Eine ganz ähnliche Entwicklung nahm die Sozialpädagogik. Zwar hat diese ihre Wurzeln nicht in der Hilfe und Fürsorge in Notlagen, sondern in der Kindererziehung und der Arbeit mit gefährdeten Kindern und Jugendlichen in der Heimpädagogik. Doch die fachliche Ausdifferenzierung und Institutionalisierung erfolgte nahezu parallel zur beruflichen

---

[10] Ausführlich dazu Wendt ⁴1995, Müller 1999.

Sozialarbeit.[11] So war es nur konsequent, dass die Ausbildungen zur Sozialarbeit und Sozialpädagogik unter dem Begriff der Sozialen Arbeit zu einem Gesamtkonzept einer in der Gesellschaft und für die Gesellschaft wirksamen Praxis von Hilfe und Unterstützung für Menschen in schwierigen Situationen zusammenwuchsen, als diese mit der Gründung der Fachhochschulen 1970/71 in den tertiären Bildungssektor überführt wurden.[12]

Die Soziale Arbeit weist als Profession also zumindest drei wichtige Etappen auf. Sie wurde in Deutschland zwar wesentlich befördert durch die staatliche Sozialgesetzgebung Bismarcks. Hervorgegangen aber ist sie, ausgelöst durch die Soziale Frage, aus sozialen Bewegungen mit selbst definierten Bedürfnissen, Zielen und Ansprüchen. Als feste gesellschaftliche Größe etabliert hat sie sich jedoch erst durch die Einrichtung von Schulen und ihre damit einhergehende Professionalisierung in der ersten Hälfte des 20. Jahrhunderts. Mit der Überführung in den tertiären Bildungssektor begann im letzten Drittel des vergangenen Jahrhunderts schließlich ihre wissenschaftliche Erforschung und Fundierung.[13] Die Wurzeln und die berufliche Entstehungsgeschichte der Sozialen Arbeit bestimmen bis heute ihren Gegenstand und ihr berufliches Selbstverständnis. Gegenstand der Sozialen Arbeit und dementsprechend auch der Sozialarbeitswissenschaft ist der Mensch, und zwar der Mensch unter dem Gesichtspunkt seiner gesellschaftlichen Einbindung.[14] Die Soziale Arbeit hat sich in ihrer über hundertjährigen Praxis eine Fülle an spezifischem Wissen über die Bedeutung, die Werte und die Möglichkeiten gesellschaftlichen Zusammenlebens angeeignet. Die Sozial-

---

[11] Als Ausgangspunkt für die berufliche Sozialpädagogik gilt die Einrichtung von Fortbildungskursen für sozialpädagogische Fachkräfte durch Henriette Schrader-Breymann im Jahr 1880 in Berlin.

[12] In manchen Fachhochschulen werden diese beiden Studiengänge auch unter dem Terminus „Sozialwesen" zusammengefasst. Ebenso werden an manchen Fachhochschulen heute noch – ein Reflex dieser Herkunft – getrennte Studiengänge Sozialarbeit und Sozialpädagogik angeboten. Zu diesen beiden Wurzeln der Sozialen Arbeit und der Geschichte ihres Zusammenwachsens vgl. Müller 2001.

[13] Zum gegenwärtigen Stand der Diskussion um die Soziale Arbeit als Wissenschaft und Profession vgl. Schumacher 2007, 7-80.

[14] Sehr klar und präzise dazu Schumacher 2003, 7-10. An anderer Stelle spricht Schumacher vom Menschen als Bezugspunkt der Sozialen Arbeit (vgl. Schumacher 2007, 20).

arbeitswissenschaft versucht dieses Wissen empirisch zu begründen und zu erweitern.

Mit dem Gegenstand der Sozialen Arbeit ist allerdings noch nicht deren Ziel im Blick. Wissenschaftstheoretisch gesprochen, ist damit zunächst lediglich das Materialobjekt dieser Wissenschaft benannt, aber noch nicht ihr Formalobjekt, der spezifische Blickwinkel, von dem her und auf den hin dieses Objekt untersucht wird. Ziel und damit Formalobjekt der Sozialen Arbeit ist die Vermeidung, die Aufdeckung und die Bewältigung sozialer Probleme.[15] Es geht der Sozialen Arbeit darum, und das bestimmt seit über hundert Jahren auch ihren Arbeitsauftrag und ihr Selbstverständnis, Menschen in sozial benachteiligten Situationen, ungeachtet ihres Alters und ihres Ansehens, zu helfen.[16] Menschen sollen durch sozialarbeiterisches Handeln befähigt werden, ihr Leben und Zusammenleben selbstbestimmt zu gestalten. Als wissenschaftliche Disziplin lehrt die Sozialarbeitswissenschaft den professionellen, das heißt theoretisch begründeten und methodisch geleiteten Umgang mit sozialen Problemen. Sie untersucht ihren Gegenstand, den Menschen in seiner gesellschaftlichen Einbindung, mit dem Ziel, soziale Benachteiligungen erst gar nicht entstehen zu lassen. Wo sie aber vorhanden sind, sollen sie erkannt und beseitigt werden, damit auf diese Weise möglichst alle Menschen am gesellschaftlichen Leben und den damit verbundenen Errungenschaften teilhaben können. Dazu entwickelt sie spezifisches Erklärungs-, Werte-, Handlungs- und Evaluationswissen.[17]

Vor dem Hintergrund dieser Begriffsbestimmung Sozialer Arbeit muss Niklas Luhmanns eingangs zitierte soziologische Analyse moderner sozialer Hilfeleistung als einseitig bewertet werden. Luhmann geht in seinen Überlegungen davon aus, dass individuelle Motive in der modernen Sozialarbeit

---

[15] Wenn Wolf Rainer Wendt davon spricht, dass die Sozialarbeit „spezifische Missstände und Beeinträchtigungen zum Gegenstand" habe (so Wendt 1990, 7), dann liegt hier wohl eine Verwechslung von Forschungsziel und Forschungsgegenstand vor.

[16] Silvia Staub-Bernasconi warnt in diesem Zusammenhang völlig zu Recht vor jenen fachlich motivierten, politisch indes durchaus willkommenen Bestrebungen, sich zugunsten einer Ressourcenorientierung vom Problembegriff zu verabschieden. Sie sieht darin einen Verrat an der Berufsethik Sozialer Arbeit. Vgl. Staub-Bernasconi, 1995, 63-65.

[17] Vgl. dazu Miller [2]2001, 26-231.

keine Rolle mehr spielen. Helfen erfolge hier vielmehr im Rahmen von vor-
gezeichneten, auf ihre Effektivität hin evaluierten Organisationsprogrammen
mit dem Ziel, Problemfälle zu beseitigen. Nächstenliebe nehme im Prinzip
die Form einer Verweisung an. Nicht jede Art von Notlage aber sei, so der
Bielefelder Soziologe, organisatorisch zu steuern, ja manche Notlagen seien
auf der organisatorischen Ebene gar nicht wahrnehmbar.[18] Zurückgewiesen
werden muss diese Analyse auch deshalb, weil sie einseitig nur auf die Organisationsabläufe institutionalisierter Formen der Hilfeleistung abhebt, aber
nicht zugleich deren Ausgangspunkt und Zielsetzung mit im Blick hat. Es ist
der institutionelle Auftrag der Sozialen Arbeit, Menschen in sozial schwierigen Situationen und Notlagen mit professionellen Mitteln solidarisch bei-
zustehen mit dem Ziel, diesen Menschen zum Stande ihres Menschseins zu
verhelfen, das heißt ihnen eine eigenständige Lebensführung zu ermöglichen
und sich selbst als angenommen und wertvoll zu erleben. Wie eine unvorein-
genommene Sicht auf die Situationen, in denen Soziale Arbeit heute immer
noch tätig wird, zeigt, ist ihr Handeln in den allermeisten Fällen durch eben
diesen Auftrag und diese Zielsetzung motiviert und gekennzeichnet.[19] Soziale Arbeit ist, so gesehen, die institutionalisierte Form gesellschaftlicher Solidarität. Sie ist die aus der Gesellschaft erwachsene, institutionelle Antwort
auf die Notwendigkeit solidarischen Beistands für die schwächsten Glieder
dieser Gesellschaft. Der Münchner Sozialarbeitswissenschaftler Dionys Zink
bezeichnet vor diesem Hintergrund Soziale Arbeit nicht zu Unrecht als „die
in einer Gesellschaft entstandene Institution der Solidarität"[20]. Das aber
heißt: Der der Sozialen Arbeit geschichtlich zugewachsene gesellschaftliche
Auftrag zu solidarischer Hilfeleistung ist der Maßstab, an dem sich auch
heute noch jegliches individuelle wie institutionelle Handeln in der Sozialen
Arbeit bemessen lassen muss.[21]

---

[18] Vgl. Luhmann 1973, 36.
[19] Als Beispiele seien hier nur genannt das Tätigwerden der Sozialen Arbeit in der Aidshil-
fe, der Gerontologie, der Asylberatung und in der Arbeit mit Migranten und Migran-
tinnen.
[20] Zink 1994, 88. Vgl. dazu auch Klug 2000, 201f.
[21] Zum Solidaritätsbegriff vgl. auch die Ausführungen in Kapitel 2.

Als personal vermittelte Form gesellschaftlicher Solidarität geht es der Sozialen Arbeit um eine in der Gesellschaft und für die Gesellschaft wirksame Praxis von Hilfe und Unterstützung für Menschen in schwierigen sozialen Situationen. Dieses fachliche Selbstverständnis widerspricht jedem sozialtechnologischen oder sozialpragmatischen Verständnis Sozialer Arbeit. Und es schützt auch vor staatlicher Vereinnahmung. Denn es verleiht der Sozialen Arbeit ein eigenständiges berufliches und gesellschaftliches Profil und gewährt ihr damit jenes Maß an Eigenständigkeit, das sie benötigt, um ihre selbst gesetzte Aufgabe, mit ihrem fachlich geschulten Blick auf soziale Missstände hinzuweisen und an deren Beseitigung mitzuwirken, auch unter modernen gesellschaftlichen Bedingungen wahrnehmen zu können.

Nachdem damit Gegenstand und Ziel der Sozialen Arbeit soweit umrissen sind, wie es für den Fortgang dieser Arbeit notwendig erscheint, gilt es im Folgenden die ethischen Bezüge herauszuarbeiten, die diesem Verständnis Sozialer Arbeit inhärent sind. Was aber ist Ethik?

II. Ethik als wissenschaftliche Reflexion guten und richtigen Handelns

Ethik hat es mit dem Handeln des Menschen zu tun. Sie ist jene Teildisziplin der Philosophie, die Antwort zu geben versucht auf die zweite der drei Grundfragen Immanuel Kants, die dieser in einem Brief an einen Bekannten – geschrieben am 4. Mai 1793 – formuliert hat. Kant schrieb damals: „Mein schon seit geraumer Zeit gemachter Plan der mir obliegenden Bearbeitung des Feldes der reinen Philosophie ging auf die Auflösung der drei Aufgaben: 1. Was kann ich wissen? (Metaphysik) 2. Was soll ich tun? (Moral) 3. Was darf ich hoffen? (Religion)."

Ethik ist also jene Wissenschaft, die Antwort zu geben versucht auf die Frage: Was soll ich tun? Wie soll ich sein und handeln? Das menschliche Handeln ist der Gegenstand, das Materialobjekt, mit dem sich die Ethik beschäftigt. Ihr Ziel und damit ihr Formalobjekt aber ist die wissenschaftliche

Traktierung der Frage, ob dieses Handeln gut oder schlecht[22], ob es richtig oder falsch ist. Dass sich die Frage nach dem guten und richtigen Handeln überhaupt stellt, hat mit der Grundkonstitution des Menschen zu tun. Der Mensch ist, im Unterschied zum Tier, in seinem Handeln biologisch nicht durch artspezifische Verhaltensmuster auf das Leben in einer bestimmten Umwelt festgelegt. Er ist vielmehr, wie die Anthropologen sagen, in seinem Verhalten instinktreduziert, umweltfrei und weltoffen.[23] Er kann sich den verschiedensten Situationen und Lebensverhältnissen anpassen. Er besitzt – ungeachtet aller physischen, psychischen und sozialen Einschränkungen, unter denen menschliches Handeln immer auch steht – die Freiheit, sich so oder so zu entscheiden, unter verschiedenen Handlungsmöglichkeiten eine auszuwählen, ja sich die Zwecke seines Handelns selbst zu setzen. Als Wesen der Selbstaufgegebenheit hat der Mensch aber nicht nur die Möglichkeit, sein Handeln selbst zu bestimmen; als freiheitliches Wesen sieht er sich auch vor die Aufgabe, ja vor die Notwendigkeit gestellt, sein Leben zu entwerfen, zu führen, zu gestalten und damit letztlich auch zu verantworten.

Ich möchte diesen für die ethische Fragestellung grundlegenden Zusammenhang von Handeln und Freiheit am Beispiel menschlichen Sexualverhaltens kurz verdeutlichen. Das Sexualverhalten der Menschen unterscheidet sich, biologisch gesehen, in mehrfacher Hinsicht vom Sexualverhalten der Tiere. Der Sexualtrieb des Menschen ist instinktreduziert. Er ist dadurch von Natur aus unbestimmt und formbar. Er ist sodann chronisch aktuell, das heißt, er ist im Unterschied zum Sexualtrieb der Tiere – eine Ausnahme stellen in dieser Hinsicht lediglich die höheren Primaten dar – an keine festen Zeiten gebunden, auch nicht an die Fortpflanzung. Er ist vielmehr das ganze Jahr über als Potential vorhanden. Daraus resultiert ein Antriebsüberschuss. Es

---

22 Entscheidet sich jemand absichtlich für eine moralisch schlechte Handlung, etwa die Tötung eines unschuldigen Menschen aus rein egoistischen Motiven, so wird ein solches Handeln als böse qualifiziert.

23 Der erste Gelehrte, der im vergangenen Jahrhundert diesen anthropologischen Grundsachverhalt klar und deutlich benannt hat, war Max Scheler in seinem 1929 erstmals erschienenen Buch „Die Stellung des Menschen im Kosmos". Die Einsichten Schelers aufgegriffen und weitergeführt hat vor allem der Soziologe und Philosoph Arnold Gehlen, dessen bedeutendstes Werk, „Der Mensch. Seine Natur und seine Stellung in der Welt", die Nähe zu Scheler verrät.

ist mehr sexuelle Energie vorhanden, als zur Fortpflanzung notwendig wäre. Beim Menschen ist daher auch die Lustempfindung vom Gattungszweck der Fortpflanzung frei ablösbar. Sie kann bei ihm zum eigenständigen Motiv bewusster, etwa im Dienst der Partnerschaft stehender Handlungen werden. Der Mensch ist in seinem Sexualverhalten, so die Konsequenz aus diesem anthropologischen Befund, weder zeitlich noch funktional festgelegt. Daher bedarf dieser wichtige Lebensbereich der Formung und Gestaltung, wenn das Zusammenleben gelingen soll. Es gibt denn auch, wie der Blick in die vergleichende Kulturanthropologie zeigt, keine Kultur, in der das menschliche Sexualverhalten nicht bestimmten Wertungen und Normierungen unterworfen wäre. Inhaltlich fallen diese Normierungen von Kultur zu Kultur allerdings höchst unterschiedlich aus. Was in der einen Kultur geboten ist, zum Beispiel die Schwagerehe im Alten Israel oder die Knabenliebe im alten Griechenland, ist in der anderen verboten. Auch unterliegen diese Normierungen – man denke hier nur an die Bewertung vorehelicher Sexualität oder das Kontrazeptionsverbot im christlichen Abendland – einem zeitlichen Wandel.

An diesem Beispiel wird ein Dreifaches deutlich. Zunächst wird daran ersichtlich, dass der Mensch schon von seiner biologischen Konstitution, von seiner Natur her auf deren Überschreiten angelegt ist. Er ist zwar Teil dieser Natur und in seinem Handeln und Verhalten bis zu einem gewissen Grad natural disponiert, aber eben nicht gänzlich festgelegt. Er kann sich die Zwecke seines Handelns, im sexuellen wie in jedem anderen Lebensbereich, in der Regel selbst setzen. Er kann dies aber nicht nur, er muss es aufgrund seiner Entwurfsoffenheit auch tun, soll sein Leben und Zusammenleben gelingen. Mit anderen Worten: Der Mensch ist von seiner anthropologischen Konstitution her darauf verwiesen, seine Antriebe und Handlungen zu formen und zu gestalten.[24] Zum zweiten wird an diesem Beispiel ersichtlich, dass für diese Gestaltung Maßstäbe und Sinngehalte notwendig sind. Diese

---

[24] Der Mensch ist also bereits biologisch betrachtet ein auf Kultur und gesellschaftliche Normierung angelegtes Wesen. Er ist das Wesen der Natur-Kultur-Verschränkung. Ein an sich natürliches Verhalten des Menschen gibt es nicht. Was als natürlich gilt, ist vielmehr stets das Produkt kultureller Normierung.

Maßstäbe und Sinngehalte sind nicht eindeutig vorgegeben und auch nicht zeitlos gültig. Sie müssen vielmehr gefunden, begründet und immer wieder neu aktualisiert werden. Schließlich wird an diesem Beispiel auch deutlich, dass sich der Mensch in seinem Handeln verfehlen, dass er gegen das als gut und richtig Erkannte verstoßen kann. Der Mensch kann ganz bewusst den seiner Geschlechtlichkeit inhärenten Sinn- und Wertgehalten zuwider handeln, etwa indem er die sozialen Bezüge seines Sexualtriebes völlig ausklammert und sich in seinen sexuellen Handlungen nur auf sich selbst bezieht.[25] Ethik reflektiert menschliches Handeln unter der moralischen Differenzsetzung von gut und schlecht, von richtig und falsch, von geboten und verboten. Die moralische Bedeutung von „gut" ist in diesem Zusammenhang dahingehend zu verstehen, dass eine bestimmte Handlung als geeignet erscheint, zum Gelingen menschlichen Lebens beizutragen.[26] Mit dem Werturteil „gut" ist daher stets die Aufforderung verbunden, einen bestimmten Sachverhalt zu verwirklichen, sich dem Gut entsprechend zu verhalten. Nun gibt es in jeder Kultur und Gesellschaftsordnung immer schon einen tradierten Bestand an Einstellungen, Regeln, Überzeugungen, Normen und Prinzipien, in denen sich diese moralische Differenz zum Ausdruck bringt. Man bezeichnet ein solches Gesamtmuster an Einstellungen, Überzeugungen, Werten und Normen, sofern es das Handeln einer Gruppe von Menschen bestimmt, als Ethos[27] oder Moral.[28] Mit *Ethos* oder *Moral* ist also immer die konkrete Gestalt sittlichen Lebens gemeint. Spricht man vom Ethos einer bestimmten

---

[25] Ein anschauliches, biblisches Beispiel der zerstörerischen Kraft grenzenloser, entfesselter Sexualität liefert König David, der der Schönheit und den Reizen Batsebas, der Frau seines Heerführers Urija, verfällt, sich diese Frau in seiner Gier einfach „nimmt" und den Nebenbuhler und Ehemann Batsebas zur Vertuschung des Ehebruchs in eine Schlacht schickt, aus der er keine Chance hat, lebend zu entkommen. So kann er die Witwe nach der Trauerzeit ehelichen. David vermeidet mit diesem Mord, machtbewusst und kühl planend, persönlichen Ärger und politische Verwicklungen als die möglichen Folgen seines Übergriffs (vgl. 2 Sam 11-12).

[26] Die Frage, worin dieses gelingende Menschsein besteht, wird dabei von den verschiedenen ethischen Schulen durchaus unterschiedlich beantwortet. Vgl. hierzu Pieper [5]2003, 234-288.

[27] Vom griechischen *ethos* = Gewohnheit, Charakter, Sitte, Brauch. Ursprünglich war damit der Weideplatz der Tiere, die Umzäunung gemeint.

[28] Vom lateinischen *mores* = Sitten. Zum Ethosbegriff vgl. Kluxen 1998.

Berufsgruppe, etwa der Medizin oder der Sozialen Arbeit, so ist damit das Gesamt der Einstellungen, Überzeugungen, Wertorientierungen und Normen gemeint, die die Mitglieder dieser Berufsgruppe als verbindlich für das eigene Handeln erachten und auch anerkennen. In seiner subjektiven Bedeutung meint Ethos oder Moral die entsprechende Einstellung und Gesinnung, die sittliche Verfassung einer Person.[29] In den modernen westlichen Gesellschaften gibt es – auf der Basis einiger weniger Grundwerte – eine Pluralität von gruppenspezifischen Ethosformen. Diese Ethosformen stellen ein mehr oder weniger „detailliertes Gesamtmuster der Handlungsleitung dar, das eine Einheit mit der jeweiligen Kultur und Gesellschaftsordnung bildet und das dem Einzelnen im Vorgang der Sozialisation vermittelt wird. Moral ist deshalb nicht nur für die Handlungsorientierung, sondern auch für die Vermittlung kollektiver und individueller Identität verantwortlich."[30]

Damit kann nun der Begriff der Ethik genauer gefasst werden. Ethik reflektiert das menschliche Handeln, insofern es unter der moralischen Differenz von gut und schlecht, von richtig und falsch, von geboten und verboten steht. Ihr Gegenstand ist das Ethos, die Moral, ist die jeweilige konkrete Gestalt des sittlichen Lebens. Die ethische Reflexion verfolgt dabei das Ziel, dieses Ethos auf seine moralischen Grundlagen und Prinzipien hin auszudeuten. Sie fragt danach, ob sich aus dem partikularen Ethos Regeln und Prinzipien allgemeiner Art ableiten und begründen lassen, Regeln und Prinzipien, die nicht nur dieses Ethos dem allgemeinen Begriff zugänglich machen, sondern es darüber hinaus gestatten, menschliche Handlungen grundsätzlich nach ihrer moralischen Güte und Richtigkeit zu beurteilen.

Der Mensch sieht sich aufgrund seiner anthropologischen Konstitution vor die *Aufgabe* gestellt, sein Handeln und Verhalten ethisch zu reflektieren und zu verantworten. Er hat aber auch die *Gabe* dazu. Als mit Vernunft ausgestattetes Wesen kann er sein Handeln und seine Freiheit selbst gestalten. In der Geschichte ethischer Reflexion bestimmt denn auch seit mehr als zwei tausend Jahren der Vernunftbegriff die Theoriebildung. Bereits Sok-

---

[29] Sofern Handlungen unter diese Regulative fallen, werden sie moralisch oder ethisch genannt. Damit identisch ist das deutsche *sittlich*.

[30] Honnefelder 1998, 655.

rates (gest. 399 v. Chr.) lehrte in der Auseinandersetzung mit den Sophisten, dem Guten aus Einsicht, also weder aus bloßem Gehorsam noch aus blinder Anpassung an die Meinungen der Vielen, zu folgen. Mit Hilfe der Vernunft meinte Sokrates erkennen zu können, was das jeweils gebotene Gute sei. Thomas von Aquin (1225-1274), der bedeutendste mittelalterliche Theologe und Philosoph, sieht diese normative Kraft menschlicher Vernunft in ihrem inneren Strukturprinzip begründet.[31] Die praktische Handlungsvernunft folgt, wie die theoretische Vernunft, ihrer logischen Wurzel nach dem Kontradiktionsprinzip. Dieses Prinzip besagt, dass man nicht etwas zugleich bejahen und verneinen kann: *Non est simul affirmare et negare.* Nach diesem, keines weiteren Beweises bedürftigen Ursatz ist es unmöglich, ein und denselben Sachverhalt unter Heranziehung ein und derselben Gründe zugleich als wahr und als falsch zu bezeichnen. Ebenso wenig kann ein bestimmtes Tun unter Heranziehung ein und derselben Gründe zugleich als gut und als schlecht begriffen werden. Mit anderen Worten: Die Vernunft will auch im Tun Übereinstimmung mit sich selbst erfahren, mit den Gründen, die sich ihr zeigen. Aufgrund dieses inneren Strukturprinzips bewegt sich die menschliche Handlungsvernunft immer und notwendigerweise in einer von Angemessenheit und Unangemessenheit, von Vernunft und Unvernunft, von Gut und Böse bestimmten Strukturlogik. Dieser Grundzug der Vernunft zur Widerspruchslosigkeit ist das allgemeinste Kriterium menschlicher Vernunft. Hieraus gewinnt Thomas, noch vor jeder inhaltlichen Bestimmung des ethisch Guten, die Einsicht, dass das Gut des Menschen im vernunftgemäßen Handeln besteht und das Schlechte darin, dass man in seinem Handeln nicht mit der Vernunft übereinstimmt.

Die menschliche Handlungsvernunft leitet sich Thomas zufolge also nicht aus äußeren Vermittlungen her, sondern ist als Grundvermögen allen Wissens und Gewissens mit dem Menschsein selbst unmittelbar gegeben. Damit aber begründet sich dasjenige, was menschlichem Werten und Normieren in all seiner Geschichtlichkeit Vernunft verleiht und darin Geltung und Verbindlichkeit verschafft, selbst nicht wiederum geschichtlich, sondern natu-

---

[31] Vgl. zum Folgenden Thomas von Aquin, Summa Theologiae I-II, q.94 a.2. Eine Interpretation dieses thomasischen Ansatzes liefern Korff ²1985, 42-61, und Schroer 1995.

ral. Thomas hat damit ein für allemal deutlich gemacht: Der Mensch hat nicht nur Freiheit; er sieht sich kraft seiner Vernunft auch dazu befähigt, diese Freiheit verantwortlich zu gestalten.

Auch Immanuel Kant (1724-1804) erkennt einige Jahrhunderte später in der den Willen bestimmenden praktischen Vernunft den Kern des obersten moralischen Prinzips sittlich guten und richtigen Handelns. Kant geht in seiner Argumentation von der Freiheit des Menschen aus. Der Mensch ist für ihn das einzige Wesen auf der Erde, das sich sittlich selbst bestimmen und so nicht nur Mittel, sondern „Zweck an sich selbst"[32] sein kann. Denn der Mensch ist ein mit praktischem Vernunftvermögen ausgestattetes Wesen. Das heißt: Er besitzt das Vermögen, nur dasjenige zu wählen, was die Vernunft unabhängig von allen fremdbestimmenden Zwecken und Neigungen als praktisch notwendig und damit als gut erkennt. Kant nennt diese dem Menschen eingestiftete Befähigung zu vernunftbestimmtem Handeln „das moralische Gesetz in mir"[33]. In dem Maße, in dem der Wille des Menschen allein durch diese reine praktische Vernunft, durch dieses moralische Gesetz in uns bestimmt wird, ist dieser Wille auch sittlich gut und handelt der Mensch autonom. Ein solches Handeln ist für den Königsberger Philosophen dann gegeben, wenn es den Bedingungen des kategorischen Imperativs[34] entspricht, der da lautet: „Handle nur nach derjenigen Maxime, durch die du zugleich wollen kannst, dass sie ein allgemeines Gesetz werde."[35]

In der Bestimmung des Willens „durch die bloße allgemeine gesetzgebende Form, deren eine Maxime fähig sein muss", besteht für Kant „das alleinige Prinzip der Sittlichkeit."[36] Hinter dieser abstrakten philosophischen Formulierung verbirgt sich die Idee der widerspruchsfreien Verallgemeinerbarkeit.

---

[32] Kant 1977, Nr. 435.

[33] „Zwei Dinge", so Kant in seinem berühmten Schluss in der Kritik der praktischen Vernunft, „erfüllen das Gemüt mit immer neuer und zunehmender Bewunderung und Ehrfurcht, je öfter und anhaltender sich das Nachdenken damit beschäftigt: Der bestirnte Himmel über mir, und das moralische Gesetz in mir" (Kant 1974a, Nr. 288).

[34] Ein Imperativ ist für Kant ein objektives, eine Maxime ein subjektives Handlungsprinzip.

[35] Kant 1974b, Nr. 421. Eine gute Einführung in diese schwierige Thematik bietet Pauer-Studer 2003, 9-30.

[36] Kant 1974a, Nr. 144.

Nur das kann als allgemeingültiger Wille gedacht werden, was mit dem Willen eines jeden anderen vereinbar ist. Handlungsmaximen müssen, um als ethisch gut qualifiziert werden zu können, so beschaffen sein, dass sie für ein allgemeines Gesetz tauglich wären. Sie müssen einer freien und öffentlichen Prüfung aller standhalten.

Mit der Idee der Universalisierbarkeit subjektiver Handlungsprinzipien ist zwar ein wichtiges formales Bestimmungsmoment sittlich guten Handelns benannt: ihre Rationalität und Kommunikabilität. Allerdings ist damit noch nichts darüber ausgesagt, was nun inhaltlich jeweils als gut oder schlecht, als richtig oder falsch anzusehen ist. Eine Ethik, die allein auf dieses formale Kriterium als oberstes Prinzip der Moralität aufbaut, mündet in eine eigentümlich inhaltsleere Prinzipienethik. Aristoteles (384-322 v. Chr.), der die Ethik als wissenschaftliche Disziplin begründet hat, wählt daher von Anfang an einen anderen Weg in seiner ethischen Theoriebildung. Im ersten Buch seiner Nikomachischen Ethik[37] diskutiert er die Frage, was denn das Gute des menschlichen Handelns sei. Denn er geht davon aus, dass jedes Handeln irgendein Gut erstrebe. Das zu verwirklichende Gute jeden Handelns ist, so Aristoteles, dessen Ziel. Das vollkommene Ziel aber ist jenes, das um seiner selbst willen geschieht. Höchstes Gut und Endziel des Handelns ist für den griechischen Philosophen in diesem Sinne die Glückseligkeit. Worin aber besteht diese? Aristoteles gibt darauf folgende Antwort: So wie der Bildhauer, der Handwerker oder der Künstler Glück im Wohlgelingen seines Werkes erfährt, so ist es auch beim Menschen als Menschen, wenn es ein ihm eigentümliches Tätigsein gibt. Das dem Menschen generell Eigentümliche und ihn von allen anderen Lebewesen in seinem Handeln Unterscheidende ist nun aber „das Leben in der Betätigung des vernunftbegabten Teiles",[38] das als solches erst mit der Polis als Gemeinschaft der Freien zu seiner vollen Entfaltung gelangt. Von daher kommt Aristoteles zu dem Ergebnis, dass das oberste vom Menschen erreichbare Gut, seine Glückseligkeit, sich als ein Tätigsein der Seele im Sinne der ihm wesenhaften, vernunftgeleiteten Tugend darstellt.

---

37 Zur Nikomachischen Ethik des Aristoteles vgl. Höffe, 1995.
38 Aristoteles 1991, 1098 a.

Für Aristoteles ist das höchste Gut und die damit verbundene Glückseligkeit also kein Zustand, sondern eine Tätigkeit. Sie ist durch menschliche Praxis gemäß denjenigen Tugenden herstellbar, in denen die Natur des Menschen ihre Erfüllung findet. Mit anderen Worten: Die Tugend besteht im guten und richtigen Handeln. „Eine Theorie des Ethischen ist daher nur als – so die aristotelische Bezeichnung der neuen Disziplin – ‚praktische Wissenschaft' möglich, nämlich als eine Reflexion, die die Praxis unter dem Gesichtspunkt ihres Gelingens reflektiert."[39] In Bezug auf das Handeln des einzelnen Menschen hat diese Wissenschaft die Form einer Tugendethik, in der die zur Beurteilung der einzelnen Handlungen relevanten Handlungsdispositionen beschrieben werden.[40] Als praktische, am Maßstab gelungenen Lebens orientierte Wissenschaft sei die Ethik im Übrigen, so Aristoteles, keine geeignete Wissenschaft für junge Menschen. Denn diese seien unerfahren in der Praxis des Lebens. Außerdem seien junge Menschen geneigt, den Leidenschaften zu folgen, und würden darum ohne Zweck und Nutzen zuhören, da ja das Ziel der Ethik nicht die Erkenntnis, sondern das Handeln sei. Aristoteles beweist aber sogleich, dass er selbst Lebenserfahrung besitzt. Er fügt nämlich sofort hinzu: „Es macht allerdings keinen Unterschied, ob man an Jahren jung ist oder an Charakter unreif. Denn der Mangel hängt nicht von der Zeit ab, sondern davon, dass man den Leidenschaften lebt und auf sie hin jedes einzelne erstrebt. Für solche Menschen ist die Erkenntnis völlig fruchtlos, wie etwa für die Unbeherrschten. Wer aber seine Strebungen nach der Vernunft richtet und demgemäß handelt, für den dürfte das Wissen von diesen Dingen von vielfältigem Nutzen sein."[41]
Aristoteles lenkt mit diesen Ausführungen den Blick nochmals auf das Ziel und die Aufgaben der Ethik. Die Ethik, so das Ergebnis der vorangegangenen Überlegungen, ist eine praktische Wissenschaft, die Antwort zu geben versucht auf die Frage, wie der Mensch sein und handeln muss, damit sein Leben gelingt. Sie möchte nicht deskriptiv-erklärend sein wie die Soziologie oder die Moralpsychologie, sondern kritisch handlungsleitend. Sie dient der

---

[39] Honnefelder 1998, 657.
[40] Vgl. dazu den Überblick bei Pauer-Studer, 2003, 55-82.
[41] Aristoteles 1991, 1095 b.

Orientierung und Beratung von Handlungsträgern und -trägerinnen.[42] Mit dieser Zielsetzung sind zwei Aufgaben verbunden. Zum einen müssen Werte und Normen gefunden und rational begründet werden, die es dem Einzelnen gestatten, gute von schlechten Handlungen zu unterscheiden. Hierzu untersucht die Ethik das jeweilige gesellschaftlich vorfindbare Ethos auf Erfahrungen gelungener Praxis hin und leitet daraus begründete Werte und Normen ab oder stellt geltende in Frage.[43] Zum anderen müssen Menschen dabei beraten werden, wie sie diese Werte und Normen in ihrem konkreten Handeln verantwortlich umsetzen können und was sie dabei zu beachten haben. Diese Frage wird insbesondere dann brisant, wenn zwei miteinander konfligierende Werte gleichzeitig zur Einlösung anstehen oder wenn ein bestimmter Wert nur graduell verwirklicht werden kann. Für solche Konfliktsituationen hat die Ethik Kriterien und Orientierungshilfen zu entwickeln, die handelnden Personen die ethische Entscheidungsfindung erleichtern.

III. Ethik als Bezugswissenschaft der Sozialen Arbeit

Nachdem damit Gegenstand und Ziel der Ethik wie auch der Sozialen Arbeit in ihren Umrissen ansichtig geworden sind, kann nun die Frage nach deren Zuordnungsverhältnis beantwortet werden.[44] Als praktische, der Be-

---

[42] Dieser praktischen Zielsetzung der Ethik voraus liegt die metaethische Frage nach dem Grund des Sollens. Es ist dies die Frage nach der menschlichen Freiheit, aber auch die nach seiner Abhängigkeit und transzendentalen Verwiesenheit.

[43] Was diese Aufgabe betrifft, hinkt die Ethik der Lebenspraxis notwendigerweise immer hinterher. Dies wird momentan in keinem anderen Bereich so deutlich wie in Fragen der Biomedizin.

[44] In der vorliegenden Arbeit wird die Ethik als eine Bezugswissenschaft der Sozialen Arbeit begriffen, gleichwohl sie für sich gesehen eine eigenständige Wissenschaft mit einem eigenem Gegenstand, einer eigenen Begrifflichkeit und einer eigenen Methodik darstellt. Ziel eines solchen bezugswissenschaftlichen Zuordnungsverhältnisses ist die Entwicklung einer Ethik der Sozialen Arbeit im Sinne einer Bereichsethik wie es sie in den Bereichen der Wirtschaft, der Medizin oder der Pflege bereits seit längerem gibt. Mein Kollege Thomas Schumacher geht noch einen Schritt weiter. Er bestimmt in dem Bemühen, Klarheit über die Gestalt Sozialer Arbeit als Wissenschaft und Profession zu erlangen, die Soziale Arbeit als eine ethische Wissenschaft. Ethik ist für ihn also

ratung und Orientierung von Handlungsträgern und -trägerinnen dienende Disziplin kommt der Ethik mit ihren beiden genannten Aufgaben eine wichtige Funktion für die Soziale Arbeit zu. Der Gegenstand der Sozialen Arbeit ist der Mensch in seinen gesellschaftlichen Bezügen. Ihr Ziel ist die Vermeidung, Aufdeckung und Beseitigung von sozialen Problemlagen. Das heißt: Soziale Arbeit greift – ob gefragt oder ungefragt – in das Leben von Menschen ein, die sich in sozialer Not befinden oder soziale Not auslösen, wie dies etwa, um nur ein Beispiel zu nennen, bei Kindern, die von ihren Eltern vernachlässigt oder sexuell missbraucht werden, der Fall ist. Ihr geht es dabei um eine Verbesserung der Lebenssituation dieser Menschen. Sie möchte mit ihren präventiven Maßnahmen und Interventionen erreichen, dass auch Menschen in sozialen Notlagen zum Stande ihres Menschseins gelangen. Dies setzt voraus, dass sie klare Vorstellungen darüber hat, was gelungenes Menschsein kennzeichnet, welche physischen, psychischen und sozialen Voraussetzungen vorhanden sein müssen, damit Menschen ein gelingendes Leben führen können. Mit anderen Worten: Sozialarbeiter und Sozialarbeiterinnen, soziale Ämter und Anbieter sozialer Dienstleistungen müssen ihre Handlungsziele im Hinblick auf deren Wert für gelingendes Leben und Zusammenleben verantworten können. Sie müssen begründen können, dass sie mit ihrem Handeln Güter und Werte verfolgen, die dem Schutz und der Förderung des Menschseins der ihnen anvertrauten Personen dienen. Nur so ist ihr Handeln transparent und nachvollziehbar.

Soziale Arbeit verfolgt also mit ihren Zielen immer bestimmte Interessen, Güter und Werte.[45] Diese Interessen, Güter und Werte sind es, die ihr Eingreifen in das Leben anderer Menschen rechtfertigen oder fragwürdig erschei-

---

nicht nur eine Bezugswissenschaft der Sozialen Arbeit, sondern geradezu deren zentrales Kennzeichen. Dies wird für ihn insbesondere daran ersichtlich, dass Soziale Arbeit nicht nur normative Ansprüche angetragen bekommt und umzusetzen hat, sondern selbst auch solche produziert (vgl. Schumacher 2007).

45 Ein wert- oder interessenfreies sozialarbeiterisches Handeln gibt es in diesem Sinne nicht. Auch eine entscheidungsorientierte psychosoziale Beratung, die ganz bewusst auf eigene Beratungsziele verzichtet, weil sie davon ausgeht, dass über die Beratungsziele allein der Klient oder die Klientin entscheidet, verfolgt ein Beratungs- und damit ein Handlungsziel. Sie möchte die Klienten und Klientinnen, die sich an sie wenden, zu einer eigenverantwortlichen Lebensführung befähigen. Hinter diesem Ziel aber verbirgt

nen lassen. Um ihr Handeln verantworten zu können, benötigt die Soziale Arbeit daher neben Erklärungs-, Verfahrens- und Evaluationswissen auch ein Wissen über Werte und Normen. Die Ethik hat in ihrer über zwei tausend jährigen Geschichte ein solches Wertewissen angesammelt. Wie oben beschrieben, ist es eine ihrer zentralen Aufgaben, das jeweilige gesellschaftliche Ethos auf Erfahrungen gelungener Praxis hin zu untersuchen und daraus begründete Werte und Normen abzuleiten. In dieser Hinsicht ist die Ethik eine wichtige Bezugswissenschaft der Sozialen Arbeit. Indem sie der Sozialen Arbeit ihre wissenschaftlich fundierten Einsichten über lebenswichtige ethische Güter, Werte und Normen zur Verfügung stellt, hilft sie dieser, ihr Tun zu reflektieren und ihre Ziele vor sich und der Gesellschaft zu begründen. Sie berät sozusagen die Soziale Arbeit im Hinblick auf ihre ethischen Grundlagen und Handlungsziele. Sie leistet damit einen wichtigen Beitrag zur Klärung des beruflichen Selbstverständnisses Sozialer Arbeit. Umgekehrt ist in dieser Frage aber auch die Soziale Arbeit Gesprächspartnerin und Bezugswissenschaft der Ethik. Denn die Soziale Arbeit hat in ihrer beruflichen Praxis, wie wohl nur wenige andere Professionen, spezifische Erfahrungen über die Möglichkeiten und die Bedeutung sozialen Lebens für gelingendes Menschsein gesammelt. Für die Ethik sind diese Erfahrungen eine wichtige Quelle der Wert- und Normfindung.[46]

Mit der Bedeutung des Wertewissens ist die ethische Frage im Bereich der Sozialen Arbeit aber noch nicht an ihr Ende gekommen.[47] Die Reflexion und Verantwortung der Handlungsziele und der diesen Zielen zugrunde liegenden Güter und Werte ist nur die eine wichtige, ethisch relevante Fragestellung in der Sozialen Arbeit. Nicht weniger wichtig ist die verantwortliche Umsetzung dieser Werte und Normen in den konkreten Situationen

---

sich der zutiefst mit der Würde des Menschen als Person verbundene Wert der Autonomie.

[46]   In diesem Sinne schreibt auch Wolfgang Huber, Bischof der Evangelischen Kirche Berlin und Ratsvorsitzender der Evangelischen Kirche in Deutschland, dass es nicht nur eine Funktion von Theologie und Ethik für die Soziale Arbeit gebe. Ebenso wichtig sei auch die Funktion von Sozialer Arbeit für Theologie und Ethik (vgl. Huber 2008, 84).

[47]   In der Sozialarbeitswissenschaft scheint man dies allerdings bislang nicht so zu sehen. Hier wird die Bedeutung der Ethik als Bezugswissenschaft der Sozialen Arbeit noch allzu oft auf die Frage des Wertewissens reduziert. So etwa bei Klug 2000.

des beruflichen Handelns. Beginnen doch oft erst damit die eigentlichen Schwierigkeiten und ethischen Probleme, wenn etwa die Loyalität der Sozialarbeiterin inmitten widerstreitender Interessen steht oder wenn die Sozialarbeiterin sich in der Doppelrolle als Helferin und Kontrolleurin befindet oder wenn ihre Verantwortung, die Interessen der Klientin oder des Klienten zu schützen, in Konflikt gerät mit Forderungen nach Rentabilität und Wirtschaftlichkeit.[48] In ethischer Hinsicht sind diese Handlungskonflikte dadurch gekennzeichnet, dass jeweils zwei oder mehr Werte gleichzeitig zur Einlösung anstehen, aber nur einer verwirklicht werden kann. Es gibt darüber hinaus Situationen in der Praxis der Sozialen Arbeit, in denen es gar nicht um die Verwirklichung von Werten, sondern nur um die Vermeidung von Übel geht, wie im oben genannten Fall der Beeinträchtigung des Kindeswohls. Die Inobhutnahme, das Herausnehmen des Kindes aus der Familie und seine Unterbringung in einem Heim oder einer Pflegefamilie erscheinen hier gegenüber den Verletzungen des Kindeswohls als das geringere Übel. Die Umstände und Bedingungen eines solchen staatlichen Eingriffes in die Belange der Familie sind rechtlich genau geregelt. Doch wie ist eine solche Entscheidung ethisch zu bewerten und zu verantworten?

Die Ethik beschäftigt sich seit jeher,[49] verstärkt seit den siebziger Jahren des vergangenen Jahrhunderts, mit solchen Handlungskonflikten.[50] Was

---

[48] Diese drei ethischen Handlungskonflikte bezeichnete die „International Federation of Social Workers" in ihrer Erklärung von Juli 1994 als charakteristisch für die Soziale Arbeit. Der DBSH hat sie in seiner Broschüre über die berufsethischen Prinzipien und Grundlagen der Sozialen Arbeit übernommen.

[49] So spricht etwa bereits Aristoteles im vierten vorchristlichen Jahrhundert davon, dass die Tugend eine Kunst sei, nämlich die, in seinen Handlungen gemäß rechter Einsicht die Mitte zu treffen. Wo dies aber nicht möglich sei, müsse man, so Aristoteles, in zweitbester Fahrt das geringste der Übel wählen. Vgl. Aristoteles 1991, 1109 a.

[50] Das erhöhte Interesse an ethischen Entscheidungsprozessen hat mehrere Ursachen. In den sechziger Jahren des vergangenen Jahrhunderts hat der Modernisierungsprozess die Individualisierung und mit dieser auch den Anspruch nach eigenverantwortlichem Handeln weiter voran getrieben. Gleichzeitig damit haben die neuen technischen Errungenschaften die Möglichkeiten menschlichen Handelns vor allem im Bereich der Wirtschaft, der Kommunikation und der Medizin immens ausgeweitet. Dies hat zu einer Fülle neuer Konfliktsituationen geführt, in denen das jeweilige Handeln mit seinen kurzfristigen und langfristigen Folgen sorgfältig abgewogen werden muss.

sie dabei untersucht, ist die Frage, welche Aspekte in solchen Situationen berücksichtigt werden müssen, um zu einer verantwortlichen ethischen Entscheidung zu gelangen. Sie hat dafür unterschiedliche ethische Handlungsmodelle und Kriterien entwickelt. Für den Prozess der ethischen Entscheidungsfindung bieten diese anwendungsbezogenen Einsichten der Ethik eine wichtige Orientierungshilfe. Für die Praxis der Sozialen Arbeit mit ihrer Fülle an Handlungskonflikten dürften diese Kriterien und Orientierungshilfen von großem Interesse und vielfältigem Nutzen sein.

2. Kapitel: Ethos der Sozialen Arbeit

Nachdem damit das Zuordnungsverhältnis von Ethik und Sozialer Arbeit hinreichend geklärt ist, soll in diesem Kapitel nun die Frage nach dem Ethos der Sozialen Arbeit in den Blick genommen werden. Ethos, so hörten wir bereits, bezeichnet das Gesamt all jener Einstellungen, Überzeugungen, Werte und Normen, die eine einzelne Person oder eine bestimmte Gruppe von Menschen als verbindlich für ihr eigenes Handeln anerkennt. Es soll in diesem Abschnitt also nach jenen Einstellungen, Werten und Normen Ausschau gehalten werden, die das Handeln in der Sozialen Arbeit grundlegend prägen, und auf die sich letztlich alle weiteren partikularen Werte und Normen, die es in der Sozialen Arbeit darüber hinaus gibt, zurückführen lassen. Was aber haben wir unter Werten und Normen überhaupt zu verstehen? Wie werden Werte und Normen gefunden und begründet? Und was ist ihre Funktion? Mit diesen grundlegenden Fragen soll der Gang durch die Werteebene der Sozialen Arbeit eröffnet werden.

I. Werte und Normen – Maßstäbe ethischen Handelns

1. Normen als Regulative menschlichen Handelns

Das Vorhandensein von Werten und Normen steht in engem Zusammenhang mit der anthropologischen Konstitution des Menschen. Dieser ist, wie eingangs dargelegt, durch seine Antriebe biologisch nicht zwangsläufig in seinem Handeln und Verhalten festgelegt. Es gibt kein natürliches Verhalten des Menschen im Sinne eines instinktiv richtigen Verhaltens wie beim Tier. Als instinktreduziertes, sich selbst zugelastetes Wesen bedarf der Mensch daher der Schaffung von Normen und Ordnungsgestaltungen, um zum Stande seines Menschseins zu gelangen. Normen sind in dieser anthropologischen Sichtweise sanktionierte Verhaltensmuster, Regulative menschlichen Deutens, Ordnens und Gestaltens. Sie bedeuten für den Einzelnen zunächst die Möglichkeit des Erwerbs von Verhaltensweisen, die in der Regel auch erfolgversprechend sind und ihn im Einzelfall von der Suche nach der besten Lösung entbinden. Normen ermöglichen gleichzeitig die Dauerhaftigkeit menschlicher Beziehungen und entlasten so – man denke etwa nur an den normativen Satz, ein gegebenes Versprechen auch zu halten – von der Ungewissheit über das Verhalten anderer Menschen.

Diese anthropologisch-sozialwissenschaftliche Bestimmung des Normbegriffs trifft auch den Wesenskern ethischer Normen. Als ethischer Grundbegriff hat sich der Normbegriff relativ spät herausgebildet.[51] Seine endgültige Rezeption vollzog sich erst innerhalb der Rechtswissenschaften des späten 19. Jahrhunderts. Von hier aus fand er zunächst Eingang in den Sprachgebrauch der aufkommenden Kultur- und Sozialwissenschaften, dann auch in die Ethik. In seiner Grundbedeutung leitet sich der Begriff vom lateinischen *norma* her und meint dort ursprünglich die Richtschnur, das Winkelmaß des Zimmermanns. In ethischer Hinsicht sind Normen *inhaltlich konkretisierte Sollensforderungen*, die das Ziel haben, menschliches Handeln verbindlich auszurichten. Ethische Normen formulieren – und darin liegt ihre eigentliche Bedeutung – Anspruchsaspekte menschlichen Handelns in ihrer Allgemeinheit. Sie stellen Lösungsvorgaben dar, die den Einzelnen in seinen konkreten Handlungsvollzügen von einer Fülle von Entscheidungszumutungen entlasten und ihm dadurch eine Hilfe zu einem sachgerechten Entscheid bieten. Ethische Normen haben also eine *Entlastungs- und eine Schutzfunktion*. Sie wollen der handelnden Person eine Hilfe für einen sachgerechten Gewissensentscheid sein. Sie wollen sie in diesem Entscheid entlasten, indem sie auf wichtige Anspruchsaspekte menschlichen Handelns, auf Güter und Werte, die für das Gelingen menschlichen Lebens und Zusammenlebens wichtig sind, hinweisen. Insofern sind diese, die Güter und Werte, das eigentlich Normierende und verbindlich Machende, das zu Schützende, während die Normen selbst nur dazu dienen, deren Sollensanspruch auszudrücken.

---

[51] Zur Geschichte und ethischen Bestimmung des Normbegriffs vgl. Korff ²1985, 113-128.

Normen sind also nichts anderes als in die Sprache der ethischen Verbindlichkeit übersetzte Güter und Werte. Dem normativen Satz „*Du sollst deinen Kindern Grenzen setzen*" liegt als Gut die optimale Erziehung und Förderung der Kinder zugrunde. Und dem normativen Satz „*Du sollst deinen Nächsten lieben wie dich selbst*" liegt als Wert die Personwürde jedes einzelnen Menschen zugrunde. An diesen beiden Beispielen wird neben der Einsicht, dass ethischen Normen immer bestimmte Güter und Werte zugrunde liegen, noch ein Zweites deutlich: Ethische Normen besitzen unterschiedliche Gewichtigkeit und Tragweite. Es gibt Normen, die relativ konkret formuliert sind, und es gibt solche, die ganz allgemein gehalten sind. Konkret formulierte Normsätze – wie der Satz: *Du sollst den Fernsehkonsum deiner Kinder beschränken!* – bringen Güter und Werte mit einem bestimmten Sachverhalt in Zusammenhang. Sie übersetzen ein Gut in die jeweilige Zeit und Situation hinein. Solchen Normen eignet daher immer ein relativer und perspektivischer Charakter. Sie bleiben stets zeit- und situationsgebunden. Und das heißt zugleich: Sie sind wandelbar.

Ganz anders verhält es sich mit normativen Sätzen wie dem zweitgenannten, sehr formal gehaltenen Satz von der Nächstenliebe. Der grundlegende Unterschied zwischen solchen formalen Normen – in der Ethik spricht man in diesem Zusammenhang von ethischen Prinzipien – und den erstgenannten, konkreten Normsätzen ist der, dass hier ganz allgemein die Ausrichtung des menschlichen Willens auf das sittliche Gutsein formuliert wird. Ethische Prinzipien sind inhaltsleere Normen. Sie zielen auf die Gesinnung, die Ausrichtung und innere Einstellung eines Menschen und verlangen eine entsprechende Grundhaltung. Die Forderung nach Gerechtigkeit, die Goldene Regel,[52] das Gebot der Nächstenliebe oder der praktische Imperativ Kants[53] sind solche ethischen Prinzipien, sind ganz allgemein gefasste, inhaltsleere Normen. Aufgrund ihrer Allgemeinheit sind ethische Prinzipien auch universal und unveränderlich gültig. Was es allerdings in der konkreten

---

[52] Die Goldene Regel ist in nahezu jeder Hochkultur bekannt. Sie ist in der Regel negativ formuliert und lautet: Was du nicht willst, das man dir tu, das füg auch keinem andern zu! Nur von Jesus (vgl. Mt 7,12) ist die Goldene Regel in positiver Formulierung überliefert.

[53] Vgl. dazu den nächsten Abschnitt in diesem Kapitel.

Situation heißt, seinen Nächsten zu lieben wie sich selbst, bedarf jeweils erst der Konkretisierung, bedarf konkreter ethischer Normen. Je konkreter eine Norm aber ist, je mehr Bedingungen und Umstände in ihr mitformuliert sind, desto bedingter und wandelbarer ist sie auch. Um nochmals das Beispiel der Kindererziehung aufzugreifen: Im christlichen Kulturraum sah man im Umgang der Eltern mit ihren Kindern seit altersher einen Anwendungsfall des ethischen Prinzips der Nächstenliebe. Da man früher dachte, Prügelstrafen seien die beste Erziehungsmethode, um Kinder auf den rechten Weg zu führen, lautete eine konkrete Norm in diesem Bereich: Wer seine Kinder liebt, der züchtigt sie. Den biblischen Beleg für diese Norm lieferte Jesus Sirach. Dort heißt es in Kapitel 30 Vers 1: *„Wer seinen Sohn liebt, hält den Stock für ihn bereit, damit er später Freude erleben kann".* Nachdem uns Pädagogik und Psychologie heute ganz andere Einsichten über die Auswirkungen der verschiedenen Erziehungsmethoden vermitteln, hat sich diese konkrete Norm – zumindest in unserem westlichen Kulturraum – grundlegend gewandelt. Seine Kinder zu lieben, impliziert heute, sie positiv zu verstärken, ihnen zwar Grenzen zu setzen, sie aber nicht körperlich und seelisch zu züchtigen. Was sich also heute geändert hat, ist nicht das ethische Prinzip, seine Kinder zu lieben. Geändert haben sich lediglich die konkreten, dieses Prinzip näher bestimmenden ethischen Normen.[54]

An diesem Beispiel wird zudem deutlich, dass mit ethischen Prinzipien nur eine grundlegende, aber keine hinreichende Bestimmung des ethischen Anspruchs geleistet ist. Wo es um die ethische Praxis geht, da sind konkrete Normen notwendig. Die konkrete Situation ist aber nie nur ein besonderer Fall innerhalb einer allgemeinen Regel. Die konkrete Situation beinhaltet immer ein Mehr und einen Überschuss gegenüber dem Allgemeinen. Deshalb lassen sich konkrete Normen nicht einfach abstrakt aus allgemeinen Prinzipien ableiten. Sie setzen vielmehr ein Urteil über die Situation voraus, in die hinein die allgemeinen Prinzipien übersetzt werden müssen. Im obigen Beispiel ist die konkrete Erziehungsnorm inhaltlich – neben den empirischen Einsichten – mitbestimmt durch die jeweilige Gesellschaftsordnung, auf die

---

[54] Eine ausführliche Auseinadersetzung mit dem Verständnis ethischer Normen und ihrer Bedeutung für die Soziale Arbeit bietet Eisenmann 2006, 175-207.

die Kinder erzieherisch vorbereitet werden. Das Leben in einer hierarchisch-patriarchalisch geprägten, immobilen Gesellschaft erfordert vom Einzelnen aber ganz andere Fähigkeiten und Kompetenzen als das Leben in einer Gesellschaft, in der sich der Einzelne – zumindest partiell – seinen gesellschaftlichen Platz durch seine Leistung selbst sichern kann und muss.

2. Güter und Werte als Grundlage ethischer Normen

Normen sind Regulative menschlichen Handelns. Sie sollen dieses Handeln verbindlich ausrichten, indem sie auf wichtige, für das Gelingen menschlichen Lebens und Zusammenlebens unverzichtbare Güter und Werte hinweisen. Ethische Normen empfangen also ihre Verbindlichkeit und Verpflichtungskraft aus den ihnen jeweils zugrunde liegenden Gütern und Werten. Was aber sind Güter und Werte? Und woher stammen sie?

Der Begriff des Wertes stammt ursprünglich aus dem ökonomischen Bereich und meint dort den Kaufpreis, den man für eine bestimmte Sache entrichten muss. Im ökonomischen Bereich bedeutet Wert also, dass es für jede Sache ein Äquivalent gibt, in der ihr materieller Wert ausgedrückt werden kann. In der Ethik, in der es um das Handeln des Menschen geht und um die Frage, wie menschliches Leben gelingen kann, wird unter dem Begriff des Wertes etwas grundlegend anderes verstanden. Hier bedeutet *Wert* die Verpflichtungsseite eines anerkannten Sinnverhaltes. Dort, wo ich etwas in meinem Leben als sinnvoll erfahre, kann ich diesen Sinn nur zugleich auch als Verpflichtung begreifen. Die Erkenntnis etwa, dass das menschliche Leben einen Sinn hat, dass jeder Mensch einzigartig, in sich wertvoll ist, führt zu der Verpflichtung, das Leben eines jeden Menschen zu erhalten. Wenn vom Wert des Lebens gesprochen wird, setzen wir genau dies voraus.[55]

Wichtige ethische Werte sind Vertrauen, Achtung, Liebe, Treue, Freundschaft, Wahrhaftigkeit, Toleranz, Gerechtigkeit, Zugehörigkeit, Solidarität und Freiheit, um nur einige zu nennen. Allen diesen Werten ist gemeinsam,

---

[55] In diesem Sinne bestimmt auch Eisenmann 2006, 139-142, die soziale Funktion von ethischen Werten.

dass sie positive und grundlegende Maßstäbe zur Orientierung für menschliches Handeln darstellen. Sie geben dem Handeln des Einzelnen durch die Vorgabe von Zielen eine verbindliche Ausrichtung und wirken dadurch motivierend auf den Willen. Das heißt: Sie enthalten in sich einen ethischen Impetus; sie wollen realisiert werden. So ist etwa der Wert der Treue Ausdruck der Bereitschaft, ein gegebenes Versprechen zu halten, oder der Wert der Gerechtigkeit Ausdruck des festen Willens, jedem das Seinige zukommen zu lassen. Bestimmt ein Wert die Gesinnung, die Einstellung eines Menschen, so spricht man auch von Haltung. Haltungen sind, so gesehen, nichts anderes als subjektiv rezipierte Werte. Wenn man sagt, jemand habe diese oder jene Haltung, dann meint man, er sei in seiner inneren Ausrichtung und Motivation von diesem oder jenem Wert geprägt.

Ethische Werte sind also Qualitäten des Willens. Sie existieren nicht unabhängig vom Menschen. Sie haben vielmehr in dessen freier Selbstbestimmung ihren alleinigen Ursprung. Ganz anders verhält es sich hingegen mit den so genannten Gütern, im Unterschied zu den ethischen Werten manchmal auch als material-vitale oder physische Werte bezeichnet.[56] Güter sind Eigenschaften an Seinsobjekten beziehungsweise Seinsobjekte, die aufgrund bestimmter Eigenschaften anerkennens- und erstrebenswert sind wie etwa Gesundheit, Eigentum, Energie, Nahrung, Kleidung, Schönheit und dergleichen mehr. Es sind also Realitäten, die dem Handeln vorgegeben sind, die nicht in sich schon einen ethischen Anspruch enthalten. In der Ethik werden Güter und Werte manchmal auch nach der ihnen zugrunde liegenden Werthöhe unterschieden.[57] Wählt man dieses Unterscheidungsmerkmal, so ergibt sich folgende Zuordnung von Gütern und Werten:

---

[56] In der Geschichte der Ethik bezeichnete man die material-vitalen Werte, die Güter, als *bona physica,* und unterschied sie von den *bona morales,* den ethischen Werten.

[57] Dieser Wertehierarchie entspricht die Kategorisierung der Grundbedürfnisse in niedere und höhere Bedürfnisse, wie sie in der humanistischen Psychologie, etwa bei Abraham Maslow, anzutreffen ist (vgl. Oerter-Montada [5]2002, 645).

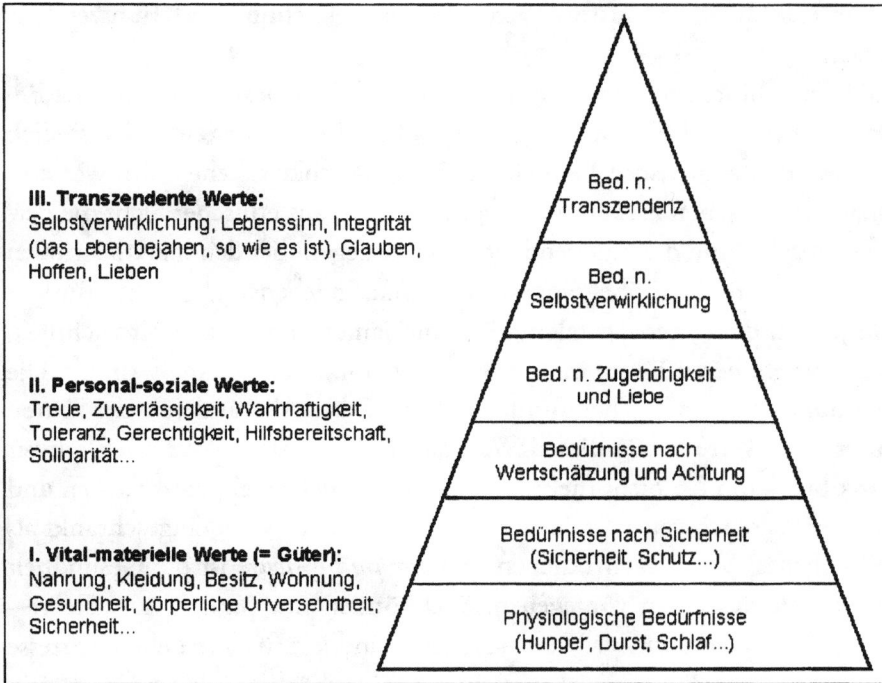

III. Transzendente Werte:
Selbstverwirklichung, Lebenssinn, Integrität
(das Leben bejahen, so wie es ist), Glauben,
Hoffen, Lieben

II. Personal-soziale Werte:
Treue, Zuverlässigkeit, Wahrhaftigkeit,
Toleranz, Gerechtigkeit, Hilfsbereitschaft,
Solidarität...

I. Vital-materielle Werte (= Güter):
Nahrung, Kleidung, Besitz, Wohnung,
Gesundheit, körperliche Unversehrtheit,
Sicherheit...

Bed. n.
Transzendenz

Bed. n.
Selbstverwirklichung

Bed. n. Zugehörigkeit
und Liebe

Bedürfnisse nach
Wertschätzung und Achtung

Bedürfnisse nach Sicherheit
(Sicherheit, Schutz...)

Physiologische Bedürfnisse
(Hunger, Durst, Schlaf...)

Abb. 1: Werte und Wertehierarchie

Ganz unten in der Wertehierarchie rangieren die vital-materiellen Werte (= Güter), die menschliches Leben bedingen, weil sie der Befriedigung fundamentaler menschlicher Bedürfnisse dienen wie etwa den Bedürfnissen nach Hunger, Durst, Schlaf, Sicherheit, körperlicher Unversehrtheit, Fortpflanzung oder Schutz. Nahrung, Kleidung, Eigentum, Wohnung, Gesundheit, Lust sind Güter, die im Kontext dieser vitalen Bedürfnisbefriedigung stehen. Nach den vital-materiellen Werten folgen die personal-sozialen Werte, die sich auf das menschliche Bedürfnis nach Wertschätzung und Achtung, nach Zugehörigkeit und Liebe beziehen. Hier ist zu denken an Werte wie Treue, Zuverlässigkeit, Wahrhaftigkeit, Freundschaft, Toleranz, Gerechtigkeit, Solidarität und Hilfsbereitschaft. Die dritte und oberste Stufe in der Wertehierarchie bilden schließlich transzendente Werte wie Glaube, Liebe, Hoffnung und Lebenssinn. Es sind dies Werte, die im Zusammenhang mit dem menschlichen Bedürfnis nach Selbstverwirklichung und Transzendenz stehen.

Die Hierarchisierung dieser Werte erfolgt nach dem Gesichtspunkt ihrer Bezogenheit auf den freien Willen des Menschen. Dabei handelt es sich freilich um eine rein analytische Perspektive. In Wirklichkeit stehen alle Werte in einem systemischen Zusammenhang. So mögen aus ethischer Sicht die personal-sozialen und die transzendenten Werte gegenüber den material-vitalen Werten zwar als ranghöher eingestuft werden. In lebenspraktischer Hinsicht sind jedoch die material-vitalen Werte fundamentaler und damit wichtiger, da die ranghöheren Werte in ihrer Existenz von ihnen abhängig sind.[58] Die Gesundheit ist ein solcher fundamentaler Wert. Alle anderen denkbaren Güter und Werte haben diesen Wert zur Voraussetzung. Wenn ich schwer krank bin, kann ich nicht mehr arbeiten, mich nicht mehr fortpflanzen und mich, je nach Schweregrad der Krankheit, nur mehr stark eingeschränkt als freiheitliches Wesen verwirklichen. Als *bonum physicum* ist die Gesundheit menschlichem Dasein vorgegeben. Wir können nur partiell über sie verfügen. Als material-vitaler Wert ist die Gesundheit für alle Lebensprozesse zwar fundamental wichtig; aber sie ist nicht der höchste ethische Wert. Ein hoher ethischer Wert in Bezug auf menschliches Leben ist die Würde, die dem Träger oder der Trägerin dieses physischen Lebens als Person und Geschöpf Gottes zukommt. Diese Würde ist, so die ethische Erkenntnis,[59] unantastbar, unteilbar und unzerstörbar. Sie darf in keiner denkbaren Situation zur Disposition gestellt oder mit der Würde eines anderen Menschen verglichen und verrechnet werden. Die Personwürde bestimmt daher menschliches Wollen und Handeln grundlegend und uneingeschränkt. Das Gut des leiblichen Lebens kann demgegenüber durchaus Einschränkungen erfahren, von der Natur gesetzte oder vom Menschen bewusst herbeigeführte. So ist etwa eine Beinamputation und damit eine Beeinträchtigung der Gesundheit und Vitalität ethisch durchaus gerechtfertigt, wenn das Leben eines Menschen durch keine anderen Maßnahmen erhalten werden kann. Auch kann

---

[58] In Handlungskonflikten ist diese Unterscheidung, wie später noch zu zeigen sein wird, von großer Bedeutung.

[59] Zur Begründung dieser Würde des Menschen vgl. Punkt 1 des folgenden Abschnittes.

es ethisch gerechtfertigt sein, seine Gesundheit, ja sein ganzes Leben um höherer Werte willen aufs Spiel zu setzen, etwa um ein Leben in Freiheit und Würde zu erkämpfen, wie es die Geschwister Scholl und die übrigen Mitglieder der „Weißen Rose" während der Naziherrschaft in Deutschland getan haben.

3. Kriterien einer verantwortlichen Wert- und Normfindung

Güter und Werte sind die Verpflichtungsseite eines anerkannten Sinnverhaltes. Normen bringen diesen Sinnverhalt mit einem bestimmten Sachverhalt in Verbindung, indem sie ihn in eine konkrete gesellschaftliche oder kulturelle Situation hinein übertragen und ihn in die Sprache der ethischen Verbindlichkeit übersetzen. Wie aber gewinnt der Mensch diese Werte und Normen? Werte und Normen fallen nicht „vom Himmel", sondern sind das Ergebnis eines hermeneutischen Prozesses. Dieser Prozess umfasst drei Schritte.[60]

In einem ersten Schritt werden alle Erfahrungen gelingenden Lebens, wie sie in den Human- und Sozialwissenschaften, in der Tradition, aber auch in den gelebten Überzeugungen der Menschen festgehalten sind, eruiert. Diese Erfahrungen geben Hinweise über die Bedingungen menschlichen Seinkönnens. Sie sind aber noch nicht unmittelbar normativ. Bevor aus ihnen Werte und Normen expliziert werden können, müssen sie in einem zweiten Schritt erst anthropologisch integriert, das heißt im Kontext eines bestimmten Welt- und Menschenverständnisses interpretiert werden. Denn erst in diesem anthropologischen Kontext werden die Sinnhorizonte geglückten Menschseins sichtbar. Diese Sinnhorizonte mit den ihnen inhärenten Gütern und Werten in die Sprache der ethischen Verbindlichkeit zu übersetzen, ist Aufgabe des dritten Schrittes.

---

[60] Vgl. dazu vgl. Auer [2]1984, 36–54; Gruber 1993.

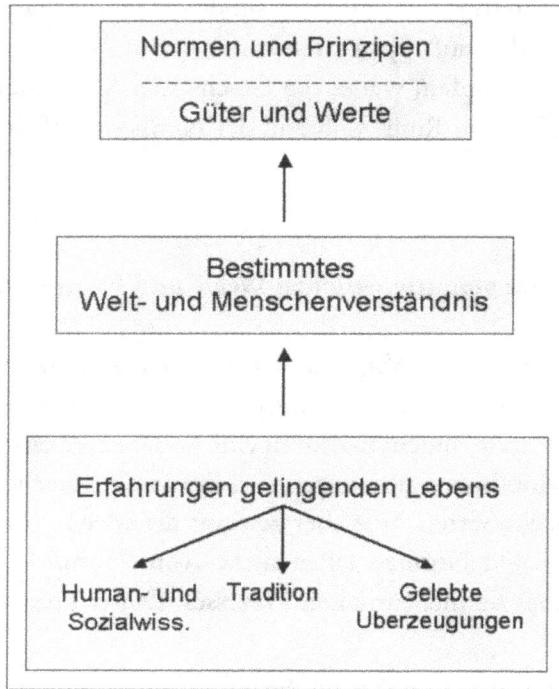

Abb. 2: Der Prozess der ethischen Wert- und Normfindung

Es sind vor allem zwei Aspekte, die diesen ethischen Erkenntnisprozess der Beliebigkeit und Willkür entziehen und ihn zu einem verantwortlichen Geschehen machen: seine Erfahrungsbezogenheit und seine Kommunikabilität und Nachvollziehbarkeit. Werte und Normen ergeben sich aus den Sinn-, manchmal auch aus den Kontrasterfahrungen, die Menschen in ihrem Leben und Zusammenleben machen. Mit anderen Worten: Die Welt, wie sie uns begegnet und auf uns einwirkt, liefert die Grundlagen für die Entdeckung ethischer Werte und Normen. Sie liefert diese Grundlagen aber nicht direkt und unmittelbar, sondern vermittelt über die *Erfahrung*. Über die Erfahrung begegnen wir der Wirklichkeit. Der Erfahrungsbegriff ist ein vieldeutiger und vielschichtiger Oberbegriff für die verschiedensten Begegnungsmöglichkeiten des Menschen mit der Wirklichkeit. Von seiner Etymologie her lässt sich Erfahrung verstehen als etwas *er-fahren,* auf Fahrt erkunden. Unter

Aufwand von Zeit und Mühe wird eine Erkenntnis gewonnen. Nach Aristoteles ist Erfahrung Geübtsein, Vertrautsein. Sie ist eine Fähigkeit, die sich aus vielen Erinnerungen ein und derselben Sache ergibt. Sie ist sozusagen *erinnerte Praxis*.[61] Unter Erfahrung verstand man bis zu Beginn der Neuzeit die Fähigkeit, aus einzelnen Erfahrungen generelle Einsichten zu gewinnen. Erst Francis Bacon begreift in der Neuzeit „experientia" instrumental und empirisch: Erfahrung ist nun nicht mehr Besitz von Einsicht, sondern nur mehr der Prozess und die Methode der Gewinnung von Einsicht. Für die ethische Wert- und Normfindung sind beide Bedeutungsgehalte von Erfahrung wichtig. Aus dem empirischen Erfahrungsbegriff ergibt sich – gegen jede spekulative Metaphysik – das Prinzip der Nachprüfbarkeit durch Beobachtung und Experiment. In diesem Zusammenhang kommt den modernen Wissenschaften im Wert- und Normfindungsprozess eine wichtige, gleichermaßen korrigierende wie bestätigende Funktion zu. Die Human- und Sozialwissenschaften eruieren menschliche Erfahrungen – zum Beispiel die Bedeutung, die frühkindliche Bindungen oder etwa auch ein kindgerechtes Wohnumfeld für die Entwicklung einer stabilen, interessierten Persönlichkeit haben – mit wissenschaftlichen Methoden und halten sie fest. Dadurch liefern sie uns Erkenntnisse darüber, was menschlichem Seinkönnen entspricht und was nicht, welche Bedürfnisse gestillt werden oder welche Bedingungen gegeben sein müssen, damit der Mensch zum Stande seines Menschseins gelangen kann. Für die Erkenntnis ethischer Werte und Normen aber mindestens ebenso bedeutsam wie dieser empirisch verstandene Erfahrungsbegriff ist das an Aristoteles angelehnte Verständnis der Erfahrung als Lebenserfahrung. Erfahrung in diesem Sinne ist mehr als nur Wahrnehmung und bloße Empirie. Erfahrung in diesem Sinne ist bereits verarbeitetes Erleben und Wissen. Sie ist die Schaltstelle im Leben des Menschen, die von der begegnenden Wirklichkeit zur Interpretation der Wirklichkeit führt. Sie deutet die Erlebnisse und Begebenheiten, die dem Menschen widerfahren, und fügt sie aktiv zu einem Weltbild zusammen. Erfahrung führt damit über die vordergründig erlebte Realität der Welt hinaus und fragt nach der Ordnung, dem Sinn und den Werten, die hinter dem Erlebten stehen.

---

[61] Vgl. Aristoteles 2004, 980 b.

Wertproduktiv und damit ethisch relevant aber werden menschliche Lebenserfahrungen nicht schon als subjektive Erfahrungen, auch wenn es sich um gelebte Überzeugungen handelt. Um wertproduktive und normstiftende Kraft zu erlangen, bedürfen subjektive menschliche Erfahrungen erst der Objektivierung. Die eigene Überzeugung muss daraufhin überprüft werden, ob sie trügerisch ist oder ob und inwieweit sie der Wirklichkeit entspricht. Die eigene neue Erfahrung muss mit der Erfahrung anderer konfrontiert werden, mit der eigenen alten Erfahrung, wie sie in der Tradition, in Märchen und Mythen, in biblischen Erzählungen und in alten Normen sich wieder findet. Dies kann nur geschehen im Diskurs, im Dialog der verschiedenen Erfahrungsträger und -trägerinnen.[62] Auch Erfahrungen müssen, wenn sie nachvollziehbar sein sollen, mitteilbar und plausibel sein. Erst als objektivierte, im Diskurs erhärtete Erfahrungen werden menschliche Erfahrungen ethisch relevant.[63]

Damit aber kommt der Vernunft – neben der Erfahrung – eine zentrale Bedeutung im ethischen Erkenntnisprozess zu. Während die Erfahrung in ihren verschiedenen Erscheinungsformen gleichsam die Quelle der Wert- und Normfindung darstellt, ist die Vernunft die maßgebliche wertende und normierende Instanz. Die praktische Vernunft ist für diese Aufgabe von ihrer Verfasstheit her prädestiniert. Wie eingangs schon angesprochen, folgt sie ihrer logischen Wurzel nach dem Kontradiktionsprinzip. Diesem Prinzip zufolge ist es unmöglich, ein und denselben Sachverhalt unter Heranziehung ein und derselben Gründe zugleich als gut und als schlecht zu bezeichnen. Aufgrund dieses inneren Strukturprinzips vollzieht sich die Handlungsvernunft nicht willkürlich, sondern bleibt auf das Gute schlechthin ausgerichtet. Sie bewegt sich immer in einer von Vernunft und Unvernunft, von Angemessenheit und Unangemessenheit, von Gut und Schlecht bestimmten Strukturlogik. Aus dieser inneren Strukturgesetzlichkeit der Vernunft ergibt

---

62 In diesem Zusammenhang erlangt meines Erachtens auch die diskursethische Maxime ihre praktische Bedeutung. Dieser Maxime zufolge dürfen nur solche materiale Normen Geltung beanspruchen, die die „Zustimmung aller Betroffenen als Teilnehmer eines praktischen Diskurses finden (oder finden können)" (so Habermas 1983, 103).

63 Zur Bedeutung der Erfahrung als Modus der Wirklichkeitsbegegnung und Quelle der ethischen Wert- und Normfindung vgl. auch Hümmeler 1993.

sich nicht nur die Unbeliebigkeit ihrer Wertungen und Normierungen, sondern auch ihre grundsätzliche Offenheit auf Fortschritt hin. Insofern sich nämlich die Vernunft auf alles zu beziehen vermag, was sich ihr von Natur aus als bedeutsam aufdrängt, ist sie für immer neue Erfahrungen und Einsichten offen. Sie kann über gegebene Wert- und Normbestände hinaus schreiten. Sie kann Werte und Normen neu formulieren oder sie ändern, wo sie sich als überkommen und lebensuntauglich erweisen. Umgekehrt heißt das aber auch: Wo immer Werte und Normen Gültigkeit und Verbindlichkeit beanspruchen, müssen sie sich auf ihre innere Vernunft und Logik, auf die innere Stimmigkeit ihrer verfügbaren Gründe und Einsichten hinterfragen lassen. Ändern sich diese, dann bedürfen auch die betreffenden Werte und Normen einer Aktualisierung und Weiterentwicklung.[64]

Ethische Werte und Normen erhalten ihre Verbindlichkeit durch ihre Plausibilität und Kommunikabilität. In dem Maße, in dem begründet dargelegt und aufgezeigt werden kann, weshalb ein bestimmter Wert zum Gelingen menschlichen Lebens und zur Maximierung des Humanen beitragen kann, wird dieser Wert in der Praxis auch Geltung erlangen. Deshalb verbietet sich ein theologischer oder wie auch immer gearteter Positivismus, der die Verbindlichkeit und Verpflichtungskraft ethischer Werte und Normen allein davon herleitet, dass sie in der Tradition oder in der Bibel absolute Geltung hatten. Es gibt Mysterien des Glaubens; es kann aber keine mysterienhaften

---

[64] Gegen diese Vernunftargumentation wird immer wieder eingewandt, dass menschliche Erkenntnis dem Irrtum ausgesetzt und zudem durch die Sünde verdunkelt sei, so dass der Mensch aus sich heraus, ohne ausdrückliche Rückbindung an Gott oder irgendeine andere Autorität, den Kerngehalt ethischer Forderungen nicht hinreichend erfasse (so etwa Spaemann 1977). Nun wird man tatsächlich in Rechnung stellen müssen, dass die vorhandene Unheilssituation dieser Welt auch eine Schwächung der menschlichen Fähigkeiten mit sich bringt und der Mensch als endliches, kreatürlich begrenztes Wesen in seiner Erkenntnis stets dem Irrtum ausgesetzt bleibt. Eine absolut sichere menschliche Erkenntnis gibt es nicht. Von daher verbietet sich ein blinder Vernunftoptimismus oder Fortschrittsglaube. Aber folgt daraus notwendigerweise, dass die Vernunft ein „orientierungsloses Werkzeug individueller und kollektiver Selbstsucht" ist (so Spaemann 1977, 294)? Solche Formulierungen erwecken den Eindruck, als könne der Mensch in seinem ethischen Erkenntnisprozess unvermittelt auf eine außerhalb seiner selbst liegende Autorität zurückgreifen und sich damit die gesamte hermeneutische Fragestellung ersparen.

Werte und Normen geben, deren inhaltliche Forderung im Hinblick auf das zwischenmenschliche Handeln nicht positiv einsehbar und eindeutig bestimmbar wäre.[65] Das heißt nun aber nicht, dass damit der Glaube oder die jeweilige Weltanschauung keinen Einfluss auf den Prozess der Wert- und Normfindung hat.

4. Der Einfluss des Welt- und Menschenverständnisses auf den Prozess der Wert- und Normfindung

Die vielfältigen Erfahrungen menschlichen Seinkönnens, wie sie in den modernen Wissenschaften, in der Tradition und in den gelebten Überzeugungen der Menschen zum Ausdruck kommen und im ethischen Diskurs auf ihre Vernünftigkeit hin reflektiert werden, führen noch nicht unmittelbar zu Werteinsichten. Sie werden vielmehr immer schon, bevor aus ihnen Werte und Normen expliziert werden, zunächst im Kontext eines bestimmten Welt- und Menschenverständnisses, im Kontext ganz bestimmter Vorerfahrungen, die Menschen über den Sinn und das Ziel ihres Daseins haben, gedeutet. Denn erst in diesem anthropologischen Kontext werden die Notwendigkeiten und Dringlichkeiten geglückten Menschseins sichtbar und eröffnen sich die Sinnhorizonte menschlichen Daseins, die den jeweiligen Erfahrungen ihre entsprechende Wertigkeit verleihen.[66]

Ich möchte an zwei Beispielen aufzeigen, wie sehr das jeweilige Welt- und Menschenverständnis die Bedeutung und Dringlichkeit der unserem Handeln zugrunde liegenden Güter und Werte bestimmt. Vor etlichen Jahren suchte mich eine Klientin in der Ehe- und Familienberatung auf. Sie war zum damaligen Zeitpunkt 48 Jahre alt, allein lebend und arbeitete als Pflegekraft in einem großen Krankenhaus. Seit dem Tod ihrer Mutter, die sie über viele Jahre hinweg liebevoll betreut und gepflegt hatte, litt die Klientin unter multiplen psychosomatischen Beschwerden, vor allem aber unter ihrem

---

[65] Vgl. Böckle ⁶1994.
[66] Zur Abhängigkeit der Wertfindung vom Welt- und Menschenverständnis vgl. auch Gruber 1993 a, 67-69.

Alleinsein. Sie wünschte sich einen Partner, dem sie sich hingeben und mit dem sie gemeinsam die Freuden des Lebens genießen könnte. Mir fiel auf, dass es im bisherigen Leben der Frau, neben der Berufstätigkeit, der Arbeit auf dem heimatlichen Bauernhof und zuletzt der Pflege der Mutter keinen weiteren Lebensinhalt gegeben hatte. Die Reflexion der Lebensgeschichte ergab, dass die Klientin ganz und gar das Menschenbild ihrer Mutter verinnerlicht hatte, ein Verständnis vom Menschen, das sich in dem Lebensmotto ausdrückte: *„Der Mensch ist zum Arbeiten da, wie der Vogel zum Fliegen!"* Das unausgesprochene Selbstbild der Klientin lautete dementsprechend: *„Ich bin, was ich leiste!"* Dieses subjektive Verständnis des Menschen und seines Daseinssinnes bedingte ein ganz spezifisches Wertesystem der Klientin. Es war für sie gut und wertvoll zu arbeiten, etwas zu leisten, für andere da zu sein, diszipliniert und zuverlässig zu sein. Werte wie Genuss, Muße, Kreativität, Selbstentfaltung und Lust hatten in ihrem Denken hingegen keinen Platz. Dies hatte zur Konsequenz, dass sich die Klientin unbewusst keine Handlungen gestattete, die auf die Realisierung solcher Strebungen und Werte ausgerichtet waren.

Ein zweites Beispiel: Der australische Ethiker Peter Singer, Direktor des Instituts für Bioethik an der Universität Clayton, gesteht absoluten, unantastbaren Wert nur solchen Lebewesen zu, die sich ihrer selbst als einer „distinkten Entität", als eines eigenständigen Individuums mit Vergangenheit und Zukunft, mit Wünschen und Interessen, bewusst sind.[67] Nicht die Zugehörigkeit zur Gattung Mensch bestimmt Singer zufolge also den Wert und die Würde eines einzelnen Menschen, sondern allein die empirisch messbare Tatsache, ob dieser Mensch – *jetzt, faktisch und aktuell* – sich seiner selbst bewusst sei und sich in Freiheit selbst bestimmen könne. Besitzt ein menschliches Lebewesen noch kein Selbstbewusstsein, wie etwa Föten, Säuglinge und von Geburt schwerstbehinderte Kinder, oder besitzt es dieses nicht mehr, wie etwa geisteskrank gewordene, altersdemente oder komatöse Menschen, so sei dieses Menschenleben austauschbar. Es habe kein individuelles Recht auf Leben und könne, sofern es nicht den Präferenzen anderer

---

[67] Vgl. dazu sowie zum Folgenden Singer ²1994. Zur Kritik dieser ethischen Position vgl. anstatt vieler Anzenbacher 1992.

Personen – wie der Eltern oder pflegewilliger Personen – widerspricht, getötet werden.[68] „Wir bezweifeln nicht", so schreibt Singer mit Bezug auf die Legitimität aktiver Euthanasie, „dass es richtig ist, ein schwer verletztes oder krankes Tier zu erschießen, wenn es Schmerzen hat und seine Chance auf Genesung geringfügig ist. ‚Der Natur ihren Lauf lassen‘, ihm eine Behandlung vorzuenthalten, aber sich zu weigern, es zu töten, wäre offensichtlich falsch. Nur unser unangebrachter Respekt vor der Lehre von der Heiligkeit des menschlichen Lebens hindert uns daran zu erkennen, dass das, was bei einem Pferd offensichtlich falsch ist, ebenso falsch ist, wenn wir es mit einem behinderten Säugling zu tun haben"[69].

Die beiden Beispiele illustrieren, dass die Wert- und Normfindung sich nicht unabhängig von anthropologischen Gegebenheiten vollzieht. Das Bild, das wir vom Menschen und seiner Stellung in der Welt haben, bildet die Grundlage für unser Werten und Handeln. Im erstgenannten Beispiel bedingte die – in diesem Fall – unbewusste Interpretation des Menschen als zum Arbeiten geborenes Wesen ein Welt- und Menschenbild, das nahezu ausschließlich von sozial- und leistungsbezogenen Werten wie Hingabe, Verzicht, Disziplin, Ordnung, Gehorsam und Fleiß geprägt ist. Handlungen, die auf die Verwirklichung dieser Werte zielten, galten der Klientin als gut und richtig, obgleich sie sie, wie ihre Lebensentwicklung zeigte, unglücklich und krank machten. Noch schwerwiegender sind die Handlungskonsequenzen, die sich aus dem – mit wissenschaftlichem Anspruch – vorgetragenen aktualistischen, an empirisch messbaren Kriterien orientierten Menschenbild Peter Singers ergeben: Es macht Menschen mit schwerer Behinderung oder Erkrankung zum Spielball fremder Interessen, ja gestattet es sogar sie zu töten. Im Prinzip handelt es sich hierbei um eine anthropologisch-ethische Fundierung faschistischen Denkens.

Die beiden Beispiele verdeutlichen aber noch ein Zweites: Hinsichtlich des Verständnisses vom Sinn und Ziel menschlichen Lebens gibt es – von Subjekt zu Subjekt, von Kultur zu Kultur und von Ideologie zu Ideologie – ganz un-

---

[68] Vgl. dazu auch die Ausführungen über das utilitaristische Modell einer einseitigen Folgenethik in Kapitel 3, Abschnitt II, Punkt 4.
[69] Singer [2]1994, 208f.

terschiedliche Vorstellungen. Über diese Vorstellungen lässt sich nicht ohne weiteres ein Einvernehmen herstellen, weil sie sich Glaubensüberzeugungen verdanken und damit jeglichen partikularen Erfahrungen vorgelagert sind. Dies ist in der sozialen und ethischen Praxis solange kein Problem, solange in ein und derselben Gesellschaft ein relativ einheitliches Welt- und Menschenverständnis vorherrscht und die Vorstellung über den Sinn menschlichen Lebens in ihren Grundzügen von den meisten Mitgliedern einer Gesellschaft geteilt wird. In unserer christlich-abendländischen Gesellschaft war dies bis vor wenigen Jahrhunderten der Fall. Bis ins 16. Jahrhundert bildete hier das christliche Welt- und Menschenverständnis den Rahmen, innerhalb dessen die Menschen ihre Erfahrungen deuteten. Die geltenden Wertvorstellungen waren in dieser Gesellschaft, bei aller subjektiven Streuung, auch entsprechend homogen. Mit dem Zerbrechen der kirchlichen Einheit in der Reformation und mit der Entdeckung des Sonnensystems durch Kopernikus kam es zur Auflösung dieses einheitlichen mittelalterlichen Welt- und Menschenbildes. Der Theozentrismus wurde von einem Anthropozentrismus verdrängt. Das Individuum rückte in den Mittelpunkt des Interesses. In ethischer Hinsicht führte dies zu einem Wandel und zu einer Pluralisierung der Werte.

5. Wertewandel und Wertevielfalt in der modernen Gesellschaft

In einer traditionell agrarisch geprägten, hierarchischen Gesellschaft standen soziale Werte wie Disziplin, Gehorsam, Pflichterfüllung, Hingabe, Treue und dergleichen mehr an oberster Stelle. Mit der beschriebenen Wendung zum Subjekt rückten seit dem 18. Jahrhundert zunehmend personale Werte wie Freiheit, Gleichheit, Autonomie, Genuss und Selbstverwirklichung in den Mittelpunkt. Die sozialen Werte blieben zwar nach wie vor in Geltung; aber sie rangieren, was ihre Akzeptanz betrifft, nicht mehr an oberster Stelle der Werteskala.[70] Gesellschaftlich zum Tragen kam dieser Wertewandel zwar

---

[70] Helmut Klages spricht in diesem Zusammenhang von Pflicht- und Akzeptanzwerten auf der einen und von Selbstentfaltungswerten auf der anderen Seite (vgl. Klages 1988, 56).

erst in der zweiten Hälfte des 20. Jahrhunderts.[71] Grundgelegt aber war er schon sehr viel früher durch die angesprochenen Veränderungen im Welt- und Menschenverständnis und die damit verbundenen Ideale der Aufklärung.[72]

Eine zweite Folge der angesprochenen sozio-kulturellen Veränderungen ist die Pluralisierung der Werte. Wenn Werte und Normen nicht nur von Erfahrungen gelingenden Lebens abhängig sind, sondern, was ihre Dringlichkeit betrifft, auch davon, in welchem weltanschaulichen Kontext sie interpretiert werden, dann muss in modernen Gesellschaften, in denen es kein einheitliches Welt- und Menschenverständnis mehr gibt, in denen vielmehr unterschiedliche Weltanschauungen und religiöse Überzeugungen mit ganz unterschiedlichen Sinndeutungen mehr oder weniger friedlich koexistieren, auch eine Vielzahl höchst unterschiedlicher Werte gleichzeitig anzutreffen sein. Das heißt: Was früher von Kultur zu Kultur galt, gilt heute für ein und dieselbe Gesellschaft. Es gibt dort eine Vielzahl unterschiedlicher Weltanschauungen und Sinndeutungsangebote mit ganz unterschiedlichen Wert- und Normvorstellungen. In den Geistes- und Sozialwissenschaften werden mit Blick auf diesen Sachverhalt moderne Gesellschaften deshalb auch als offene oder plurale Gesellschaften bezeichnet. Dieser Umstand prägt natürlich das soziale Leben und führt, wo unterschiedliche oder gar einander widersprechende Werte und Normen aufeinander prallen, nicht selten zu Überzeugungs- und in der Folge davon zu Handlungskonflikten. Ein aktuelles Beispiel hierfür ist der Streit um das Tragen eines Kopftuches, wie es eine bestimmte islamische Tradition muslimischen Frauen vorschreibt. Vertreter und Vertreterinnen einer im Geiste der Aufklärung stehenden westlichen Denkrichtung sehen darin ein Symbol für die Unterdrückung und Bevormundung der Frauen im Islam, die im Widerspruch steht zur Gleichheit und Freiheit aller Menschen und daher ihrer Meinung nach zumindest an Schulen und öffentlichen Einrichtungen verboten gehört. Diese

---

[71] Auslöser des in den sechziger Jahren des 20. Jahrhunderts zu beobachtenden Wertwandlungsschubs waren die sozio-ökonomischen Veränderungen, die zur Bildungsexpansion auf der einen und zur zunehmenden Technisierung und Individualisierung der Arbeits- und Lebenswelt auf der anderen Seite führte.

[72] Zum Wertewandel vgl. auch Eisenmann 2006, 143-150.

Sichtweise kann jedoch nicht darüber hinweg täuschen, dass die Stellung der Frau selbst in einem demokratischen Verfassungsstaat wie Deutschland – über solche multikulturell bedingten Unterschiede hinaus – höchst differenten Wertungen unterworfen ist. So sehen manche Kirchenvertreter auch in unserem Land – allen Beteuerungen der Gleichwertigkeit der Geschlechter zum Trotz – die bevorzugte Stellung der Frau nach wie in der Familie und am Herd.[73] Und auch wirtschaftlich ist die Situation der Frau in den meisten modernen Gesellschaften nach wie vor von Ungleichheit geprägt. Wie anders wäre es sonst zu erklären, dass Frauen in Deutschland für die gleiche Tätigkeit im Schnitt weniger Lohn erhalten als Männer?

Neben den explizit religiösen und philosophischen Deutungen der Welt und des Menschen gibt es in der modernen Gesellschaft noch ein unausgesprochenes, ein quasi implizites Welt- und Menschenverständnis, mit spürbaren Folgen auf der Werteebene: die Deutung des Menschen und seines Lebenssinnes aus rein ökonomischer Perspektive. Aufgrund der zentralen Rolle, die der Wirtschaft in den hoch industrialisierten Gesellschaften als Urheber und Motor des Modernisierungsprozesses zukommt, entfalten die diesen Bereich prägenden Leitideen und Prinzipien wie Rationalität und Objektivität, Effektivität und Leistung, Individualität und Unabhängigkeit, Durchsetzungsfähigkeit und Konsum, ihre Wirkkraft auch in den anderen Bereichen des sozialen Lebens. Die psychisch-emotionalen Zusammenhänge menschlicher Existenz berücksichtigen sie ebenso wenig wie deren personal-sozialen Bezüge und Sinngehalte. Eine solche Entwicklung erschwert nicht nur das Leben in den einzelnen gesellschaftlichen Teilbereichen; sie verändert – unhinterfragt und unkontrolliert – auch das tatsächliche Verständnis des Menschen und seiner Werte. Denn eine Gesellschaft, in der der Mensch seinen Wert in erster Linie von seiner Leistungs- und Konsumfähigkeit her empfängt, in der wirtschaftliche Produktivität und Gewinnmaximierung die obersten anzustrebenden Ziele sind, steht in der Gefahr, die mitmenschlichen und

---

73 Noch 1953, als im Deutschen Bundestag die Familienrechtsreform diskutiert wurde, versuchten Theologen wie Bischöfe mit Hilfe eines fragwürdigen Naturrechtsverständnisses und einer biblizistischen Interpretation von Schrifttexten die überkommene Auffassung von der Vorrangstellung des Mannes in der Ehe zu beweisen und zu einer Glaubensfrage hochzuspielen.

transzendenten Werte diesem Ziel unterzuordnen und damit in die Inhumanität abzugleiten.

Der angesprochene Wertepluralismus tangiert auch die Praxis der Sozialen Arbeit. Wenn etwa die Mitarbeiterinnen einer sozialpädagogischen Einrichtung für interkulturelle Bildung und Begegnung einem 17-jährigen türkischen Jugendlichen aufgrund seiner besonderen Fähigkeiten für geeignet halten, die Berufsoberschule zu besuchen, und mit ihm auch gerne darüber sprechen würden, so liegt diesem sozialpädagogischen Ansinnen der hohe Wert der Autonomie zugrunde, den es durch Bildung zu fördern gilt. Stammt dieser Jugendliche aber aus einer streng islamischen Familie, in der die Großfamilie den höchsten innerweltlichen Wert darstellt und die traditionelle Geschlechtsrollenzuweisung alle männlichen Personen dazu verpflichtet, so früh wie möglich zum Lebensunterhalt der Familie beizutragen, so werden sich die Sozialpädagoginnen mit ihrem Anliegen sehr schnell in einem Ziel- und Wertekonflikt wiederfinden beziehungsweise den jungen Mann in einen solchen stürzen. Oder, um noch ein anderes Beispiel zu erwähnen: Wenn ein 40-jähriger Mann die Erziehungsberatungsstelle aufsucht mit der Frage, ob es aus pädagogischer Sicht Einwände gäbe, wenn er mit seiner derzeitigen Freundin das Dachgeschoss jenes Hauses bezöge, in dem seine Ehefrau und seine drei Kinder die beiden unteren Geschosse bewohnten – immerhin handele es sich dabei um sein Haus –, und dieser Klient im Beratungsgespräch von seiner Ehefrau, seinen Kindern und seinen wechselnden Partnerinnen spricht wie von seiner großen Firma, die er besitzt, dann wird schnell klar, dass die Werte und Überzeugungen, die das soziale Denken und Handeln dieses Mannes bestimmen, identisch sind mit den Werten und Überzeugungen, die seinem wirtschaftlichen Handeln zugrunde liegen. Es sind dies Werte und Überzeugungen, die sich einem materialistischen Welt- und Menschenverständnis verdanken, das meint alles objektivieren und verrechnen zu können.

In beiden Fällen sehen sich die Sozialpädagoginnen und Sozialpädagogen Konflikten gegenüber, die zwar auf der personalen Ebene ausgetragen werden, die ihren Ursprung aber auf der gesellschaftlichen Ebene haben. Die Überschaubarkeit und Geborgenheit, die eine Gesellschaft vermittelt, in der ein einheitliches, von allen Mitgliedern getragenes Sinn- und Wertesystem vorherrscht, gibt es heute nicht mehr. Es kennzeichnet geradezu die normative Situation des modernen Menschen, sich in politisch-gesellschaftlichen Strukturen vorzufinden, die ihn den Risiken einer neuen, durch das Recht garantierten Freiheit und einer damit einhergehenden Pluralität von Sinndeutungen und Wertvorstellungen ausgesetzt sein lassen.

6. Grundwerte als unhintergehbare Grundlage offener Gesellschaften

In einer Gesellschaft, in der es kein einheitliches Welt- und Menschenverständnis mehr gibt, gibt es auch keinen durchgehend gemeinsamen Wertebestand mehr. Es gibt nur mehr verschiedene Ethosformen, die von unterschiedlichen Institutionen, Gemeinschaften und Gruppen geltend gemacht und aufrechterhalten werden. Diese gesellschaftlichen Ethosformen[74] befinden sich zum Teil in heftigem Widerstreit. Wie können angesichts dieses Tatbestandes das Zusammenleben und der Zusammenhalt, wie die kulturelle Identität einer offenen, wertepluralen Gesellschaft gesichert werden? Die Bundesrepublik Deutschland trägt wie alle modernen Rechtsstaaten der Verschiedenheit der Weltanschauungen und Religionen und den damit verbundenen Sinndeutungen und Wertorientierungen insofern Rechnung, als sie sich selbst zu weltanschaulicher Neutralität verpflichtet und allen Bürgerinnen und Bürgern die Religions- und Gewissensfreiheit zusichert.[75] Das heißt: Jeder Mensch darf in unserem Land nach seinen eigenen Überzeugungen leben. Jeder Mensch ist frei in der Wahl der Werte und Normen, an denen er sein Leben ausrichten möchte. Da diesbezüglich jeder Mensch das gleiche Recht hat, muss er diese Freiheit aber auch allen anderen Menschen zugestehen. Unser Grundgesetz begründet diese rechtlich verbürgte Freiheit mit dem bloßen Hinweis auf die besondere Würde eines jeden Menschen.[76]

---

74 Der Münchner Sozialethiker Wilhelm Korff spricht in diesem Zusammenhang auch von sozialen Binnenmoralen (vgl. Korff 1985, 219).

75 „Die Freiheit des Glaubens, des Gewissens und die Freiheit des religiösen und weltanschaulichen Bekenntnisses sind unverletzlich" (GG, Art. 4, Abs. 1).

76 „Die Würde des Menschen ist unantastbar. Sie zu achten und zu schützen ist Verpflichtung aller staatlichen Gewalt" (GG, Art. 1, Abs. 1).

Und es leitet daraus unverletzliche und unveräußerliche Menschenrechte ab wie etwa das Recht auf Leben und körperliche Unversehrtheit, auf freie Entfaltung der Persönlichkeit, auf Meinungs- und Versammlungsfreiheit, auf Freizügigkeit, auf freie Wahl des Berufes, auf Sozialhilfe in besonderen Lebenslagen oder, wie schon gehört, das Recht auf Gewissens- und Religionsfreiheit. Auf diese personalen Freiheits-, politischen Mitbestimmungs- und sozialen Grundrechte hat in unserem Land jeder Mensch als Mensch einen strengen Rechtsanspruch. In diese Rechte darf nur auf Grund eines Gesetzes eingegriffen werden.

In modernen demokratischen Gesellschaften gibt es also nur mehr eine Basis an gemeinsamen Grundwerten, auf die der Staat seine Bürgerinnen und Bürger verpflichtet. Es handelt sich dabei im Wesentlichen um jene grundlegenden Werte und Rechte, wie sie politisch erstmals umfassend in den Forderungen der Französischen Revolution nach Freiheit, Gleichheit und Brüderlichkeit zum Ausdruck kamen. Diese Grundwerte und Grundrechte garantieren ein friedliches Zusammenleben der Menschen. Sie sind Ausdruck der Erfahrung, dass ein gelingendes soziales Miteinander nur möglich ist, wenn alle Menschen – ungeachtet ihrer vielfachen individuellen Ungleichheiten – als gleich geboren und zur Freiheit fähig behandelt werden. Der Gleichheitsgrundsatz und der Respekt vor der Freiheit anderer sind also die beiden grundlegenden Werte, auf denen unsere demokratische Gesellschaftsordnung in ethischer Hinsicht basiert.[77]

Alle modernen Rechtsstaaten leiten diese als Grundrechte formulierten Grundwerte aus der Idee der Menschenwürde ab, ohne diese Idee selbst näher zu begründen. Sie begnügen sich vielmehr mit ihrer Formulierung und verfassungsrechtlichen Fundierung. Wie ist das möglich? Der große Vorteil der Menschenwürde-Vorstellung besteht darin, dass sie ein grundlegendes, das heißt unhintergehbares Kriterium ethischen Handelns benennt, das aus sich heraus einsichtig ist. Ihre Geltung „beruht nicht auf einer beliebigen Ableitung aus irgendwelchen religiösen oder metaphysischen Prämissen, sondern auf einem reflexiven Argument, das die Voraussetzungen aufdeckt, die

---

[77] Zu diesem ethischen Fundament kommt als zweite wichtige Säule des modernen demokratischen Rechtsstaates noch das politische Mehrheitsprinzip hinzu.

wir alle in unser gemeinsames Handeln und in unser gesellschaftliches Zusammenleben in einem demokratischen Staat einbringen. Die Anerkennung der Menschenwürde lässt sich widerspruchsfrei überhaupt nicht bestreiten, denn sie ist beim Versuch unserer kulturellen Selbstauslegung immer schon vorausgesetzt. Wer von allen anderen einen rechtmäßig garantierten Handlungsfreiraum zur eigenverantwortlichen Lebensgestaltung fordert, der kann ihnen die Würde und Selbstbestimmung, die er für sich in Anspruch nimmt, nach dem Prinzip vernünftiger Gegenseitigkeit nicht vorenthalten."[78] Mit anderen Worten: Die Idee der Menschenwürde ist nicht an eine bestimmte weltanschauliche Begründung gebunden, sondern vernünftig einsehbar und damit – auch in einer pluralistischen Gesellschaft – eine für jeden Menschen verbindliche ethische Pflicht.

Bei den genannten Grundwerten handelt es sich freilich nur um jene ethischen Mindeststandards, ohne die eine wertoffene, plurale Gesellschaft nicht existieren kann, weil sie sonst ihren inneren Zusammenhalt verliert. Die Grundwerte erinnern zunächst nur an die Grenze und die einschränkende Bedingung, unter der alles individuelle und staatliche Handeln in einer demokratischen Gesellschaft steht: Jeder Mensch besitzt die gleiche unantastbare Würde und Freiheit. Sie gilt es zu achten und zu schützen. Das ist der gegenseitig unverfügbare, rechtlich einklagbare Lebensraum, den Menschen einander zugestehen müssen, die sich als freie Vernunftwesen achten wollen. Als allgemeine Bewertungskriterien geben uns diese Grundwerte aber noch keine erschöpfend positive Zielvorgabe an die Hand, an der abzulesen wäre, wie unser Leben und Zusammenleben gelingen könnte. Hierzu bedarf es weiterer konkreter Wertorientierungen. Um auch praktisch handlungswirksam zu werden, müssen ethische Werte und Prinzipien in die jeweilige gesellschaftliche Situation hinein übersetzt werden. Hier aber beginnen – das hat die Menschenrechtsdiskussion der vergangenen Jahrzehnte gezeigt – die Schwierigkeiten im Dialog der Religionen und Kulturen. Denn diese Übersetzungsarbeit erfolgt immer und notwendig vor dem Hintergrund unterschiedlicher spezifischer Sinndeutungen und Glaubensüberzeugungen. Das aber heißt: Je konkreter die inhaltliche Fassung und normative Ausgestaltung

---

[78] Vgl. Schockenhoff ³2000, 176f.

ethischer Prinzipien und Werte ist, desto bedingter und kulturspezifischer und damit auch divergenter sind die ethischen Vorstellungen.[79]

II. Werte und Normen in der Sozialen Arbeit

Moderne, demokratisch verfasste Staaten gründen auf unveräußerlichen Menschenrechten. Die diesen Menschenrechten zugrunde liegenden Werte der Freiheit und Gleichheit, der Toleranz und Solidarität bilden die unhintergehbare Grundlage moderner Gesellschaften. Sie allein gewährleisten – bei aller Pluralität an Weltanschauungen und Wertorientierungen, die es in offenen, säkularen Gesellschaften gibt – den gesellschaftlichen Zusammenhalt und den sozialen Frieden; weisen sie doch auf jene grundlegenden personalen und sozialen Bedürfnisse und Ansprüche hin, ohne deren Befriedigung Menschen nicht zum Stande ihres Menschseins gelangen können. Diese Grundwerte und Grundrechte bilden auch den Rahmen, innerhalb dessen die Soziale Arbeit ihr ethisches Maß findet.[80] Die Soziale Arbeit hat einen gesellschaftlichen Auftrag. Sie ist die personal vermittelte, institutionalisierte Form gesellschaftlicher Solidarität, die das Ziel verfolgt, Menschen mittels Prävention und Intervention zu befähigen, ihr Leben und Zusammenleben autonom und eigenverantwortlich zu gestalten. Das setzt auf Seiten der Adressaten personale und soziale Kompetenzen voraus, auf Seiten der Gesellschaft gerechte entwicklungsförderliche Strukturen. Diese Zielsetzung

---

[79] Angesichts der zunehmenden Vernetzung der Welt und der damit verbundenen neuartigen globalen Bedrohungen ist um des Überlebens der Menschheit willen die Suche nach universal gültigen Wert- und Normvorstellungen unabdingbar. Als einer der ersten Wissenschaftler hat darauf Hans Küng mit seinem „Projekt Weltethos (⁴1992) hingewiesen. Küng verkennt in seinem Ansatz jedoch den engen Zusammenhang von Anthropologie und Ethosbildung, von Glaubensüberzeugung und Werteinsicht, und überschätzt dadurch bei weitem die Möglichkeiten eines universal gültigen, globalen Ethos.

[80] Insofern kann Soziale Arbeit durchaus als Menschenrechtsprofession bezeichnet werden (so etwa Staub-Bernasconi 1995 oder Lob-Hüdepohl 2003). Das Spezifikum des sozialarbeiterischen Ethos scheint mir mit einer derart weit gefassten Definition indes nicht hinreichend in den Blick zu kommen.

versammelt all jene Grundwerte, die die Soziale Arbeit in ihrer ethischen Gestalt prägen: Eigenverantwortlichkeit, soziale Gerechtigkeit, Solidarität und Toleranz. Auf diese vier Grundwerte lassen sich alle weiteren Wertungen und Normierungen, die es in der Praxis der Sozialen Arbeit darüber hinaus gibt, zurückführen. Alle diese Werte basieren auf der besonderen Würde des Menschen als Person. Die Personwürde ist Kristallisationspunkt des Menschenbildes der Sozialen Arbeit und zugleich oberstes Ziel und Richtmaß allen verantwortlichen Handelns.

1. Der Mensch als Person – oberstes Ziel und Richtmaß allen Handelns in der Sozialen Arbeit

Hinsichtlich des Bildes vom Menschen gibt es, so das Ergebnis des vorhergehenden Abschnittes, keine kulturübergreifende Übereinkunft. Was den Menschen als Menschen auszeichnet, was Sinn und Ziel seines Daseins ist, wird in den verschiedenen Kulturen und Religionen sehr unterschiedlich beantwortet. Allein ein Gedanke hat sich innerhalb der christlich-abendländischen Geistesgeschichte seit dem 18. Jahrhundert über die verschiedenen Weltanschauungen hinweg zunehmend Bahn gebrochen und nach seiner Formulierung Eingang in die Verfassung nahezu aller modernen westlichen Staaten gefunden: der Gedanke, dass jedem einzelnen Menschen eine spezifische, unantastbare Würde zukommt. Worin besteht nun aber diese besondere Würde des Menschen, und wie wird sie begründet?

a. Begründung der besonderen Würde des Menschen

Die Idee der Menschenwürde geht in ihrer neuzeitlichen Fassung und Begründung auf Immanuel Kant zurück und besagt zunächst, dass dem Menschen als Person ein absoluter, unbedingter Wert zukommt. Kant unterscheidet diesen absoluten Wert der Person vom *Preis* als dem begrenzten Wert einer Sache. In seiner „Grundlegung zur Metaphysik der Sitten" schreibt er: „Im Reich der Zwecke hat alles entweder einen Preis oder eine Würde.

Was einen Preis hat, an dessen Stelle kann auch etwas anderes als Äquivalent gesetzt werden; was dagegen über allen Preis erhaben ist, mithin kein Äquivalent verstattet, das hat eine Würde."[81] Wenn Kant dem Menschen eine Würde zuspricht, dann möchte er damit also sagen: Der Mensch hat als Person – im Unterschied zum berechenbaren, klar umrissenen Preis, den man für eine Sache, sei es ein Gegenstand oder ein Tier, bezahlt – einen unbedingten, unverrechenbaren Wert. Worin aber gründet diese Würde der Person, dieser einzigartige, unvergleichbare Wert des Menschen?

Nach Kant besteht die jedem Menschen als Person zukommende Würde in der *Freiheit der Selbstbestimmung*. Der Mensch ist das einzige Wesen auf der Erde, das sich sittlich selbst bestimmen und damit „Zweck an sich"[82] selbst sein kann. Denn der Mensch ist ein mit praktischem Vernunftvermögen ausgestattetes Wesen. Das heißt: Er besitzt das Vermögen, nur dasjenige zu wählen, was die Vernunft – unabhängig von allen fremdbestimmenden Zwecken und Neigungen – als praktisch notwendig und damit als gut erkennt. Kant nennt diese dem Menschen eingestiftete Befähigung zu vernunftbestimmtem Handeln das „moralische Gesetz in uns". In dem Maße, in dem der Wille des Menschen allein durch dieses moralische Gesetz in uns bestimmt ist, ist dieser Wille auch sittlich gut und handelt der Mensch autonom. Ein solches Handeln ist für den Königsberger Philosophen dann gegeben, wenn es den Bedingungen des *kategorischen Imperativs* entspricht, der da lautet: „Handle nur nach derjenigen Maxime, durch die du zugleich wollen kannst, dass sie ein allgemeines Gesetz werde."[83]

Die unantastbare Würde des Menschen hat Kant zufolge also ihren Grund in der Autonomie, in der Befähigung der menschlichen Person zur sittlichen Selbstgesetzgebung. Denn wer sich selbst einen Zweck setzen, wer sich das Gesetz seines Handelns, das allen Wert bestimmt, selbst geben kann, der muss „ebendarum eine Würde d.i. (sic!) unbedingten, unvergleichlichen Wert haben, für welchen das Wort Achtung allein den geziemenden Aus-

---

81 Kant 1974 b, Nr. 434.
82 Kant 1974 b, Nr. 435.
83 Kant 1974 b, Nr. 421.

druck der Schätzung abgibt."[84] Mit anderen Worten: Der menschlichen Person eignet als Vernunft- und Freiheitswesen eine Würde, die es generell und unbedingt zu achten gilt. Von einer solchen Achtung kann dort nicht gesprochen werden, wo ein Mensch nicht als *Zweck an sich* respektiert wird, sondern als bloßes Mittel für außerhalb seiner selbst liegende Zwecke gebraucht, wo er also wie eine Sache behandelt wird. Auch für dieses ethische Grundprinzip hat Kant eine Formel geprägt. Er nennt sie den *praktischen Imperativ*: „Handle so, dass du die Menschheit, sowohl in deiner Person als in der Person eines jeden anderen, jederzeit zugleich als Zweck, niemals bloß als Mittel brauchst."[85]

Der praktische Imperativ formuliert den Kernbestand eines auf Universalität zielenden natürlichen Ethos: Jeder Mensch ist frei und gleich an Würde geboren. Er darf daher *niemals* zum bloßen Mittel für außerhalb seiner selbst liegende Zwecke missbraucht werden. Ihm gebührt als Selbstzweck vielmehr jederzeit Achtung. Die bleibende Leistung Kants ist es, die Idee der Menschenwürde als oberstes ethisches Materialprinzip in ihrer allgemeinen, rational kommunikablen und universalisierbaren Fassung formuliert zu haben. Kant hat damit eine ethische Grundlage geschaffen, die es den Mitgliedern einer säkularen Gesellschaft ermöglicht, jenseits aller religiösen und weltanschaulichen Fragestellungen in einen Diskurs über die gemeinsamen Werte und Normen zu treten. Die Freiheits- und Persönlichkeitsrechte sind ebenso Ergebnis dieses Diskurses wie die seit einigen Jahren weltweit geführte Menschenrechts- und Grundwertediskussion. Kant schuf seine Idee von der Menschenwürde allerdings nicht ex nihilo. Er wusste zum einen noch um das moralische Gesetz im Menschen, das vorgegeben ist und das der Mensch mit Ehrfurcht betrachtet. Und er konnte auf eine traditionelle Lehre zurückblicken, die seine Idee einer unantastbaren Menschenwürde stützte: *die biblische Gottebenbildlichkeitslehre* und den daraus abgeleiteten Gedanken der Gleichheit aller Menschen vor Gott.

Nach christlichem Schöpfungsglauben ist der Mensch einerseits zwar Teil der Schöpfung; gleichzeitig unterscheidet er sich aber doch ganz wesentlich

---

[84] Kant 1974 b, Nr. 436.
[85] Kant 1974 b, Nr. 429.

von pflanzlichem und tierischem Leben. Der Mensch ist nicht nur, wie die übrige Schöpfung, *Spur Gottes;* er ist – wie es im Schöpfungsbericht heißt – *Ebenbild Gottes.* Nach Thomas von Aquin kommt die Ebenbildlichkeit des Menschen darin zum Ausdruck, dass er, entsprechend seinem Urbild, also Gott selbst, Ursprungsprinzip seiner eigenen Werke ist, und zwar kraft seiner Vernunft und seiner Freiheit. *Der Mensch kann als einziges Lebewesen auf der Erde Vorsehung für sich und andere ausüben. Er hat Macht über seine Handlungen. Er kann sie verantworten.*[86]

Mit dem „Imago-Dei-Gedanken", wie diese Lehre auch genannt wird, erfährt aber nicht nur die neuzeitliche Bestimmung des Menschen als Vernunft- und Freiheitswesen ihre theologische Verankerung und Bestätigung, sondern auch die Idee von der unantastbaren Würde des Menschen. Denn wenn es heißt, Gott habe den Menschen als sein Ebenbild geschaffen (vgl. Gen 1,27), ihn nur wenig geringer gemacht als sich selbst (vgl. Ps 8,6), dann ergibt sich daraus unmittelbar auch *die einzigartige Würde jedes einzelnen Menschen und damit die Gleichheit aller Menschen vor Gott.* Als „Bild Gottes" kommt jedem Menschen als Menschen – unabhängig davon, was er leistet und hat, unabhängig davon, ob er Mann oder Frau, Erwachsener oder Kind, krank oder gesund, arm oder reich ist – eine spezifische, unantastbare Würde zu. Als Abbild Gottes sind alle Menschen vor Gott gleich. Diesen Gedanken hat am deutlichsten Paulus zur Sprache gebracht. Für Paulus gibt es in Christus Jesus nicht mehr Juden und Griechen, nicht mehr Sklaven und Freie, nicht mehr Mann und Frau. Für Paulus sind alle Menschen eins in Christus Jesus (vgl. Gal 3,28).

Das biblische Wort von der Gottebenbildlichkeit des Menschen ist aber mehr noch als Funktionszuschreibung zu verstehen denn als Wesensaussage. Gott schafft den Menschen als sein Ebenbild, damit er tue, was Gott im Schöpfungshandeln tat und wovon es immer heißt: Es war sehr gut. Mit anderen Worten: Als Bild Gottes hat der Mensch an der Schöpfervernunft Gottes teil. Er kann und soll Gott auf der Erde repräsentieren und selbst in seinem Sinne schöpferisch tätig werden. Im Sinne Gottes schöpferisch tätig werden aber heißt: Ordnung ins Chaos bringen, für das Leben kämpfen und

---

[86] Vgl. Thomas von Aquin, Summa Theologiae I-II, q. 91.

es organisieren, so dass es Leben in Fülle wird.[87] Es kennzeichnet geradezu diesen Gott des Alten und Neuen Testamentes, dass er sich auf die Seite derer stellt, deren Würde durch andere gefährdet ist: „Der Herr hat Himmel und Erde gemacht, das Meer und alle Geschöpfe; er hält ewig die Treue. Recht verschafft er den Unterdrückten, den Hungernden gibt er Brot; der Herr befreit die Gefangenen. Der Herr öffnet die Blinden die Augen, er richtet die Gebeugten auf. Der Herr beschützt die Fremden und verhilft den Waisen und Witwen zu ihrem Recht" (Ps 146, 6-9).

Für die neuzeitliche Idee von der unantastbaren Würde des Menschen ist diese Option Gottes für die Armen, Kranken und Entrechteten in zweifacher Hinsicht von großer Bedeutung. Sie weist zunächst ausdrücklich darauf hin, dass es in theologischer Hinsicht keine Scheidung der Menschen in solche gibt, die mit dem Status der Menschenwürde ausgestattet sind, und in solche, deren menschlicher Rang in Zweifel gezogen werden kann. Von Gott ist vielmehr jeder Mensch angenommen und geliebt, nicht nur derjenige, bei dem die geistigen Fähigkeiten, die den Menschen als solchen kennzeichnen, entwickelt sind, sondern auch die Menschen, deren Dasein durch Krankheit, Leid und Versagen geprägt ist. Wer von Menschen geboren ist, ist und bleibt Mensch. Er verliert vor Gott unter keinen Umständen seine Würde. Während Kant und mit ihm die ganze Philosophie der Aufklärung den Menschen stets von seinen höchsten geistigen Fähigkeiten her sieht und in seinem Menschsein bestimmt, weist der jüdisch-christliche Glaube darauf hin, dass vor Gott nicht nur der Mensch in seiner verwirklichten Existenz, sondern auch der im Zustand äußersten Geschundenseins eine unantastbare Würde hat.

Die Option Gottes für die Menschen an den Grenzen des Lebens, für die, deren Würde mit Füßen getreten wird, liefert darüber hinaus die existentielle Basis zur Durchsetzung der Menschenwürde-Idee. Sie motiviert, nicht nur von der Würde des Menschen zu reden, sondern sie handelnd zu verwirklichen. Immer wieder weisen die alttestamentlichen Propheten und Jesus darauf hin, dass die Menschen einander so begegnen sollen, wie Gott ihnen begegnet: gerecht, fürsorglich und solidarisch. Die Liebe zum Nächsten wird

---

87 Vgl. dazu Neubrand 1995.

so in der Bibel zu jener Haltung, die dem Mitmenschen geschuldet wird, die ihn als Person ernst nimmt und anerkennt. Die eindringlichste Schilderung dieser theologischen Einsicht stammt von Jesus selbst. Nur wenige Tage vor seiner Hinrichtung in Jerusalem kommt Jesus auf das Weltgericht zu sprechen. Er sagt, am Ende der Zeit werde der König Gericht halten; dabei werde er die guten Völker von den bösen scheiden und zu seiner Rechten versammeln. „Dann wird der König denen auf der rechten Seite sagen: Kommt her, die ihr von meinem Vater gesegnet seid, nehmt das Reich in Besitz ... Denn ich war hungrig, und ihr habt mir zu essen gegeben; ich war durstig und ihr habt mir zu trinken gegeben; ich war fremd und obdachlos, und ihr habt mich aufgenommen; ich war nackt, und ihr habt mir Kleidung gegeben; ich war krank, und ihr habt mich besucht; ich war im Gefängnis, und ihr seid zu mir gekommen ... Amen, ich sage euch: Was ihr für einen meiner geringsten Brüder getan habt, das habt ihr mir getan (Mt 25, 35-40).

b. Der ethische Gehalt der Menschenwürde-Idee

Das Ergebnis der christlich-abendländischen Geistesgeschichte ist die Einsicht, dass die *Person mit ihrer unbedingten und unverlierbaren Würde Ziel und Richtmaß allen verantwortlichen Handelns des Menschen* ist. Der praktische Imperativ Kants stellt sozusagen die säkulare, die biblische Gottebenbildlichkeitslehre die christliche Fassung dieser Einsicht dar. Die unantastbare Würde der menschlichen Person wird damit zum obersten ethischen Prinzip für alle Menschen und Zeiten. Welche ethischen Konsequenzen ergeben sich aus diesem Prinzip? Was ist der verpflichtende Gehalt menschlicher Würde, auf den jeder Mensch als Mensch Anspruch hat?

Mit der Idee der Menschenwürde ist zunächst nur – oder besser gesagt vor allem – eine grundlegende Bestimmung sittlich guten und richtigen Handelns vorgenommen. Mit dieser Idee wird die *Grenze*, die einschränkende *Bedingung* abgesteckt, unter der alles individuelle und staatliche Handeln in einer demokratischen Gesellschaft steht: Jeder Mensch ist um seiner selbst willen zu achten, und niemand darf ausschließlich als Mittel zu einem fremden Zweck geopfert werden. Das ist der gegenseitig unverfügbare, rechtlich einklagbare Lebensraum, den Menschen einander zugestehen müssen, die sich als freie Vernunftwesen achten wollen. Wenn damit auch noch keine positive Ausgestaltung dieses personalen Lebensraumes gegeben ist, so ist doch ein Rahmen gezogen, innerhalb dessen sich verantwortliches menschliches Handeln zu bewegen hat. Und daran knüpfen sich unmittelbare ethische Konsequenzen.

Eine erste unmittelbare Konsequenz, die sich aus der Idee der Menschenwürde und dem daraus resultierenden Gleichheitsgrundsatz ergibt, ist der unaufgebbare Eigenwert jedes einzelnen Menschen. Die menschliche Person ist nicht bloß ein beliebiger Fall einer allgemeinen Art; die menschliche Person ist eine jeweils einmalige, unersetzliche Wirklichkeit. Wer den Menschen als Person annimmt, kann ihn daher nicht nur als Teil eines größeren Ganzen gelten lassen. Der Mensch besitzt als Person vielmehr Eigenstand und einen Wert in sich, selbst wenn er – etwa aufgrund einer schweren geistigen Behinderung, einer körperlichen Krankheit oder eines altersbedingten Gebrechens – in der Entfaltung seines Eigenseins im Einzelfall hinter seinen Möglichkeiten zurückbleiben sollte. Denn entscheidend für die ethische Bewertung ist nicht, inwieweit jemand seine menschlichen Anlagen tatsächlich zur Entfaltung gebracht und sich als Persönlichkeit ausgeprägt hat. Entscheidend für die Zuerkennung der unantastbaren Würde ist allein seine Zugehörigkeit zur Gattung Mensch. Ist das der Fall, so besitzt er, unabhängig von Krankheit, Not und Verschuldung, einen unaufgebbaren, unveräußerlichen Eigenwert und darf daher niemals als bloßes Mittel zu einem außerhalb seiner selbst liegendem Zweck gebraucht werden.

Angewandt auf die Soziale Arbeit heißt das: Im Mittelpunkt aller sozialarbeiterischen Aktivitäten muss der Mensch stehen. Jeder Klient und jede Klientin hat einen Anspruch darauf, als Person mit eigenen Wertvorstellungen und Bedürfnissen wahrgenommen und respektiert zu werden. Es verstößt gegen die Würde eines Not leidenden Menschen, ihn nur als Objekt, als bloßen *Fall* zu behandeln. Einen Menschen als Person sehen, heißt ihn ganzheitlich, mit seinen leiblichen, seelischen und geistigen Bedürfnissen, mit seinen Wünschen und Ängsten wahrzunehmen. Für die Arbeit mit pflegebedürftigen Menschen ergibt sich daraus, um nur ein Beispiel zu nennen, die Forderung, die Intimsphäre der Patienten und Patientinnen zu schützen und ein ungestörtes Zusammensein mit den Angehörigen zu ermöglichen, so weit dies der Pflegealltag gestattet. Einen Menschen in seinem Eigenwert und in seiner Einzigartigkeit zu achten bedeutet auch, ihn nicht ohne seine Zustimmung und sein Wissen für *bloße* wissenschaftliche oder ausbildungsbezogene Zwecke zu gebrauchen, weil er vielleicht geistig behindert ist und er davon keine negativen Folgen zu befürchten hat, oder weil er bereits im Sterben liegt und eine Heilung aussichtslos ist; hieße das doch, ihn wie eine Sache zu behandeln. Ein Mensch verliert seinen Eigenwert und seine personale Würde auch dann nicht, wenn er unter einer schweren geistigen Behinderung leidet oder wenn sein Zustand keine Heilung mehr erlaubt oder der Sterbeprozess bei ihm irreversibel eingesetzt hat.

Was für den Umgang mit geistig behinderten, bedürftigen und sterbenden Menschen gilt, gilt selbstverständlich auch für den Umgang mit den in der Sozialen Arbeit tätigen Menschen selbst. Jede Sozialarbeiterin und jeder Sozialarbeiter besitzt als Person einen unaufgebbaren, unverrechenbaren Eigenwert. Ihnen eignet als Menschen ein absoluter Wert, der die Summe ihrer für den Arbeitgeber oder das Team erbrachten Leistungen immer übersteigt. Jede Mitarbeiterin einer sozialen Institution ist als Person mehr als nur eine Arbeits*kraft*. Wenngleich im Berufsleben die Arbeitsleistung natürlicherweise im Mittelpunkt steht, wofür man ja auch entlohnt wird, so ist es für jeden berufstätigen Menschen doch auch wichtig, darüber hinaus als Person wahrgenommen, anerkannt und geachtet zu werden. Dies kann in Wort und Tat erfolgen, etwa indem das Leitungspersonal im Dienstgespräch die Arbeit einer Kollegin ausdrücklich anerkennt und würdigt, ihr zum Geburtstag gratuliert oder auch indem sie bei der Dienstplangestaltung ihre Wünsche und Bedürfnisse so weit wie möglich berücksichtigt.

Eine zweite unmittelbare ethische Konsequenz, die sich aus der Menschenwürde-Vorstellung ergibt, ist die Einsicht, dass die menschliche Person Grund, Träger und Ziel der Sozialen Arbeit und ihrer Einrichtungen ist. Menschliche Personalität schließt leibhafte Existenz und damit Einbindung in Naturalität und Sozialität unaufhebbar ein. Der Mensch bedarf der Gemeinschaft und der Natur, um überhaupt ins Dasein zu treten und um seine Daseinsgrundlagen fortwährend zu sichern, aber auch um sich in seiner Personalität zu entfalten und in der Interaktion mit anderen Menschen zu einer

Persönlichkeit heranzureifen. Dabei kann es durchaus zu Spannungen zwischen den Ansprüchen des Einzelnen und seiner sozialen und ökologischen Umwelt kommen, wie dies etwa bei der staatlichen Pflicht zum Wehrdienst und dem Recht auf Gewissensfreiheit oder beim Recht auf Freizügigkeit und dem Autofahrverbot bei überhöhten Smogwerten der Fall ist. Wem kommt in solchen Situationen der Vorrang zu: dem Einzelnen oder der Gemeinschaft? Auch hier gilt: Die Würde und der Eigenwert der menschlichen Person verbieten eine Unterordnung des einzelnen Menschen unter die Gesellschaft oder einzelne gesellschaftliche Institutionen. Wenn dennoch im Konflikt, das heißt unter gegebenen Umständen, den Ansprüchen, die sich von der Gemeinschaft oder vom Wohl der Gesamtökologie her ergeben, der Vorrang eingeräumt wird gegenüber den Ansprüchen des Einzelnen, so ist das ethisch gerechtfertigt allein unter der Voraussetzung der Respektierung der Personwürde.[88]

Aus der Idee einer unveräußerlichen Menschenwürde ergeben sich aber nicht nur unmittelbare ethische Handlungskonsequenzen. Wenn jeder Mensch als Mensch einen absoluten, nicht verrechenbaren Wert besitzt, dann lassen sich daraus – die biblischen Ausführungen im Anschluss an die Gottebenbildlichkeitslehre haben das bereits erkennen lassen – weitere Werte ableiten, in denen sich diese Würde konkretisiert. Ein erster solcher Wert ist die Autonomie, die Verantwortlichkeit über die eigene Lebensführung.

2. Verantwortung als Einlösung des ethischen Sinnes von Freiheit

Nach Kant besteht die jedem Menschen als Person zukommende Würde in der Freiheit der sittlichen Selbstbestimmung. Darin ist er unbedingt zu achten. Niemand darf daher gezwungen werden, gegen sein Gewissen zu handeln; noch darf jemand daran gehindert werden, innerhalb der gebührenden Grenzen nach seinem Gewissen zu handeln. Mit dem Selbstbestimmungsrecht ist jedoch auch ein Anspruch verbunden. Jeder Mensch kann nicht

---

[88] Vgl. dazu auch die Ausführungen zum Thema „Gemeinwohl und Eigenwohl" in Kapitel 4, Abschnitt II.

nur, er muss als Person sein Handeln selbst verantworten. Er kann diese Verantwortung auch dort nicht abschieben, wo er im Gehorsam etwa seinem Ehepartner oder seinem Vorgesetzten gegenüber handelt. Selbst wenn eindeutige Normen ein bestimmtes Tun erfordern, hat das Gewissen des Einzelnen immer noch darüber zu befinden, ob er zu dieser Verpflichtung stehen oder ob er sich ihr entziehen will. In seiner Eigenständigkeit als Person kann sich der Mensch nicht einfach zum Werkzeug fremden Wollens oder anonymer Institutionen machen lassen. Als Subjekt seines Handelns muss er sich vielmehr selbst in Freiheit für ein bestimmtes Handeln entscheiden, das er dann aber auch zu verantworten hat.[89]

Wo eine Person in ihrem Leben Verantwortung für sich und andere übernimmt, handelt sie verantwortlich und damit im ethischen Sinne autonom. Eigenverantwortlichkeit ist also jene Haltung, die von der Bereitschaft geprägt ist, Verantwortung für das eigene Leben und Handeln zu übernehmen. Was aber ist damit genau gemeint? Und worin besteht der Wert einer solchen Haltung?

a. Geschichte und Verständnis des Verantwortungsbegriffes

Wichtige Hinweise zum ethischen Verständnis von *Verantwortung* und *Eigenverantwortlichkeit* bietet die Geschichte und Analyse des Verantwortungsbegriffes. Verantwortung ist im Verlauf des 20. Jahrhunderts zu einem ethischen Schlüsselbegriff geworden und hat den der Pflicht zunehmend abgelöst. Dies hat seinen Grund in der veränderten ethischen Situation, in der sich der Mensch in der Moderne vorfindet. In unserer von Wissenschaft und Technik geprägten Zeit haben sich innerhalb weniger Jahrzehnte die Möglichkeiten menschlichen Handelns immens ausgeweitet. Das hat zu einer zunehmenden Komplexität und Dynamisierung ethischer Handlungssituationen geführt. Diese Handlungssituationen sind heute schwieriger voraus kalkulierbar als früher. Angesichts dessen erweist sich der Pflichtbegriff als zu statisch. Eine Pflicht gibt für die handelnde Person ein fest umschriebenes

---

[89] Vgl. zum Zusammenhang von Freiheit und Verantwortung auch Nida-Rümelin 2005.

Aufgabenfeld an. Sie setzt also, was heute oft nicht mehr möglich ist, eine fest umrissene Situationsdefinition voraus, auf die die Aufgaben und Pflichten des Einzelnen appliziert werden können. Der Begriff der Verantwortung beinhaltet demgegenüber zwar auch das, was man umgangssprachlich unter Pflicht versteht. Er reicht aber insofern darüber hinaus, als er auch die Handlungssituation in ihrer Unabsehbarkeit und Unabwägbarkeit zu umgreifen und der Zuständigkeit des handelnden Subjekts zuzuordnen vermag.

Ein weiterer wichtiger Grund für den Erfolg des Verantwortungsbegriffes liegt im Wesen dieses Begriffes selbst. Ist Verantwortung doch jene Kategorie, die das neuzeitliche Selbstverständnis des Menschen in seinem inneren Spannungsverhältnis von Abhängigkeit und Freiheit, von schöpfungsmäßigem Gegründetsein und personaler Selbstaufgegebenheit auf der Handlungsebene am besten zum Ausdruck zu bringen vermag. Die Analyse des Verantwortungsbegriffes kann dies belegen. Der Verantwortungsbegriff war ursprünglich im Rechtsbereich beheimatet und meinte dort jene Rechenschaft, die der Angeklagte für sein Handeln oder für die Folgen seines Handelns abzulegen hatte. Es geht dabei um ein Bezugsverhältnis von Angeklagtem und Kläger, wobei ersterer auf bestimmte Schuldvorwürfe antwortet. Diesen Sachverhalt erhärtet insbesondere auch eine sprachhistorische Erhebung des Wortes. Hiernach ist das Verb *verantworten* eine Übersetzung des Lateinischen *respondere* und *probare*. Es hat somit zwei Bedeutungsquellen. *Respondere* hat die Bedeutung von antworten, dagegen versprechen, erwidern, Bescheid geben, Wort halten. *Probare* hingegen meint soviel wie prüfen, beurteilen, billigen, untersuchen. Beide Bedeutungskreise ordnen sich dialogischen Vorgängen des Rechtslebens zu. Auch im Mittelhochdeutschen sind Verbformen belegt. Diese leiten sich vom Gotischen *andawurdi* her. *Andawurdi* ist am besten mit Gegenwort, Gegensage zu übersetzen. Verantworten heißt hier: Vor Gericht „im Antwort geben" sich verteidigen, rechtfertigen und entschuldigen. Aber es bedeutet auch ganz schlicht: Im Gespräch eine Frage *beantworten*. Seit der zweiten Hälfte des 15. Jahrhunderts bezeichnet dann Verantwortung den Vorgang des rechtlichen und rechtfertigenden Antwort-Geben-Müssens und Antwort-Geben-Könnens einer Person. Der sprachhistorische Befund weist somit Verantwortung als ein dialogisch-personales Geschehen aus. Das Antwort-Geben und die Tatsache, dass dahinter eine Person steht, sind die beiden wichtigsten Aspekte, die sich auf diese Weise eruieren lassen. Damit kommt bereits das der Verantwortung inhärente dialogische Moment in den Blick sowie das Faktum, dass es eine *Verantwortung für* und eine *Verantwortung vor* gibt. Eine semantische Analyse liefert hier weitere Erkenntnisse.

Eine ausgezeichnete semantische Analyse des Wortes Verantwortung bietet der Philosoph Wilhelm Weischedel.[90] Weischedel geht in seinen Darlegungen davon aus, dass Verantwortung eine spezifische Möglichkeit allein des Menschen ist. Im Wort Verantwortung stecke nämlich *antworten*. Antworten aber sei ein Modus des Sprechens; und dies sei einzig dem Menschen eigen. Verantwortung sei daher immer zu sehen in Bezug zum Menschen als dem, der sich verantworten kann. Anhand der Analyse des Wortes selbst verdeutlicht Weischedel diesen Sachverhalt. Verantwortung setzt sich demnach zusammen aus den Bestandteilen *Wort* und den Vorsilben *ant-* und *ver-*. Das Grundwort ist *worten,* was soviel heißt wie: sich im Wort bewegen, reden. Die Grundbedeutung von *reden* ist *offenbar machen*. Redend lasse ich das, wovon die Rede ist, sehen. Die Vorsilbe *ant-* bedeutet *gegen*. Antwort ist also *Gegenrede, Widerrede,* ist also, so Weischedel, ein solches Offenbarmachen, das gegen etwas offenbar macht. Verantwortung als Antwort ist also Offenbarmachen gegen eine Frage, gegenüber einem *Anspruch*. Als solches hat sie ihren Platz im Dialog. Die Vorsilbe *ver-* schließlich weist auf eine Reflexion im Vorgang des sich Verantwortens hin. *Ver-* bedeutet dann: zu etwas machen, weg von – ganz hinein in. In Verbindung mit *antworten* bedeutet die Vorsilbe *ver-,* dass etwas, sofern es verantwortet werden soll, ganz in das Antworten mit hinein genommen wird. Es gelangt dadurch aus dem Zustand der Fraglichkeit in den der *Verantwortetheit* und Gewissheit.

Die sprachhistorische und semantische Analyse des Wortes Verantwortung weist, so kann man zusammenfassend sagen, darauf hin, dass hier ein dialogisch-personaler Vorgang, ein Bezugsverhältnis personaler Art zugrunde liegt. Im Verlauf dieses Vorgangs steht eine Person aus einem Prozess des Ge-

---

[90] Vgl. zum Folgenden Weischedel [3]1972, 15-17. Eine Analyse des Verantwortungsbegriffes findet sich auch bei Eisenmann 2006, 95-99. Eisenmann rekurriert dabei jedoch nicht auf Weischedels grundlegendes Werk, sondern auf Schleißheimer 2003.

fragtwerdens und Fragens reflektierend ganz für etwas und vor jemandem ein. Der mit Verantwortung umschriebene Akt umfasst mithin zugleich ein personal-reflexives und ein dialogisch-responsorisches Geschehen. Als solches umschließt Verantwortung notwendig einen Träger, einen Gegenstand und einen Bezugspunkt. Gegenstand der Verantwortung ist immer eine menschliche Handlung mit ihren Bedingungen, Umständen und Folgen. Der Bezugspunkt, gegenüber dem Verantwortung zu tragen ist, kann ein Gesetz, eine Person, das Gewissen oder Gott sein. Letztlich jedoch besitzt eine solche Legitimationsinstanz stets personalen Charakter. Insofern kann es Verantwortung vor einem Gesetz im strengen Sinn des Wortes eigentlich nicht geben. Ausschlaggebend bleibt der Bezug zu einem wortmächtigen Wesen, zu einer Person oder einer Gemeinschaft von Personen, die hinter einem Gesetz oder einer Norm steht. Träger der Verantwortung muss eine Person sein, die zu einer ethischen Handlung fähig ist. Mit diesem Aspekt kommt nun der dem Verantwortungsgeschehen zugrunde liegende Wertgehalt zum Ausdruck.

Das dialogische Moment der Verantwortung schließt die Freiheit und Eigenständigkeit des Trägers der Verantwortung nicht aus, sondern setzt sie – umgekehrt – gerade voraus. Mit dem Bild des *Tragens* wird in der Ethik das Verhältnis des Menschen zu seinen Akten ausgedrückt. Der Mensch erlebt es, dass er Handlungen als seine Handlungen *hat*, dass die Handlungen sozusagen *in ihm* sind, dass er eben der Träger seiner Handlungen ist. Diese Tatsache wird philosophisch dadurch zum Ausdruck gebracht, dass man sagt, der Mensch sei *Subjekt* seiner Akte. Subjekt ist dem Wortsinn nach das Unterworfene, das Zugrundeliegende, das Tragende. Verantwortliches Handeln hat also stets eine Person als Handlungsträgerin zur Grundlage, eine Person, die Subjekt der Handlung ist. Verantwortung als Verantwortung einer personalen Handlungsträgerin ist eine notwendige Folge der menschlichen Willensfreiheit und der darin gründenden Zurechnungsfähigkeit. Man kann auch umgekehrt sagen: Im Willen, für die Haltung und Gesinnung, für die Tat und ihre Folgen die Verantwortung zu übernehmen, aktualisiert sich erst menschliche Freiheit. Der Münchner Ethiker Johannes Gründel weist auf diese Dialektik von Freiheit und Verantwortung hin. „Freiheit", so schreibt er, „vollzieht sich nur handelnd – wobei man nicht irgendetwas tut, sondern in diesem Handeln sich selbst als sittliches Wesen und damit als verantwortliches Wesen hervorgehen lässt. In der verantwortungsbewusst vollzogenen freien Tat und ihrem Sinn werde ich gewissermaßen als sittliches Wesen geboren."[91]

Freiheit ist aber nicht nur die Möglichkeitsbedingung von Verantwortung und Eigenverantwortlichkeit. Die Freiheit des Menschen erhält ihrerseits erst durch die Verantwortung ihre Ausrichtung. Denn die Bejahung von Verantwortung impliziert aufgrund des ihr inhärenten sozialen und transzendenten Beziehungsgefüges die Aufgabe, die eigene Freiheit in den Dienst übergeordneter Interessen zu stellen. Aus der Beziehung zu seinem wie auch immer verstandenen Schöpfer,[92] zu seinen Eltern, zu der Bezugsgruppe, in der man lebt, entstehen mitmenschliche, humanitäre Verpflichtungen. Verantwortung zu übernehmen, heißt darum immer auch, für andere Verantwortung zu tragen und am Gelingen ihres Lebens mitzuarbeiten. So verstanden führt Verantwortung die freiheitliche Selbstbestimmung des Menschen über das primäre Interesse an unmittelbarer Selbstverwirklichung hinaus und nimmt sie für die Hingabe der eigenen Lebensführung an die ethische Lebenswirklichkeit in Anspruch. In dieser Hinsicht ist Verantwortung eine Steigerung des Begriffes der Freiheit und zugleich dessen ethische Einlösung.[93]

Damit kann nun auch die Frage nach dem der Verantwortung inhärenten Wertgehalt beantwortet werden. Verantwortung empfängt als ethische Grundhaltung ihren Wert dadurch, dass in ihr das neuzeitliche Freiheitsverständnis in seinem inneren Spannungsverhältnis von Abhängigkeit und Freiheit produktiv zur Geltung gebracht ist. Bedeutet nämlich einerseits die Übernahme von Verantwortung Aktualisierung von Freiheit, so heißt das andererseits zugleich, sich den Verantwortlichkeiten des Lebens zu stellen und es mit seinen vielfältigen Abhängigkeiten anzunehmen und kreativ zu gestalten. Wo immer autonomes menschliches Handeln seinen ethischen

---

[91] Gründel ²1984, 24.

[92] Im Judentum wie im Christentum etwa erwachsen alle sozialen Verpflichtungen aus der Beziehung zu Gott. Gottesliebe und Nächstenliebe sind im Alten wie im Neuen Testament zwei untrennbar aufeinander bezogene Größen. Allein in der Nächstenliebe realisiert sich die wahre Gottesliebe. Vgl. dazu auch weiter unten die Ausführungen zum Begriff der Solidarität.

[93] Vgl. Rendtorff 1993, 121.

Gehalt aus der Haltung der Eigenverantwortlichkeit empfängt, vollzieht der Mensch seine Freiheit also nicht willkürlich, sondern mündig, das heißt im Wissen um die Möglichkeiten, aber auch um die Grenzen und Abhängigkeiten seines Lebens. Ein solchermaßen von Mündigkeit und Eigenverantwortlichkeit motiviertes Handeln beinhaltet – über bloß emanzipatorisches Verhalten hinaus – stets auch die Bereitschaft, Verantwortung nicht nur für sich selbst, sondern auch für andere und die Gemeinschaft zu übernehmen, auch wenn sich daraus neue Formen von Abhängigkeit ergeben.

b. Konsequenzen für die Praxis der Sozialen Arbeit

Wenn in der Autonomie, in der Eigenverantwortung die Freiheit des Menschen und damit seine spezifische Würde als Person zum Ausdruck kommt, dann muss alles sozialarbeiterische Handeln – ob es sich nun um die Begleitung verhaltensauffälliger Jugendlicher, um die psychosoziale Beratung Einzelner oder um die Unterstützung von Familien in sozialen Notlagen handelt – letztlich von dem Ziel geprägt sein, Verantwortung und Mündigkeit zu fördern.

In der Sozialen Arbeit findet diese ethische Zielsetzung seinen besonderen Niederschlag im Prinzip der Subsidiarität und im Handlungsentwurf des Empowerment. Das Subsidiaritätsprinzip[94] ist ein gesellschaftliches Strukturierungsprinzip. Mit ihm ist der Grundsatz formuliert, dass die Vielfalt der sich von unten her aufbauenden sozialen Einheiten in ihrer Eigenfunktion zu respektieren, zu bewahren und zu stärken ist, wo immer und solange sich diese gegenüber den übergeordneten gesellschaftlichen Einheiten als die kompetenteren bewähren. Erstmals wurde diese Einsicht 1931 in der Enzyklika „Quadragesimo anno" von Papst Pius XI. formuliert. Es heißt da: „Wie dasjenige, was der Einzelmensch aus eigener Initiative und mit seinen eigenen Kräften leisten kann, ihm nicht entzogen und der Gesellschaftstätigkeit zugewiesen werden darf, so verstößt es gegen die Gerechtigkeit, das, was die kleineren und untergeordneteren Gemeinwesen leisten und zum guten

---

[94] Subsidiarität ist abgeleitet vom Lateinischen *subsiduum* = Hilfe.

Ende führen können, für die weitere und übergeordnete Gemeinschaft in Anspruch zu nehmen; zugleich ist es überaus nachteilig und verwirrt die ganze Gesellschaftsordnung. Jedwede Gesellschaftstätigkeit ist ja ihrem Wesen und Begriff nach subsidiär; sie soll die Glieder des Sozialkörpers unterstützen, darf sie aber niemals zerschlagen oder aufsaugen" (Nr. 79).

Beim Subsidiaritätsprinzip geht es also um die Lebensfähigkeit der kleineren sozialen Einheiten angesichts der größeren. Dem faktischen Gefälle an Größe und Macht, das zwischen untergeordneten und übergeordneten sozialen Einheiten wie etwa der Familie und dem Staat besteht, setzt es normativ den Vorrang der kleineren Einheiten entgegen. Konkret beinhaltet das Subsidiaritätsprinzip demzufolge ein Doppeltes, nämlich ein Gebot des Beistands der jeweils größeren Gemeinschaft für die kleinere, zum anderen ein Verbot für die größere Einheit, der kleineren etwas zu entziehen, wozu diese selbst in der Lage ist. Mit anderen Worten: Die umfassenderen Gemeinschaften sollen die Lebensfähigkeit und den Eigenvollzug der untergeordneten fördern und unterstützen, aber sie sollen nur dort und soweit regelnd eingreifen, als die Kräfte der kleineren sozialen Einheiten überfordert sind. Sie sollen so helfen, dass die untergeordnete Gemeinschaft nicht entmündigt wird, eben subsidiär, helfenderweise und nicht ersatzweise.[95] Angewandt auf die Sozialarbeit heißt das: Jede Hilfe für die sozial Schwachen darf dem Grundsatz der Subsidiarität gemäß nur Hilfe zur Selbsthilfe sein. Nicht um Entmündigung darf es dem Sozialstaat und der Sozialen Arbeit gehen, sondern um Unterstützung und Ermöglichung von Eigenverantwortung. Recht verstanden meint Subsidiarität also den Krafteinsatz der größeren Instanz, wenn die Kräfte der kleineren erschöpft sind. Umgekehrt beinhaltet Subsidiarität aber auch die Verpflichtung der kleineren Einheit, das ihr Mögliche selbständig und eigenverantwortlich zu tun. Es gilt die Faustregel: *Soviel Hilfe wie nötig, soviel Eigenständigkeit wie möglich!*[96]

---

[95] Vgl. Hilpert 1997, 47f.; vgl. dazu auch Tremmel 2006.

[96] In der Bundesrepublik Deutschland fand das Subsidiaritätsprinzip eine sehr spezifische Anwendung. Es wurde als Kriterium für die Abgrenzung zwischen öffentlich-staatlicher und freier Wohlfahrtspflege genommen. Der sozialen Tätigkeit der freien Träger wurde dabei ein prinzipieller Vorrang vor jeder öffentlichen Sozialaktivität eingeräumt. Aus diesem Grund ist in Deutschland heute noch die Mehrzahl der sozialen Einrichtungen

Handelt es sich beim Subsidiaritätsprinzip um ein soziales Strukturierungsprinzip, das dem Einzelnen als der kleinsten gesellschaftlichen Einheit – ungeachtet aller notwendigen sozialen Unterstützung – die Mündigkeit und Eigenständigkeit sichert, so ist der Empowermentansatz ein sozialarbeiterisches Handlungskonzept, das in der Selbstbemächtigung, in der Stärkung der Autonomie und Selbstbestimmung der bedürftigen Menschen das wichtigste Ziel der Sozialen Arbeit sieht.[97] Genau betrachtet ist Empowerment also eine sozialarbeiterische Grundhaltung. Sie ist jene Haltung, der es in erster Linie darum geht, Menschen zu einem selbstbestimmten und eigenverantwortlichen Leben anzustiften und zu bemächtigen. Alle Maßnahmen und Interventionen der Sozialen Arbeit sind auf diese Zielsetzung hin ausgerichtet. Der Empowermentansatz geht also davon aus, dass Menschen aufgrund bestimmter Umstände momentan daran gehindert sind, vielleicht auch nie dazu bemächtigt wurden, ein autonomes, eigenverantwortliches Leben zu führen. Sozialarbeiterinnen und Sozialarbeiter, die nach dem Empowermentansatz arbeiten, zeigen dementsprechend Wege auf, die aus der Hilf- und Machtlosigkeit führen, sie ermutigen zur Entdeckung der eigenen Kräfte und Stärken und fördern gemeinschaftsbildende Prozesse der Selbstorganisation. Sie nehmen ihren Adressaten ihre Probleme nicht ab, sondern versuchen ihnen jene Stärke, Kompetenz und Durchsetzungskraft zu erschließen, die sie benötigen, um ihr Leben und ihre Konflikte eigenverantwortlich meistern zu können.

Der Wert der Eigenverantwortlichkeit bestimmt in diesem Handlungsansatz die Zielsetzung und damit zusammenhängenden sozialarbeiterischen Maßnahmen und Interventionen in grundlegender Weise. Menschen zu einem eigenverantwortlichen, selbstbestimmten Leben zu ermächtigen, bedeutet nicht weniger, als ihnen zum Stande ihres Menschseins zu verhelfen, als ihnen ein Leben in Würde zu ermöglichen. Die Freiheit der sittlichen Selbstbestimmung und der damit verbundene Wert der Eigenverantwort-

---

in der Hand freier Träger; lediglich etwa ein Drittel aller sozialen Einrichtungen ist in öffentlicher Hand. Im Vergleich zu anderen Ländern hat dies zu einem sehr leistungsstarken Sozialsystem geführt; allerdings auch zu der Gefahr, dass sich der Staat sehr leicht seiner sozialen Verantwortung entziehen kann.

[97] Vgl. dazu Herriger [2]2002; Miller – Pankofer 2000.

lichkeit prägen aber nicht nur die Arbeit mit den Klienten und Klientinnen. Sie sind auch Maßstab für das Handeln der in der Sozialen Arbeit tätigen Menschen selbst. Auch wenn Sozialarbeiter und Sozialarbeiterinnen in ihren Tätigkeiten weithin weisungsgebunden sind, haben sie ihr Handeln letztlich doch immer auch vor ihrem Gewissen zu verantworten. Um sittlich gut und richtig zu handeln, genügt es nicht, sich nur an vorgegebene Regeln und dienstliche Anweisungen zu halten. Entdeckt eine Mitarbeiterin etwa einen Missstand in der sozialen Einrichtung, in der sie tätig ist, oder entsteht bei ihr der Eindruck, eine therapeutische Maßnahme sei sinnlos oder gar entwürdigend, so hat sie ihre Bedenken und Zweifel, auch wenn das außerhalb ihres Entscheidungsbereiches liegt, zu verbalisieren und ihren Vorgesetzten vorzutragen. Kann sie ein bestimmtes, von ihr gefordertes Handeln nicht vor ihrem Gewissen verantworten, hat sie diesem zu folgen und sich der Anweisung zu verweigern, gegebenenfalls auch den Dienst zu quittieren. Für die Leitung von sozialen Einrichtungen heißt das umgekehrt: Ethische Konflikte in der Einrichtung und von Mitarbeitern und Mitarbeiterinnen dürfen nicht totgeschwiegen werden. Für sie sollte vielmehr ausdrücklich in Gesprächen und Supervisionen ein Platz reserviert sein; können sie doch Anstoß zur Reflexion und Verbesserung der Arbeitsbedingungen sein und einen menschlicheren Umgang untereinander fördern. Mitarbeiter und Mitarbeiterinnen, die mit ihren ethischen Konflikten und Problemen im Arbeitsalltag Gehör finden, werden sich letztlich auch als eigenständige Personen geachtet und damit insgesamt in ihrer Würde bestätigt fühlen.

Die vorangegangenen Ausführungen haben verdeutlicht, dass eine von Selbstbestimmung und Eigenverantwortung geprägte Lebensführung mit jenen postmodernen Lebens- und Freiheitsentwürfen nichts gemein hat, die Autonomie und personale Selbstbestimmung mit Willkür und Beliebigkeit verwechseln, nach dem Motto *anything goes, solange es nur niemandem schadet*. Echte Autonomie – wie sie ja auch Kant verstanden hat und wie sie im Begriff der Verantwortung zum Ausdruck kommt – weiß vielmehr darum, dass die Freiheit des Menschen eine Gabe ist, mit der auch eine Aufgabe verbunden ist. Gabe und Geschenk ist sie, insofern sie die Möglichkeit zur Selbstbestimmung im Sinne der Entscheidungsfreiheit eröffnet. Erst auf diesem Hintergrund kann der Mensch zum Träger seiner Handlungen werden, während er sonst als Vollzugsorgan von Verhaltensschemata erscheint, die ihm selbst undurchsichtig bleiben. Die mit der menschlichen Freiheit verbundene Aufgabe besteht darin, dass der Mensch nicht einfach Freiheit besitzt, sondern sie nur handelnd aktualisieren kann. Als vernunftbegabtes, freiheitliches Wesen ist der Mensch zugleich kreativ und auf die Gestaltung seiner Welt hin angelegt. Er sieht sich sozusagen mit seiner Befähigung zugleich in die Verantwortung genommen, sein Leben autonom zu gestalten. Das aber impliziert, nicht nur die vielfältigen Möglichkeiten, sondern auch die zahlreichen Begrenzungen und Abhängigkeiten des Lebens zu sehen und sich ihnen zu stellen.

Verantwortung ist – als Wertkategorie verstanden – also jene Haltung, die gewillt ist, die Freiheit des Menschen mit seinen immer auch vorhandenen Abhängigkeiten und Begrenzungen in einen angemessenen Ausgleich zu bringen. Eine wesentliche Begrenzung seiner Freiheit erfährt der Mensch nicht nur durch seine Anlagen und die ihn umgebende Natur, sondern auch durch seine Sozialverwiesenheit. Er ist für sein Überleben auf andere Menschen angewiesen. Er kann nur überleben in Beziehung. Und er findet sich ja auch tatsächlich immer schon in Beziehung vor. Das aber heißt: Seine Freiheit stößt dort an Grenzen, wo die Freiheit des Nächsten beginnt. Für das soziale Zusammenleben ergeben sich daraus zwei fundamentale Problemstellungen: Zur Freiheit des Nächsten gehört wesentlich auch seine Gewissens- und Religionsfreiheit. Wie aber soll ich mit dem Anderen umgehen und ihm begegnen, wenn er ganz andere Überzeugungen und vor allem auch Werteinstellungen vertritt als ich, zumal wenn ich diese Überzeugungen und Einstellungen nicht nur nicht teile, sondern – ganz im Gegenteil – für falsch halte? Und dieser Andere hat neben eigenen Ansichten und Überzeugungen auch eigene Ansprüche und Bedürfnisse, die gegebenenfalls mit den Ansprüchen und Bedürfnissen seiner Mitmenschen kollidieren und daher mit diesen in einen Ausgleich gebracht werden müssen. Die geschichtliche Antwort auf die erstgenannte Fragestellung ist die Werthaltung der Toleranz. Der zweite Problemkomplex wird in der Ethik unter dem Stichwort der Gerechtigkeit traktiert.

3. Toleranz als ethischer Maßstab für den Umgang mit Differenz

Das Wort Toleranz ist eine Ableitung des lateinischen Verbs *tolerare,* was soviel bedeutet wie *ertragen, dulden.* Als ethische Grundhaltung bezeichnet Toleranz die Bereitschaft, Andere in ihren andersartigen religiösen Überzeugungen, ethnischen Eigenheiten oder psychosozialen Merkmalen und Orientierungen gelten zu lassen und zu respektieren, unbeschadet der Tatsache, dass man diese Überzeugungen und Orientierungen selbst nicht teilt. Entwickelt hat sich der Gedanke der Toleranz im Kontext der konfessionellen Streitigkeiten des 16. und 17. Jahrhunderts. Der Versuch, den ethischen Gehalt der Toleranzidee genauer zu bestimmen und in seiner Bedeutung für die Soziale Arbeit zu erschließen, soll daher bei diesen geschichtlichen Ereignissen seinen Ausgangspunkt nehmen.

a. Toleranz als Lösungsmodell im Umgang mit Überzeugungskonflikten

Der moderne Toleranzbegriff ist zwar ein Produkt der Neuzeit. Der Antike ist der Begriff ebenso fremd wie den biblischen Schriften. Der Sache nach ist die Toleranzproblematik in der christlich-abendländischen Kultur jedoch sehr wohl vorhanden. Bereits in der Bibel gibt es zahlreiche Zeugnisse toleranten und intoleranten Verhaltens dem Fremden gegenüber. Im Alten Israel galt der Fremde außerhalb der Stadtmauern einerseits als Feind. Menschen, die bezüglich ihrer sexuellen Orientierung oder psycho-physischen Verfasstheit von der Norm abwichen, wurden diskriminiert und aus der Gemeinschaft ausgestoßen. Andererseits entwickelte bereits Israel ein eigenes Fremdenrecht für die im Land siedelnden Fremden, das sein Vorbild im Verhalten Gottes hat. Von ihm heißt es: „Der Herr beschützt die Fremden und verhilft den Waisen und Witwen zu ihrem Recht" (Ps 146, 9). In dem biblischen Gedanken, dass jeder Mensch Bild Gottes ist, egal ob arm oder reich, gesund oder krank, jung oder alt, ist bereits der Ansatz zu einer Theologie der Toleranz und Solidarität erkennbar. Jesus greift diese Lehre auf und stellt sie in die Mitte seiner ethischen Botschaft. Er selbst wird zum Modell toleranten, von Nächstenliebe geprägten Verhaltens für die christlichen Gemeinden, indem er sich ohne Vorbehalte gerade den Menschen zuwendet, die in der damaligen Gesellschaft diskriminiert wurden: den Zöllnern, Dirnen, Bettlern, Aussätzigen und Sündern.[98]

Ungeachtet dieser biblischen Lehre war das Christentum in seiner kirchlich-institutionalisierten Gestalt nicht nur Objekt, sondern auch Akteur institutionell organisierter Intoleranz. Obwohl das Christentum die ersten drei Jahrhunderte selbst schärfsten Verfolgungen seitens der politisch Herrschenden ausgesetzt war, begann es seinerseits, als es zur Staatsreligion geworden war, Andersgläubige zu unterdrücken. Mehr noch: Heiden wurden gewaltsam missioniert, Juden mit Pogromen verfolgt und Häretiker aus der Gemeinschaft ausgeschlossen, oft auch getötet. Glaubensgegner wurden erbittert bekämpft. Wie erklärt sich diese Heftigkeit religiös motivierter Intoleranz und Gewalt? Religiösen Streitigkeiten liegen in der Regel nicht bloß Interessenskonflikte zugrunde, sondern Überzeugungskonflikte. Interessenskonflikte lassen sich über Abwägungsprozesse regeln. Bei Überzeugungskonflikten aber geht es um letzte Fragen des Heils. Sie stehen unter dem unbedingten Anspruch einer Wahrheit, von der man meint, nichts aufgeben zu können, ohne seine Identität zu verlieren. Wo Überzeugungen aufeinanderprallen, gibt es daher keine Kompromisse.[99] Die katholische Kirche des Mittelalters war vom Absolutheitsanspruch des christlichen Glaubens und der biblischen Botschaft von der Erlösung in Jesus Christus als der zentralen Wahrheit überzeugt. Wo sie diese Wahrheit und damit ihr Selbstverständnis durch abweichende oder andersartige Überzeugungen in Gefahr sah, bekämpfte sie diese religiösen Überzeugungen mit allen Mitteln der Gewalt.

Es verwundert darum nicht, dass in den reformatorischen Streitigkeiten des 16. und 17. Jahrhunderts, in denen scheinbar unvereinbare Wahrheitsverständnisse aufeinander prallten, zunächst auf das einzige Mittel zurückgegriffen wurde, das man zur Lösung solcher Überzeugungskonflikte kannte: auf die Vernichtung des Wahrheitsgegners. Als diese gewaltsamen Maßnah-

---

[98] Ausführlicher dazu Gründel ²1984, 203-206.

[99] Vgl. zu dieser Unterscheidung von Interessenkonflikten und Überzeugungskonflikten Korff 1992b, 232-235.

men jedoch erfolglos blieben und keiner der rivalisierenden Religionsparteien den definitiven Sieg über die andere brachten, kam es allmählich zu einem Umdenken. Der Augsburger Religionsfriede (1555) markiert in dieser Hinsicht einen ersten wichtigen Schritt im Umgang mit unterschiedlichen Wahrheitsverständnissen, wenn er auch noch keine grundsätzliche Innovation darstellt. Deren Geltungsbereich wurde nunmehr lediglich territorial geregelt, entsprechend der Formel: cuius regio, eius religio. Das heißt: Jedem Staat wurde jetzt seine eigene legitime Religion zugestanden. Andersgläubigen war es möglich auszuwandern.

Die Konfliktstoffe waren damit aber nicht beseitigt, sondern nur auf die staatliche Ebene verlagert. Das führte in der weiteren Entwicklung zum Entstehen des säkularen, sich weltanschaulich neutral verstehenden Staates. Der Gedanke der politischen Einheit als gleichzeitiger religiöser Einheit wurde zunehmend aufgegeben. Die Regelung der Wahrheitsfrage wurde aus dem Kompetenzbereich des Staates ausgelagert. Die im 18. und 19. Jahrhundert entstehenden europäischen Nationalstaaten verhalten sich weltanschaulich neutral, anerkennen aber die Freiheit des Glaubens und der religiösen Überzeugung als ein Menschenrecht, auf das jeder Bürger und jede Bürgerin einen Rechtsanspruch hat.

Am Ende der konfessionellen Streitigkeiten stand so eine wichtige Erfahrung: „Kollektive Überzeugungskonflikte lassen sich, soll Gewalt ausgeschlossen werden, zwar nicht durch Kompromisse, wohl aber über rechtlich und moralisch gesicherte Formen der Verpflichtung zu gegenseitiger Toleranz lösen."[100] Jeder Mensch hat als Mensch das Recht, sein Leben entsprechend seiner religiösen oder politischen Überzeugung zu leben, solange dadurch nicht die Rechte seiner Mitmenschen verletzt werden. Die Wahrheitsfrage ist damit zwar nicht geklärt; sie ist auch nicht preisgegeben. Die Durchsetzung der Wahrheit wird lediglich der Sicherung des Friedens untergeordnet. Besser gesagt: sie wird der Toleranz als einer Forderung der Mitmenschlichkeit nachgestellt.

Wesentlich zu dieser Entwicklung beigetragen hat neben der schon erwähnten Einsicht, dass alle gewaltsamen Versuche, die reformatorischen Streitigkeiten

---

[100] Korff 1992 b, 233f.

zu lösen, gescheitert waren, auch ein verändertes Wahrheitsverständnis durch die Philosophie und die Literatur der Aufklärung. Philosophen wie John Locke (1632-1704) oder Gotthold Ephraim Lessing (1729-1781) bereiteten einem offenen Wahrheitsverständnis den Weg. Demzufolge weiß sich der Mensch der Wahrheit zwar absolut verpflichtet. Er ist aber nie im fertigen Besitz der Wahrheit. Diese kann immer nur perspektivisch, nie in ihrer umfassenden Fülle erkannt, geschweige denn adäquat ausgesagt werden.

b. Toleranz als Anerkennung der Andersartigkeit des Anderen

Der ursprüngliche Inhaltsbereich der Toleranzidee bezog sich also auf den politischen Kontext. Toleranz soll innerhalb eines Staates das Zusammenleben zwischen Gruppen ermöglichen, die hinsichtlich ihrer Konfession, ihrer Religion und ihrer Weltanschauung normativ bedeutungsvolle und tiefgreifende Differenzen aufweisen. Rainer Forst, der sich wie kein zweiter in den vergangenen Jahren mit dem Toleranzbegriff auseinandergesetzt hat,[101] weist darauf hin, dass diesem mehr politisch ausgerichteten Toleranzverständnis eigentlich zwei Konzeptionen von Toleranz zugrunde liegen. Die eine nennt er Erlaubnis-Konzeption, die andere Koexistenz-Konzeption.[102]
Der *Erlaubnis-Konzeption* zufolge bezeichnet Toleranz die Beziehung zwischen einer Autorität oder einer Mehrheit und einer von deren Wertvorstellungen abweichenden Minderheit. Toleranz besteht demnach darin, dass die Autorität der Minderheit die Erlaubnis gibt, ihren Überzeugungen gemäß zu leben, solange die Minderheit – und das ist die entscheidende Bedingung – die Vorherrschaft der Mehrheit nicht in Frage stellt. Sofern das Anderssein der Minderheit sich in Grenzen hält und sozusagen eine Privatsache bleibt, also kein gleichberechtigter und öffentlicher Status gefordert wird, kann sie toleriert werden. Die mit Macht ausgestattete Seite duldet die Differenz der anderen und verzichtet auf ein Einschreiten, während die Minderheit ge-

---

[101] Vgl. dazu Forst 2003, sowie den vom selben Autor im Jahr 2000 herausgegebenen Sammelband „Toleranz. Philosophische Grundlagen und gesellschaftliche Praxis einer umstrittenen Tugend".

[102] Vgl. zum Folgenden Forst 2004, 3.

zwungen ist, diese Machtverhältnisse hinzunehmen. Dieses Verständnis von Toleranz kennzeichnet die Einstellung weiter Teile unserer Bevölkerung zur Homosexualität und zu gleichgeschlechtlichen Lebenspartnerschaften. Aber auch in der Einstellung und im Umgang vieler Christen mit den islamischen Mitbürgern und Mitbürgerinnen begegnet dieses Verständnis von Toleranz. Die Toleranzsituation ist hier nicht-reziprok: Die eine Seite erlaubt der anderen gewisse Abweichungen, solange die politisch-dominante Stellung der erlaubnisgebenden Seite nicht angetastet wird. Toleranz wird hierbei als das Dulden einer weder als wertvoll noch als gleichberechtigt angesehenen Überzeugung oder Praxis verstanden, die jedoch nicht die Grenzen des Erträglichen überschreitet. Dieses Verständnis von Toleranz hatte wohl Goethe vor Augen, wenn er in seinen „Maximen und Reflexionen" kritisch anmerkt: „Toleranz sollte nur eine vorübergehende Gesinnung sein: sie muss zur Anerkennung führen. Dulden heißt beleidigen".

Die zweite Konzeption von Toleranz, *die Koexistenz-Konzeption*, gleicht der ersten darin, dass ihr zufolge Toleranz als geeignetes Mittel zur Konfliktvermeidung und zur Verfolgung eigener Ziele gilt, und nicht selbst einen Wert darstellt oder auf starken Werten beruht. Was sich jedoch verändert, ist die Konstellation zwischen den Toleranzsubjekten. Denn in dieser Konzeption stehen sich nicht Mehrheit und Minderheit gegenüber, sondern ungefähr gleich starke Gruppen, die einsehen, dass sie um des sozialen Friedens und ihrer eigentlichen Interessen willen Toleranz ausüben sollten. Sie ziehen die friedliche Koexistenz dem Konflikt vor und stellen die Wahrheitsfrage hintan. Die Toleranzrelation ist somit nicht mehr vertikal wie in der Erlaubnis-Konzeption, sondern horizontal: Die Tolerierenden sind zugleich Tolerierte. Diese Konzeption entspricht im Wesentlichen der des Augsburger Religionsfriedens. Die Einsicht in die Vorzugswürdigkeit hat hier freilich keinen normativen Charakter, sie ist eine Einsicht in praktische Notwendigkeiten. Sie führt daher auch nicht zu einem stabilen sozialen Zustand; denn verändert sich das gesellschaftliche Machtverhältnis zugunsten der einen oder anderen Gruppe, fällt für diese der wesentliche Grund für Toleranz weg.

Was bedeutet das nun für den ethischen Gehalt des Toleranzbegriffes? Aus dem Gesagten geht hervor, dass Toleranz ein normativ abhängiger Begriff ist. Das heißt: Um dem Begriff der Toleranz Gestalt zu verleihen und mit

Inhalt zu füllen, bedarf es weiterer normativer Ressourcen. In den beiden genannten Konzeptionen von Toleranz kommen diese normativen Ressourcen im Begriff der Anerkennung in seiner duldenden oder strategisch gewähren lassenden Form zum Ausdruck. Will man Toleranz aber als eine ethische Grundhaltung verstehen, so reicht das allein nicht aus, so muss Toleranz mehr umfassen als nur die Ermöglichung des Zusammenlebens verschiedener Konfessionen, Religionen und Weltanschauungen in Frieden und Freiheit. Worin kann dann aber die entscheidende, über den Aspekt der Duldung hinaus gehende normative Ressource der Toleranz als einer ethischen Tugend liegen?

Der Toleranzbegriff kann in ethischer Hinsicht seinen normativen Gehalt nur aus einer Form der Anerkennung empfangen, die inhaltlich geprägt ist von wechselseitigem Respekt und wechselseitiger Achtung der sich tolerierenden Individuen bzw. Gruppen. Forst nennt dies die *Respekt-Konzeption* der Toleranz.[103] Die Toleranzparteien respektieren hier einander „als autonome moralische Personen und als gleichberechtigte Mitglieder einer rechtsstaatlich verfassten politischen Gemeinschaft. Obwohl sich ihre ethischen Überzeugungen des guten und wertvollen Lebens und ihre kulturellen Praktiken stark voneinander unterscheiden und in wichtigen Hinsichten inkompatibel sind, anerkennen sie einander als moralisch-rechtliche Gleiche in dem Sinne, dass ihnen zufolge die allen gemeinsame Grundstruktur des politisch-sozialen Lebens ... von Normen geleitet werden sollte, die alle gleichermaßen akzeptieren und die nicht eine ‚ethische Gemeinschaft' bevorteilen. Die sich tolerierenden Parteien müssen die Konzeptionen des Guten der anderen nicht als ebenfalls (oder teilweise) wahr und ethisch gut betrachten und schätzen, sondern sie als nicht unmoralisch bzw. ungerecht ansehen und in diesem Sinne akzeptieren können."[104]

Beispielhaft für ein solches Toleranzverständnis ist das Verhalten Jesu. Das Leben und Wirken Jesu ist – neben seiner Verkündigung von der Ankunft des Reiches Gottes – geprägt von der Begegnung mit Menschen, die einen anderen Glauben oder eine andere Lebenseinstellung und Lebenspraxis hat-

---

103 Vgl. Forst 2004, 4.
104 Forst 2004, 4.

ten als die Mehrheit der Bevölkerung und auch er selbst. Jesus verkehrt ganz ungezwungen mit den Zöllnern, den Sündern, den Andersgläubigen, den Dirnen und Aussätzigen. Die vielen Erzählungen des Neuen Testamentes zeigen übereinstimmend, dass der Mann aus Nazareth, auch wenn er das Verhalten und den Glauben dieser Menschen nicht geteilt hat, ihnen doch mit Respekt und Achtung begegnet ist. Im Gegensatz zur damaligen Gesellschaft, in der diese Personengruppen ausgegrenzt und geächtet wurden, hat er diese Menschen als eigenständige Personen akzeptiert und auch ernst genommen. Und er hat sich ihnen in dieser Haltung zugewandt. Jede Begegnung Jesu mit diesen Menschen ist von einer respektvollen, anerkennenden Haltung geprägt. Man denke hier nur an die Geschichte mit der Ehebrecherin,[105] an seine Begegnung mit der Sünderin[106] oder auch an die Erzählung mit dem Zöllner Zachäus[107] oder dem blinden Bettler Bartimäus.[108]

Der oben zitierte Satz Goethes weist im Übrigen genau in diese von Jesus vorgelebte Richtung: Toleranz muss zur Anerkennung führen. Denn Dulden heißt beleidigen. Vielleicht müsste man das Diktum Goethes nur etwas modifizieren und sagen: Toleranz muss Anerkennung beinhalten, und zwar eine Anerkennung, die von Respekt gegenüber der Person des Andern geprägt ist. Denn die Anerkennung und der Respekt vor der Andersheit des Andern sind die entscheidenden normativen Ressourcen der Toleranz als einer ethischen Tugend.

Als ethischer Grundwert beinhaltet Toleranz also, so lässt sich das Gesagte zusammenfassen, mehr als nur die Ermöglichung des Zusammenlebens verschiedener Konfessionen, Religionen und Weltanschauungen in Frieden und Freiheit. Wenn von der Haltung der Toleranz die Rede ist, so ist damit nicht nur die staatliche Zuständigkeit gemeint, die Meinungs- und Religionsfreiheit seiner Bürgerinnen und Bürger rechtlich zu gewährleisten und ihnen dafür den notwendigen Entfaltungsraum einzuräumen, sondern die Bereitschaft und Gesinnung jedes Einzelnen, die religiösen, politischen, eth-

---

[105] Vgl. Joh 7, 53 – 8, 11.
[106] Vgl. Lk 7, 36-50.
[107] Vgl. Lk 19, 1-10.
[108] Vgl. Mk 10, 46-52. Eine pointierte Auslegung dieser Erzählung aus sozialarbeiterischer Sicht bietet Weth 2007, 69-73.

nischen, rassischen, psychischen, physischen und sozialen Überzeugungen und Eigenheiten seiner Mitmenschen grundsätzlich zu respektieren und gelten zu lassen, unbeschadet der jeweils selbst eingenommenen Position. In dieser individualethischen Perspektive ist Toleranz also jene Haltung, die den Anderen in seiner Andersartigkeit grundsätzlich anerkennt und gelten lässt. Die Wurzeln der mit diesen Formen von Differenz verbundenen Spannungen und Konflikte liegen, so der Sozialethiker Konrad Hilpert, weniger in der Überheblichkeit eines Wahrheitsanspruches. Sie haben ihren Grund vielmehr in der kritiklosen Normativität des aufgrund von Gewohnheit, Tradition, Trägheit, Verallgemeinerung oder Ideologie als normal Angesehenen.[109] Wenn es auch Aufgabe des Gesetzgebers ist, die Koexistenz solcher Differenzen strukturell zu ermöglichen, so kommt der Toleranz – zumal im Kontext einer beschleunigten Individualisierung und Globalisierung – zunehmend die zusätzliche Funktion einer „ethischen Ausfallbürgschaft gegenüber allen offenen und latenten Formen der Diskriminierung zu."[110] Toleranz in dieser ausgeweiteten ethischen Bedeutung meint also mehr als nur den Verzicht auf jede Form von Gewalt zur Durchsetzung der eigenen Position. Sie umfasst auch positiv die Bereitschaft, die eigenen Bilder, Stereotype und Vorurteile, die jeder Mensch zur Erstorientierung im sozialen Miteinander benutzt, an der Wirklichkeit kritisch zu überprüfen und sie gegebenenfalls zu verändern. Echte Toleranz geht sogar noch einen Schritt weiter. Sie sorgt auch für Bedingungen, die es gestatten, von der Norm abweichende Auffassungen oder Lebensformen wahrzunehmen und authentisch zu leben. Wer in diesem Sinne Toleranz übt, verzichtet allerdings nicht auf die Wahrheit und Richtigkeit der eigenen Position. Dies hieße, Toleranz mit Indifferenz und Gleichgültigkeit zu verwechseln, wie das tatsächlich ja oft der Fall ist.[111] Dann wäre, im wahrsten Sinn des Wortes, alles *gleichgültig*. Zum Begriff der Toleranz gehört, ganz im Gegenteil, ein eigener anders lautender Standpunkt, gehören eigene, von der tolerierten Position differie-

---

[109] Vgl. dazu Hilpert 1995.
[110] Hilpert 2001, Sp. 99.
[111] Ein solches Missverständnis lag schon Friedrich Nietzsches (1844-1900) Vorwurf zugrunde, Toleranz sei die „Unfähigkeit zu Ja oder Nein" (Nietzsche 1956).

rende Überzeugungen und Gewissheiten. Die Haltung der Toleranz beinhaltet keine Stellungnahme zur Wahrheit oder Richtigkeit einer vorgebrachten Meinung oder Überzeugung. Sie achtet den Anderen als Person lediglich in seinem freien Suchen nach dem Sinn des Daseins sowie in dem Wunsch, sein Leben an den so gewonnenen Überzeugungen auszurichten. Und sie ist bereit, sich mit der eigenen Position und mit den eigenen Überzeugungen und Orientierungen auf den Wettbewerb des argumentativen Diskurses und der lebenspraktischen Bewährung einzulassen.

Toleranz zielt, so schreibt der amerikanische Philosoph Michael Walzer, auf die „Zivilisierung der Differenz."[112] Sie respektiert, ohne die eigene Position preiszugeben, den Anderen in seinen anders lautenden religiösen, politischen und ethischen Überzeugungen und anerkennt ihn so in seiner Freiheit als Person. Es gibt aber auch Grenzen der Toleranz. Diese sind dort gegeben, wo Menschen unter Berufung auf die Toleranz die Frage nach dem Wahren und Richtigen nicht mehr zulassen und fremdes Unrecht oder soziales Elend widerspruchslos geschehen lassen, wie dies etwa bei systematischen Unterdrückungen von Minderheiten, bei Genitalverstümmelung, bei Witwenverbrennung, bei Sklaverei oder auch bei Blutrache der Fall ist. Hier ist nicht Duldung geboten, sondern Widerspruch und Zurückweisung, weil diese Überzeugungen und Praktiken die Freiheits- und Persönlichkeitsrechte Dritter verletzen. Diese Praktiken können für sich keine Toleranz und keinen Respekt beanspruchen, weil sie gegen jene unabdingbaren Voraussetzungen verstoßen, die der Toleranz erst ihre ethische Dignität verleihen: das Prinzip der Anerkennung des Anderen als gleichwertiger Person sowie die Achtung vor seiner freien Entscheidung.

c. Konsequenzen für die Praxis der Sozialen Arbeit

Für die Praxis der Sozialen Arbeit ist die Toleranz in ihrer sozial- wie in ihrer individualethischen Perspektive von großer Bedeutung. Wo ganze Gruppen von Menschen in ihrer Freiheit unangemessen beschnitten oder gar diskri-

---

[112] Walzer 1998.

miniert werden, wie dies in Deutschland bis vor kurzem etwa noch gleichgeschlechtlichen Lebenspartnerschaften widerfuhr,[113] ist der Staat gefordert, diesen Menschen einen entsprechenden Freiheitsraum für ihre personale Entfaltung und Lebensgestaltung zu sichern. Der Gesetzgeber kommt dieser Verantwortung freilich nicht immer in der gebotenen Weise nach. In solchen Situationen ist es die Aufgabe der Sozialen Arbeit als einer gesellschaftlichen Veranstaltung, auf vorhandene Diskriminierungen hinzuweisen und Strukturen anzumahnen, die es allen Menschen – auch Minderheiten – erlauben, ihren Überzeugungen und Orientierungen gemäß zu leben. Um in diesem Bemühen erfolgreich zu sein, muss die Mehrheit der Bevölkerung von der Bedeutung des Anliegens überzeugt werden. Das politische Eintreten für Toleranz und Freiheit im sozialen Miteinander impliziert daher immer auch gesellschaftliche Aufklärungsarbeit.

Für die Praxis der Sozialen Arbeit noch wichtiger aber ist die individualethische Perspektive der Toleranz. Die Soziale Arbeit hat es immer mit Menschen zu tun, die sie berät, begleitet, beschützt und, in welcher Form auch immer, unterstützt. Nun trägt jeder Mensch, auch jeder Klient und jede Klientin, ein ganzes Bündel an subjektiven Erfahrungen, Überzeugungen, Einstellungen und Orientierungen mit sich. Diese Lebensdeutungen liegen seiner Lebenspraxis zugrunde und begründen sie. Eine selbstbewusste Sozialpädagogin mit eigenen, mehr oder weniger klaren religiösen, politischen und ethischen Vorstellungen wird diese Überzeugungen und diese Lebenspraxis wohl nur in den seltensten Fällen uneingeschränkt teilen. Im Gegenteil, Klienten und Klientinnen der Sozialen Arbeit weisen mitunter sehr eigenwillige, ja eigensinnige Lebensentwürfe auf, Lebensentwürfe, die nicht nur in Spannung stehen zu den herrschenden gesellschaftlichen Normen und Übereinkünften, sondern oft auch zu den Überzeugungen und zur Lebensgestaltung der jeweils involvierten Sozialpädagogen und Sozialpädagoginnen. Eine schwangere Frau etwa, die nicht weiß, ob sie einen Schwangerschaftsabbruch vornehmen lassen oder ihr ungeborenes Kind zur Adoption freigeben sollte, weil es nach Aussage der Ärzte mit einer Fausthand – einer

---

[113] Zur Bewertung des 2001 in Deutschland in Kraft getretenen Gesetzes zum Schutz „Eingetragene(r) Lebenspartnerschaften" vgl. Gruber 2002.

leichten Behinderung also – das Licht der Welt erblicken wird, oder ein Mann, der seine Familie wegen einer anderen Frau verlassen hat, und nun darum kämpft, dass seine drei Kinder – nachdem er seit vier Wochen nicht mehr zu Hause wohnt – endlich auch seine neue Partnerin kennen lernen dürfen, werden mit ihren Handlungen zunächst eher Befremden bei der Sozialpädagogin auslösen, an die sie sich mit der Bitte um Entscheidungshilfe wenden. Ein inneres Einvernehmen ist von der Sozialpädagogin auch nicht gefordert. Was von ihr aber schon gefordert ist, ist eine Haltung der Toleranz, das heißt des Respekts und des Verständnisses diesen Menschen und ihren Lebensentwürfen gegenüber. Nur wenn Klienten und Klientinnen sich in ihrer Individualität respektiert und anerkannt fühlen, werden sie auch bereit sein, sich auf eine helfende Beziehung einzulassen. Für die Sozialpädagogin bedeutet das keine Zustimmung zum Verhalten ihrer Klienten, sondern lediglich das Bemühen, dieses Verhalten zu verstehen und es nicht vorschnell zu verurteilen. Im Idealfall entsteht auf der Basis eines solchen von Respekt und Achtung geprägten Umgangs ein Beratungsprozess, in dessen Verlauf Klienten und Klientinnen die sozialen Auswirkungen ihres Handelns begreifen und für sich neue Lösungswege und Lebensmöglichkeiten entdecken können.

Wie im vorhergehenden Abschnitt festgestellt, gibt es aber auch Grenzen der Toleranz. Diese sind dort gegeben, wo die Rechte und die Würde Dritter übersehen oder gar verletzt werden. Ist das der Fall, hat die Sozialpädagogin einzuschreiten und vorgebrachte Wahrheitsansprüche und Überzeugungen in Frage zu stellen, gegebenenfalls auch zu bestreiten. Wenn etwa die Kinder im oben genannten Beispiel von Anfang an ganz bewusst vom Vater in die Trennungsstreitigkeiten mit seiner Frau einbezogen werden mit dem Argument, die Kinder sollen sehen, dass seine neue Partnerin eine nette Frau sei und keine Hexe, wie sie vielleicht denken könnten, so übersieht dieser Vater die Bedürfnisse und verkennt die Konfliktbewältigungsmechanismen seiner Kinder. Er beurteilt die Situation nur aus seiner Sicht. Die Sozialpädagogin muss hier Position beziehen und anwaltlich die Kinder schützen, indem sie das Ansinnen des Vaters als verfrüht zurückweist. Entscheidend für die beraterische Beziehung und den Beratungsprozess ist dabei natürlich die Art und Weise, wie sie das tut. Die „Wahrheit lebt aus den jeweiligen

Gründen, die sie bezeugen."[114] Um sich der Richtigkeit eines Urteils zu vergewissern, bedarf es daher des rationalen Diskurses, des Geltendmachens, Abwägens und Vergleichens von Gründen und Gegengründen. Das heißt: Die Sozialpädagogin wird im Beratungsgespräch zunächst die Motive für das drängende Verhalten des Vaters in Erfahrung zu bringen versuchen, um ihn überhaupt in seinem Anliegen zu verstehen. Sie wird ihm dann aber klar und deutlich sagen, wie sie die Situation sieht. Sie wird das aber nicht anklagend und verurteilend tun, sondern für die Lage der Kinder werbend, indem sie – empathisch – deren Perspektive einnimmt und den Vater einlädt, Selbiges zu tun. Sie wird darüber hinaus auf wichtige Erkenntnisse und Einsichten aus der Scheidungsforschung hinweisen und gegebenenfalls auch versuchen, eigene Erfahrungen des Vaters im Umgang mit Trennung und Neubeginn wachzurufen, um so seine Sensibilität und sein Verständnis für die Situation der Kinder zu schärfen.

Aber nicht nur das Riskieren von Konflikten gehört zur Toleranz, sondern auch das Aushalten von Gegensätzen und Unstimmigkeiten. Anders wäre etwa die Arbeit mit nichtsesshaften Männern und Frauen nicht vorstellbar. Hier gilt es Lebensentwürfe, die meist aus existentiellen Notlagen hervorgegangen sind und nun aus psychischen Gründen nicht mehr verlassen werden können, auszuhalten, auszuhalten auch in ihren Schwierigkeiten und Problemen, die sie für die Betroffenen mit sich bringen. Diese Schwierigkeiten können nicht beseitigt, sondern nur partiell erträglicher gestaltet werden, weil die Betroffenen sich einer grundsätzlichen Änderung ihrer Situation verweigern. Auch im Umgang mit Jugendlichen und jungen Erwachsenen erfordert die Verpflichtung zur Toleranz das Aushalten von Gegensätzen. Nehmen doch gerade junge Menschen auf der Suche nach ihrer Identität und ihrem Lebenssinn oft extreme Ansichten ein und praktizieren einen Lebensstil, der weder ihrer Gesundheit noch dem sozialen Miteinander zuträglich ist. Von den Erziehern und Erzieherinnen, Eltern ebenso wie Mitarbeitern von Erziehungseinrichtungen, erfordert das viel Gespür und Unterscheidungsgabe. Geht es in dem einen Fall lediglich um das Tolerieren und Aushalten anderer, aus eigener Sicht vielleicht fragwürdiger oder wider-

---

[114] Korff 1985, 335.

sprüchlicher Lebensstile und -entwürfe, so muss in dem anderen Fall unter Umständen Einspruch erhoben und der Konflikt gesucht werden, weil ein Jugendlicher vielleicht gerade dabei ist, die Grenze zur Selbst- und Fremdgefährdung zu überschreiten. Dabei gilt auch hier: Immer sollte ein solches Einschreiten mit den Mitteln des Gespräches, basierend auf der grundsätzlichen personalen Bejahung und Annahme dieser Menschen und vertrauend auf die Kraft des Argumentes und der bewährten Praxis erfolgen.

Die Beispiele verdeutlichen, dass die Haltung der Toleranz, das sich Einlassen auf das freie Suchen nach dem wahren Lebenssinn und der richtigen Lebenspraxis in dialogischer Kommunikation mit anderen eine starke Persönlichkeit mit einer stabilen Identität voraussetzt. Eine starke Persönlichkeit hat einerseits einen festen *Standpunkt* in Bezug auf die eigene Deutung und Gestaltung des Lebens, einen Punkt, auf dem sie steht und der ihr Halt und Sicherheit gibt und ihr zugleich Konturen verleiht. Eine solche Persönlichkeit weiß andererseits aber auch darum, dass diese Sicht subjektiv und perspektivisch ist, und bleibt darum offen für neue Einsichten und Weiterentwicklung.

4. Gerechtigkeit als ethischer Maßstab für die angemessene Verteilung von Gütern und Lasten

Die Haltung der Toleranz ist der Versuch, mit Verschiedenartigkeit angemessen umzugehen. Nun haben Menschen aber nicht nur unterschiedliche Ansichten, Lebensentwürfe und Überzeugungen, sondern auch eigene, untrennbar mit der Personwürde verbundene Interessen, Wünsche und Bedürfnisse. Ein fairer, respektvoller Umgang erfordert, dass auch diese Ansprüche und Interessen im sozialen Miteinander Berücksichtigung finden. Die Bereitschaft, diese Ansprüche und Interessen so auszuhandeln und zu verteilen, dass jedes Mitglied einer Gemeinschaft das ihm Zustehende erhält, wird seit jeher mit dem Begriff der Gerechtigkeit umschrieben. Gerechtigkeit bezeichnet in Bezug auf das soziale Handeln jene Tugend, die jedem das Seine – suum cuique – zukommen lässt. Allerdings hat dieser Begriff in den letzten hundert Jahren einen starken inhaltlichen Wandel erfahren. Für die Praxis der Sozialen Arbeit sind sowohl das traditionelle wie das moderne Gerechtigkeitsverständnis von Bedeutung.

a. Gerechtigkeit als die sittliche Haltung, jedem das Seine zu gewähren

Der Begriff der Gerechtigkeit hat eine jahrtausende alte Geschichte. In systematischer Weise erscheint er erstmals in der griechischen Philosophie bei Platon und Aristoteles, also bereits im vierten Jahrhundert vor Christus. Bei Platon ist die Gerechtigkeit – neben der Weisheit, der Tapferkeit und der Maßhaltung – eine der vier Kardinaltugenden. Platon ordnet die Weisheit, die Tapferkeit und die Maßhaltung den drei Seelen- und Staatsteilen zu. Die Klugheit entspricht demnach dem vernünftigen Seelenteil, in der Polis dem Lehrstand, die Tapferkeit entspricht dem muthaften Seelenteil, in der Polis dem Wächterstand und die Maßhaltung dem triebhaften Seelenteil, in der Polis dem Nährstand. Die Gerechtigkeit hingegen ist keinem Seelen- oder Staatsteil zugeordnet, sondern besteht Platon zufolge darin, dass jeder im Staat das Seine hat und das Seine tut. Sie ist für die geordnete Realisierung der übrigen Tugenden zuständig und damit die Grundlage eines guten Gemeinwesens.[115]

Aristoteles greift dieses platonische Verständnis von Gerechtigkeit auf und präzisiert es.[116] Er versteht Gerechtigkeit als eine auf den Mitmenschen gerichtete vollkommene Tugend, die tut, „was einem anderen zuträglich ist, sei es dem Regenten oder jenem, der derselben Gemeinschaft angehört."[117] Für Aristoteles ist Gerechtigkeit der beständige und dauernde Wille, der jedem das Seine zuteilt. Dieses Verständnis von Gerechtigkeit enthält eine subjektive und eine objektive Komponente. Die subjektive meint Wille, Haltung, Tugend, aktives Tun; die objektive erscheint in der Aussage, *jedem das Seine* zu geben. Wesentlich für den aristotelischen Begriff der Gerechtigkeit ist der

---

[115] Vgl. Platon, Politeia [6]1969, IV, 428-434.
[116] Aristoteles widmet das ganze fünfte Kapitel seiner Nikomachischen Ethik der Frage der Gerechtigkeit. Die folgenden Ausführungen beziehen sich auf dieses Kapitel.
[117] Aristoteles 1991, 1130 a.

Gedanke der Gleichheit. Gleiches gleich, Ungleiches ungleich zu behandeln, ist die zentrale Forderung, nach der sich gerechtes Handeln bemisst. Diese Gleichheit nimmt sich nun aber ganz unterschiedlich aus, je nachdem um welche Form der Gerechtigkeit es sich handelt. Aristoteles kennt nämlich – und die philosophische Ethik folgt ihm dabei, wenn auch mit mancherlei terminologischen Differenzierungen, bis heute – zwei Begriffe von Gerechtigkeit: eine allgemeine Gerechtigkeit und eine besondere Gerechtigkeit.

Die *allgemeine Gerechtigkeit* – Aristoteles nennt sie auch *Gesetzesgerechtigkeit* – regelt das Verhältnis des einzelnen Menschen zur Gemeinschaft. Diese Form der Gerechtigkeit betrifft die Leistungen, die der einzelne zum Wohl der Gemeinschaft zu erbringen hat, wie etwa Befolgung der Gesetze, Zahlung der Steuern und Abgaben, aber auch Übernahme von Verantwortung für die Gestaltung des gesellschaftlichen Lebens. Wozu die allgemeine Gerechtigkeit verpflichtet, ergibt sich aus der Stellung des Einzelnen in der Gemeinschaft und seiner Leistungsfähigkeit, errechnet sich also nach dem Maßstab der Verhältnismäßigkeit. Ein aktuelles Beispiel hierfür ist die gegenwärtige Regelung der Lohn- und Einkommenssteuer in der Bundesrepublik Deutschland. Diese folgt einem Stufensatz, der nach dem Prinzip aufgebaut ist: Je weniger Einkommen jemand hat, desto weniger Steuern hat er – auch prozentual gesehen – zu entrichten. Und umgekehrt: Je mehr jemand verdient, umso höher ist sein persönlicher Steuersatz und damit auch der prozentuale Anteil seiner Abzüge. Besserverdienende haben damit nicht nur eine absolut, sondern auch eine relativ höhere Abgabenlast. Sie haben allerdings auch ein absolut höheres Einkommen und sind daher finanziell auch belastbarer.

Während die allgemeine Gerechtigkeit für Aristoteles gleichsam die Gesamtheit der Tugenden umfasst, regelt die *besondere Gerechtigkeit* die Verteilung der Güter und Lasten. Sie wird unterteilt in die Tauschgerechtigkeit und in die Verteilungsgerechtigkeit. Am eindeutigsten lässt sich das Gerechte bestimmen im Falle der *Tauschgerechtigkeit*, der iustitia commutativa. Die Tauschgerechtigkeit ordnet das Verhältnis zwischen zwei Privatpersonen. Sie verlangt, dass im Austausch von Gütern und Leistungen Gleichwertigkeit herrsche und keiner in den Rechtsbereich des anderen eingreife ohne dessen Zustimmung beziehungsweise ohne eine entsprechende Gegenleistung. Der

Maßstab, nach dem das Verhältnis von Leistung und Gegenleistung gemessen wird, ist die allgemeine Schätzung. Ein Diebstahl oder eine Übervorteilung wäre in diesem Sinne ein Verstoß gegen die Tauschgerechtigkeit. Bei der *Verteilungsgerechtigkeit*, der iustitia distributiva, schließlich geht es – gerade umgekehrt – um die Frage, was die Gemeinschaft dem Einzelnen schuldet. Zunächst kommen dem Einzelnen unabdingbare personale Grundrechte zu, die von der Gemeinschaft zu schützen und zu respektieren sind. Darüber hinaus hat der einzelne Mensch Anspruch auf Förderung durch die Gemeinschaft in Form positiver Hilfen, aber auch auf Wiedergutmachung für bestimmte ihm widerfahrene Schäden. Auch Strafen für Verstöße dürfen nur verhängt werden in gleicher Weise für alle. Hierbei handelt es sich ebenfalls nur um eine proportionale Gleichheit unter Berücksichtigung der Eigenart der einzelnen Fälle. Die austeilende Gerechtigkeit verpflichtet vor allem die staatlichen Organe, die im Namen der Gemeinschaft die Rechtsgüter und -pflichten für die Einzelnen und Gruppen zu bestimmen haben.

Die Gerechtigkeit in der beschriebenen dreifachen Form stellt das Grundgerüst sozialen Zusammenlebens dar. Sie sichert jedem Mitglied einer Gemeinschaft einen bestimmten Bereich, in dem es sich frei und unangetastet entfalten kann. Sie ist also im Grunde ausgerichtet auf die Entfaltung des Personseins in der Gemeinschaft. Sie ist der oberste interpersonale Wertmaßstab, nach dem alle Güterkonflikte zu entscheiden sind. Von den übrigen ethischen Werten unterscheidet sich die Gerechtigkeit dadurch, dass ihre Verpflichtungen und äußeren Leistungen relativ klar umschrieben und mit äußerer Gewalt in der Regel auch erzwingbar sind. Die Problematik dieser aristotelischen Gerechtigkeitskonzeption liegt indes im Maßstab der Gleichheit, mit dem dasjenige bestimmt wird, was jedem als das Seine zukommt. Denn Aristoteles unterschied nicht zwischen naturgegebenen und gesellschaftlich bedingten Ungleichheiten. So verteidigte er etwa die Sklaverei als von Natur aus bestehend, erachtete Frauen von Natur aus als nicht geeignet für die Leitung des Staates oder hielt Kindsaussetzung natürlicherweise für ethisch gerechtfertigt. Säuglinge, Frauen und Sklaven gehörten von Natur aus nicht dem gleichen Stand an wie freie, erwachsene Männer und hatten dementsprechend auch andere Rechte und Pflichten als diese. Dass die angeführten Ungleichheiten ihren Ursprung in ungerechten gesellschaftlichen Strukturen haben könnten, kam Aristoteles nicht in den Sinn. Hier sollte ein Umdenken erst in der Neuzeit einsetzen.

b. Gerechtigkeit als sozial gerechte Ordnung

Gerechtigkeit ist von seiner ursprünglichen, auf Aristoteles zurückgehenden Bedeutung her also eine ethische Grundhaltung oder Tugend. Sie benennt verschiedene Maßstäbe, an denen sich das gerechte Verhalten eines Menschen innerhalb einer gegebenen gesellschaftlichen Ordnung bemisst. Mit dem Übergang von der hierarchisch geprägten Feudalgesellschaft zur modernen Industriegesellschaft erwies sich dieses Gerechtigkeitsverständnis als unzureichend. Die neuen technologischen Formen der wirtschaftlichen Produktion führten zur Verelendung ganzer Klassen von Menschen. Dieses als *Soziale Frage* bekannt gewordene Phänomen führte gegen Ende des 19. Jahrhunderts dazu, dass sich in der von Sozialpolitikern und Kirchenvertretern geführten Gerechtigkeitsdebatte der Diskussionsschwerpunkt zunehmend verlagerte von der Frage nach dem gerechten Verhalten des Einzelnen innerhalb einer gegebenen Gesellschaftsordnung zur Frage nach der Gerechtigkeit dieser Gesellschaftsordnung selbst. Eine neue, zusätzliche Gerechtigkeitskategorie stand plötzlich im Raum: der Begriff der *sozialen oder strukturellen Gerechtigkeit.*[118] Was ist darunter zu verstehen?

Die Kategorie der sozialen Gerechtigkeit zielt auf eine Gesellschaftsordnung, die für alle Menschen möglichst gleiche gesellschaftliche Lebenschancen bietet, die also keine Gruppen von vorneherein benachteiligt wie es etwa in der mittelalterlichen Ständegesellschaft oder in der liberalen Leistungsgesellschaft der Fall ist. In der mittelalterlichen Ständegesellschaft gab es eine gleiche Behandlung nur entsprechend der Stellung, die das Individuum in einer solchen Gesellschaft innehatte. In diese Stellung aber wurde man hineingeboren. Wer als Sohn oder Tochter einer Magd geboren wurde, blieb selbst ein Leben lang Knecht oder Magd. Wer als Unfreier oder Mittelloser gebo-

---

[118] Sehr anschaulich dazu Kerber 1981, 44-59. Zum Verständnis von sozialer Gerechtigkeit vgl. auch Nothelle-Wildfeuer 1999 sowie Eisenmann 2006, 208-238.

ren wurde, blieb ein Leben lang unfrei und mittellos. Eine soziale Durchlässigkeit gab es nicht. Jeder Mensch hatte seinen fest zugewiesenen Platz in dieser Gesellschaft, mit den entsprechenden Rechten und Pflichten. Gerechtigkeit war ausgerichtet auf die Aufrechterhaltung der gegebenen *natürlichen Ordnung* dieser Gesellschaft, die man als gottgegeben ansah. Gerechtigkeit bedeutete hier nichts anderes als *Standesgerechtigkeit* beziehungsweise *Besitzstandsgerechtigkeit,* weil sie inhaltlich bestimmt war von Stand und Besitz. Im Zuge der industriellen Revolution geriet die mittelalterliche Schichtung nach Ständen in Bewegung. Die Zünfte lösten sich auf. Die statische Feudalordnung wurde abgelöst durch eine dynamisch verstandene natürliche Gesellschaftsordnung, die geprägt ist durch die Sozialphilosophie des Wirtschaftsliberalismus. Im Mittelpunkt dieser Philosophie steht die Vorstellung von der Harmonie der Einzelinteressen durch das Gesetz des Wettbewerbs: Wenn man nur dem Einzelnen die Möglichkeit gibt, ohne staatliche Behinderung seinen eigenen wohlverstandenen Eigennutz zu verfolgen, führt das von selbst zum allgemeinen Wohlstand. Die diesem gesellschaftlichen Leitbild entsprechende Gerechtigkeit ist die *Leistungsgerechtigkeit:* „Nicht die Zugehörigkeit zu einem Geburtsstand oder überkommene Privilegien umschreiben das, worauf einer als das ‚Seine' einen Anspruch erheben kann, sondern die persönliche Leistung bestimmt die Stellung des Einzelnen in der Gesellschaft und damit seine Rechte und Pflichten."[119] Gerechtigkeit in einer solchermaßen freien Marktwirtschaft bedeutet also den Schutz eines persönlichen Freiheitsraumes, innerhalb dessen der Einzelne sein Leben unbeeinträchtigt von fremder Willkür gestalten kann.

Was aber machen die Schwachen, Kranken und Behinderten in einer solchen von Leistung und Wettbewerb dominierten Gesellschaft, was die Alten und Armen, die nicht über Produktionsmittel und Ausbildung verfügen? Die freie Marktwirtschaft führte im 19. Jahrhundert zur Ausbeutung, Verelendung und Unterdrückung ganzer Klassen der Gesellschaft. Es dauerte geraume Zeit, bis man erkannte, dass es sich bei diesen sozialen Verwerfungen um ein Gerechtigkeitsproblem handelte, das nicht mit den traditionellen Hilfen der Wohltätigkeit zu lösen war, weil es zutiefst mit den gesellschaftlichen Struk-

---

[119] Kerber 1981, 47.

turen der Zeit verwurzelt war. Man erkannte, dass diese gesellschaftlichen Strukturen keine natürliche Gegebenheit darstellten, sondern eine von den Menschen selbst mitgestaltete Voraussetzung, die so oder anders aussehen kann, die aber in jedem Fall wandel- und formbar ist. Dies führte zu der Einsicht, dass die sozialen Ordnungsstrukturen als Produkte des Menschen selbst nach den Kriterien der Gerechtigkeit zu beurteilen sind.

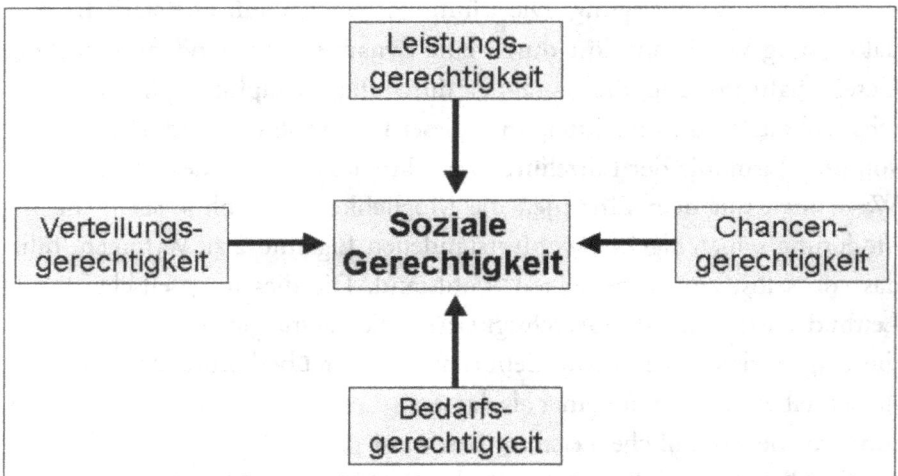

Abb. 3: Der Begriff der sozialen Gerechtigkeit

Zur zentralen Frage wurde damit, wie in einer von freier Marktwirtschaft geprägten Gesellschaftsordnung *strukturelle Ungerechtigkeiten* vermieden werden können, oder positiv gesprochen: wie in einer solchen Ordnung soziale Gerechtigkeit gewährleistet werden kann. Für John Rawls, dem bedeutendsten Vertreter dieser modernen Gerechtigkeitstheorie, sind Grundsätze der Gerechtigkeit von der Art, wie sie freie und vernünftige Menschen in einer anfänglichen Situation von Gleichheit anerkennen würden. In einer solchen fiktiven Situation, die dem Naturzustand in der Theorie des Gesellschaftsvertrags entspricht, kennt niemand seine soziale Stellung, seine Klasse oder seinen Status, seine Intelligenz, Körperkräfte und ähnliches, nicht einmal seine Vorstellung vom Guten. Gleichsam unter einem Schleier von Nicht-wissen legen die Menschen ihre gegenseitigen Rechte und Pflichten fest. In diesem vertragstheoretischen Kontext charakterisiert Rawls soziale Gerech-tigkeit als objektivierte „Tugend sozialer Institutionen".[120] Diese sind für ihn dann gerecht, wenn sie die Freiheit der einzelnen Personen respektieren und Ungleichheiten partiell zulassen. Voraussetzung einer solchen partiellen Zulassung von Ungleichheiten muss sein, dass sie zur Besserstellung derjeni-gen beitragen, welche am schlechtesten gestellt sind.[121]

Maßstab der sozialen Gerechtigkeit ist mithin die Frage, ob die jeweilige ge-sellschaftliche Ordnung für alle Menschen möglichst gleiche gesellschaftliche Lebenschancen herzustellen imstande ist, so dass nicht von vorneherein be-stimmte gesellschaftliche Gruppen benachteiligt werden. Soziale Gerechtig-keit kann jedoch nicht, wie es der Kommunismus von Karl Marx suggerierte, *jedem das Gleiche* bedeuten, also nicht völlige Gleichheit der Lebenssituatio-nen. Schon der Versuch, eine solche Gleichheit inhaltlich zu definieren, ist bei der Verschiedenheit der Menschen zum Scheitern verurteilt, und noch weniger lässt sich ein vertretbarer Weg finden, eine solche Gleichheit, wie immer auch definiert, über Verteilung herbeizuführen. Soziale Gerechtigkeit kann bestenfalls „Gleichheit der Ausgangschancen bedeuten, der Startbe-dingungen, unter denen der einzelne die Möglichkeit erhält, durch eigene Leistungen im Leben voranzukommen und jene gesellschaftliche Stellung zu erreichen, die er sich wünscht und die seinen Fähigkeiten entspricht. Aber auch eine solche volle ‚Chancengleichheit' ist nicht zu verwirklichen ange-sichts der großen Verschiedenheit der Ausgangspunkte und Fähigkeiten, der Ausgangssituationen und der Schwierigkeiten bei der praktischen Durch-führung einer Umverteilung."[122]

Unter dieser Prämisse muss der Versuch, soziale Gerechtigkeit herzustellen, sich auf den Abbau extremer Chancenungleichheiten beschränken, durch die ganze Gruppen und Klassen von vorneherein vom Zugang zu wichtigen

---

[120] Rawls 1975, 19.
[121] Andere Philosophen, wie etwa Michael Walzer 1994, betonen, dass die Verteilungskri-terien je nach Lebenssphäre variieren können und müssen, und plädieren daher für eine vielschichtige Gerechtigkeitstheorie.
[122] Kerber 1981, 52.

Lebensgütern abgeschnitten werden. Soziale Gerechtigkeit ist also unter dieser Rücksicht als *Chancengerechtigkeit* zu verstehen. Man kann aber auch von den Bedürfnissen der Menschen ausgehen und soziale Gerechtigkeit definieren als *Bedarfsgerechtigkeit,* als gleicher Anspruch aller auf eine Grundausstattung mit bestimmten materiellen und immateriellen Gütern, deren jeder für ein menschenwürdiges Dasein bedarf. Die Gesellschaft gesteht allen ihren Mitgliedern nicht nur grundlegende liberale Freiheits- und politische Mitwirkungsrechte zu, sondern sichert ihnen allen auch die Erfüllung bestimmter, als grundlegend anerkannter Bedürfnisse. Jeder Mensch hat fundamentale soziale Grundrechte, wie ein Recht der Bedürftigen auf öffentliche Unterstützung, wie ein Recht auf Arbeit, auf Bildung und dergleichen mehr.

Die soziale Marktwirtschaft ist die Antwort auf die strukturellen Ungerechtigkeiten der liberal-kapitalistischen Gesellschaftsordnung. Ohne, wie die kommunistische Planwirtschaft, gegen die Leistungsgerechtigkeit zu verstoßen, mildert sie die Härten des Arbeitsmarktes, indem sie allen Bürgern und Bürgerinnen die Befriedigung ihrer grundlegenden Bedürfnisse ermöglicht. In unserem sozial-liberalen Rechtsstaat hat jeder Mensch einen Rechtsanspruch auf Sozialhilfe im Bedürfnisfall. Gegen Krankheit, Arbeitsunfähigkeit, Arbeitslosigkeit und für die Versorgung im Alter wurden Systeme der sozialen Sicherheit entwickelt, durch die für den größten Teil der Bevölkerung gewährleistet ist, dass bestimmte Lebensrisiken nicht vom Individuum, sondern von der Solidargemeinschaft getragen werden. Eine wichtige Rolle spielt in diesem Zusammenhang auch der freie Zugang zum Bildungssystem. Denn Bildung ist in unserer mobilen, hoch industrialisierten Gesellschaft ein zentrales Gut. Sie ist die Voraussetzung, sich auf dem Arbeitsmarkt erfolgreich behaupten und in der Folge davon sozial angemessen platzieren zu können. Es entspricht daher einer Forderung der sozialen Gerechtigkeit, allen Menschen, unabhängig von ihrem Einkommen und ihrer Schichtzugehörigkeit, annähernd gleiche Bildungschancen zu ermöglichen.

c. Konsequenzen für die Praxis der Sozialen Arbeit

Wie schon die Eigenverantwortlichkeit, so steht auch die Gerechtigkeit in enger Verbindung mit der Würde des Menschen. Sie ist jene Grundhaltung, die darauf abzielt, der einzelnen Person ihren Platz und ihre Würde in der Gesellschaft zu sichern. In individualethischer Hinsicht ist damit die Bereitschaft gemeint, jedem Menschen von der Gemeinschaft her das zukommen zu lassen, worauf er kraft seiner Würde als Mensch Anspruch hat. Sozialethisch bedeutet dies seitens des Einzelnen wie der Gesellschaft als Ganzes, extreme Chancenungleichheiten zu beseitigen und gerechte gesellschaftliche Strukturen aufzubauen. Für die Soziale Arbeit sind beide Gerechtigkeitskonzeptionen von großer Bedeutung. Denn sie formulieren zwei zentrale Anliegen dieses Berufsstandes: Beseitigung von Ungerechtigkeiten aller Art und Mitarbeit am Aufbau sozial gerechter gesellschaftlicher Strukturen. Wie konkretisiert sich das in der Praxis?

Eine Sozialarbeiterin, die sich in ihrer Haltung vom ethischen Wert der Gerechtigkeit bestimmt weiß, wird sich als Anwältin für die armen, ausgegrenzten und sozial benachteiligten Menschen verstehen und in ihrer Einzelfallarbeit versuchen, den Menschen, die sie berät und begleitet, gesellschaftlich das zukommen zu lassen, worauf sie als Menschen und Mitglieder dieser Gesellschaft Anspruch haben.[123] Sie wird freilich versuchen, dies so zu tun, dass diese Menschen sich nach Möglichkeit eigenverantwortlich in der Gesellschaft behaupten und selbstbestimmt an ihren Errungenschaften und Gütern teilhaben können. Die Gerechtigkeit gibt ihr dabei nur die Richtung und das Ziel vor, das sie mit ihrem Handeln zu erreichen versucht. Es spannt ihre Gesinnung, ihre innere Haltung und Einstellung auf dieses Ziel hin aus. Welche Maßnahmen geeignet sind, dieses Ziel zu erreichen, welche Zwischenschritte dabei geplant werden müssen, was überhaupt realistischerweise in der jeweiligen Situation zu verwirklichen ist, ist damit noch nicht gesagt. Dies sind Sachverhaltsfragen, die die Sozialarbeiterin in Absprache

---

[123] Die Beratung in schwierigen sozialen Lebenssituationen und die Vermittlung staatlicher Hilfsangebote ist in dieser Hinsicht eine Frage der Gerechtigkeit.

mit ihren Klienten und Klientinnen zu klären hat. Hierbei hilft ihr nicht ihre Gesinnung, sondern allein ihr fachliches Wissen und Können.

Der Wert der Gerechtigkeit gibt nur ein Grundziel vor, das es handelnd zu erreichen gilt. Er richtet die Helfer und Helferinnen in ihrer Gesinnung auf dieses Ziel hin aus. Er sagt aber noch nichts darüber aus, auf welchem Weg dieses Ziel erreicht werden kann und welche anderen Güter und Werte, welche Zwischenziele sozusagen damit unabdingbar verbunden sind. Die Konkretisierung und materiale Füllung des Grundwertes der Gerechtigkeit obliegt der jeweiligen Sozialarbeiterin. Und diese Konkretisierung kann immer nur fallbezogen, unter Berücksichtigung aller beteiligten Personen, Umstände und Bedingungen erfolgen. Dabei können auch Situationen auftreten, in denen sich gesetzliche Maßnahmen selbst als ungerecht erweisen. Darauf hat bereits Aristoteles hingewiesen. Denn Gesetze hinterlassen, so schreibt er in seiner Nikomachischen Ethik, immer Lücken. Dies habe damit zu tun, dass Gesetze notwendigerweise allgemein seien, in einigen Dingen aber in allgemeiner Weise nicht korrekt gesprochen werden könne.[124] Für Aristoteles erfordert die Tugend der Gerechtigkeit, dass der Einzelne in solchen Fällen in seinem konkreten Handeln das Gesetz berichtige und verbessere, und zwar in Verlängerung der eigentlichen Intention des Gesetzes, also nach Maßgabe der Gerechtigkeit. Man solle, so Aristoteles, in solchen Situationen so handeln, wie es auch der Gesetzgeber selbst getan hätte, wenn er dabei gewesen wäre.[125] Er nennt das ein Handeln nach Billigkeit und Angemessenheit.[126] Für Aristoteles besteht eine gerechte Haltung also nicht im sturen Befolgen ethischer und rechtlicher Normen. Er mutet es vielmehr allen lebenserfahrenen Menschen zu, in außergewöhnlichen Situationen, unabhängig von den allgemein formulierten gesetzlichen Vorgaben, eine bessere Gerechtigkeit zu schaffen. Was Aristoteles für jeden lebenserfahrenen Menschen

---

[124] Vgl. Aristoteles 1991, 1137 b.

[125] Vgl. Aristoteles 1991, 1137 b. Hier klingt der Sache nach bereits jener Gedanke der ethischen Autonomie an, den Immanuel Kant sehr viel später begründen und in die Formel des kategorischen Imperativs kleiden sollte.

[126] In der Ethik wird eine solche Haltung, die ethische und rechtliche Normen eigenverantwortlich nach den Kriterien der Angemessenheit und Billigkeit auslegt, auch als Epikie bezeichnet. Vgl. dazu auch die Ausführungen in Kapitel 4, Abschnitt II.

fordert, gilt umso mehr für Sozialarbeiter und Sozialarbeiterinnen, die in ihrer Einzelfallarbeit ja in besonderer Weise mit Menschen zu tun haben, die sich in sozial und psychisch außergewöhnlichen Lebenslagen befinden. In der Sozialen Arbeit muss dieser Einsatz für eine bessere Gerechtigkeit die bloße Einzelfallarbeit aber übersteigen und sich zu einem politischen Mandat wandeln, wo sich in der Praxis Unrechtsstrukturen zeigen oder durch gewandelte gesellschaftliche Verhältnisse neu auftun. Die Soziale Arbeit hat in diesem Sinne eine prophetische Funktion: Sie hat die Gesellschaft und die politisch Verantwortlichen aufgrund ihrer sozialen Kompetenz und Sensibilität auf soziale Ungerechtigkeiten und Chancenungleichheiten aufmerksam zu machen und an deren Beseitigung mitzuwirken. Solche sozialen Benachteiligungen und Ungerechtigkeiten betreffen beileibe nicht nur soziale Randgruppen, Menschen mit Behinderungen oder solche, die durch schwere Schicksalsschläge plötzlich in Not geraten sind. Davon betroffen sind in Deutschland vor allem Frauen und Familien. Vergleicht man etwa die Lebenslage von Familien mit der von Alleinstehenden, unverheirateten Paaren und kinderlosen Ehepaaren, so zeigt sich eine erstaunliche Kluft in der Wohlstandsentwicklung der letzten Jahrzehnte. So sinken beispielsweise die Pro-Kopf-Einkommen von Familien mit steigender Kinderzahl derart beträchtlich, dass schon Ehepaare mit zwei Kindern netto nur über höchstens drei Viertel, eher aber nur über etwas mehr als die Hälfte des Pro-Kopf-Einkommens kinderloser Paare verfügen. Mit steigender Kinderzahl wächst das Armutsrisiko der Familien. Am härtesten von dieser Entwicklung betroffen sind junge Arbeiterfamilien und Alleinerziehende. Nach den Ergebnissen des Statistischen Bundesamtes befanden sich im Jahr 2000 30,9 % der Alleinerziehenden[127] in relativer Einkommensarmut,[128] gegenüber 3,7 % der in Paarhaushalten ohne Kinder lebenden Bevölkerung.[129] Generell lässt

---

[127] In Deutschland gab es im Jahr 2000 1,77 Millionen Alleinerziehende – 85,5 % davon waren Frauen – mit 2,6 Millionen minderjährigen Kindern (vgl. Engstler/Menning 2003, 38).

[128] Als einkommensarm gilt nach den EU-Richtlinien, wer in einem Haushalt lebt, dessen durchschnittliches Einkommen weniger als 50 % des durchschnittlichen Einkommens in der gesamten Bevölkerung beträgt.

[129] Vgl. Engstler/Menning 2003, 151f.

sich sagen: Familien mit minderjährigen Kindern, allein erziehende Frauen und hier wiederum vor allem ledige Mütter sind einkommensmäßig in unserer Gesellschaft gegenüber den anderen Lebensformen stark benachteiligt. Die staatlichen Transferleistungen für die Erziehung von Kindern, der so genannte Familienlastenausgleich, gleicht diese Benachteiligung nur sehr begrenzt aus.

Wenn in der Praxis der Sozialen Arbeit – sei es in der Familienhilfe, in der Erziehungshilfe, in der Arbeit mit Frauen oder auch in der Schuldnerberatung – deutlich wird, dass diese Personengruppen verstärkt in soziale Not geraten, so ist das ein Hinweis auf ein strukturelles Problem, auf das Vorhandensein einer strukturellen Ungerechtigkeit. Eine am Wert der Gerechtigkeit orientierte Hilfe muss in einer solchen Situation neben der Einzelfallarbeit auch an der Beseitigung der Unrechtsstrukturen selbst ansetzen. Das erfordert ein anderes Vorgehen und andere Maßnahmen als die Einzelfallarbeit. Hier gewinnt Soziale Arbeit eine unmittelbar politische Dimension. Sie wird zur Lobbyarbeit. Sie solidarisiert sich im Namen der Gerechtigkeit mit den sozial Benachteiligten und kämpft mit diesen und für diese um gerechtere Verhältnisse.

Damit aber kommt nun ein weiterer, das Ethos der Sozialen Arbeit kennzeichnender Wert ins Spiel: die Solidarität. Die Gerechtigkeit steht nicht nur mit der Würde des Menschen in enger Verbindung, sondern auch mit dem Wert der Solidarität. Ist die Würde des Menschen ethischer Grund der Gerechtigkeit – die Güter und Lasten sollen dergestalt verteilt werden, dass jeder Mensch in Würde leben kann –, so zielt die Solidarität auf die Verwirklichung dieses ethischen Anspruchs.

5. Solidarität mit den leidenden Menschen als Grundmotiv sozialarbeiterischen Handelns

Der Begriff der Solidarität[130] entstammt ursprünglich, wie der der Norm, dem Rechtsleben. Er bedeutet dort, dass in einem Unternehmen, dem sich

---

[130] Das Wort ist abgeleitet vom Lateinischen *solidus* = fest, ganz.

eine Gruppe von Schuldnern gemeinsam verpflichtet hat, jeder einzelne für das Ganze haftet und durch sein Engagement alle anderen ihrer Verpflichtungen an den Kreditgeber enthebt. Eine inhaltlich erweiterte Bedeutung erfährt der Begriff in der Soziologie. Nach Max Weber etwa bezeichnet Solidarität jede bewusste Erfahrung von Zusammengehörigkeit und das daraus resultierende Verhalten einer Vielheit als Einheit, gemäß dem Wahlspruch: „Einer für alle, alle für einen!" Diese Erfahrung erwächst aus dem, was Menschen miteinander verbindet, erwächst also aus den gemeinsamen Voraussetzungen, und meint so zugleich den Willen, das zu tun, was man einander als Gemeinschaft schuldig ist. Die Chancen und Konsequenzen, die das Handeln eines einzelnen Mitglieds mit sich bringen, kommen allen zugute oder gereichen allen zum Schaden.[131] Als Bewusstsein der Zusammengehörigkeit kann sich Solidarität in den unterschiedlichsten Gemeinschaften und aus den unterschiedlichsten Motiven herstellen. Sie kann auf gemeinsamen Überzeugungen beruhen, auf gegenseitiger Sympathie, aber auch auf gemeinsamer Gegnerschaft. Solidarbewusstsein kann dementsprechend in einer Interessengemeinschaft von Aktionären ebenso anzutreffen sein wie in der Lebensgemeinschaft einer Familie oder der Zweckgemeinschaft einer Gewerkschaft. Mit dieser soziologischen Phänomenbeschreibung kommt aber noch nicht das sozialethische Bestimmungsmerkmal der Solidarität in den Blick.

a. Solidarität als Füreinander-Einstehen im Kampf gegen unmenschliche Lebensbedingungen

Die ethische Prägung des Terminus Solidarität hat ihren Ausgangspunkt in der Spätzeit der Französischen Revolution und den bürgerlichen Freiheits- und Demokratiebewegungen des ausgehenden 18. und dann vor allem des 19. Jahrhunderts. Ziel dieser Bewegungen war die Beseitigung der absolutistischen staatlichen Herrschaft und die Entwicklung einer Gesellschaft von Freien und Gleichen, einer Gesellschaft, in der das Individuum nicht nur

---

[131] Vgl. Weber [5]1976, 25.

Objekt und Unterworfener, sondern zugleich Subjekt und Träger der politischen Herrschaft ist. Dieser Kampf um Freiheit und Gerechtigkeit, um Partizipation und politische Mitbestimmung wurde getragen von einem sich neu artikulierendem Wir-Bewusstsein, das sich in appellativen Begriffen wie Gleichheit und Brüderlichkeit, und dann vorrangig im Begriff der Solidarität den ihm gemäßen Ausdruck verschaffte. Solidarität meint in diesem Kontext ein Füreinander-Einstehen im Aufbegehren gegen gesellschaftliche und politische Strukturen, die der Entfaltung der menschlichen Würde entgegenstehen.[132] Das Ergebnis dieser Auseinandersetzungen war, dass immer mehr Staaten die individuellen Freiheitsrechte und die politischen Mitbestimmungsrechte in ihrer Verfassung verankerten und jedem Bürger und jeder Bürgerin als Rechtsanspruch garantierten.

Es zeigte sich jedoch sehr schnell, dass mit der Garantie dieser bürgerlichen Grundrechte allein die Würde der menschlichen Person nicht gewährleistet war. Die industrielle Revolution führte bereits in der zweiten Hälfte des 19. Jahrhunderts zu neuen gesellschaftlichen Herrschaftsstrukturen und Asymmetrien. Diejenigen, die weder über Produktionsmittel noch über ausreichend Arbeitskraft verfügten, wurden an den Rand der Gesellschaft gedrängt. Neue Formen der (Lohn)Abhängigkeit, der Armut und Unterdrückung entstanden. In diesem gesellschaftlichen Klima formierten sich neue soziale Bewegungen, die auf Befreiung der marginalisierten Gruppen gerichtet waren. In eben diesem Klima der menschlichen Not und des sozialen Elends wird nun auch die Solidarität zu einem neuen Losungswort: Sie gilt nunmehr vor allem den sozial Schwachen, Ausgebeuteten und Ausgegrenzten. Damit erfährt aber auch der Gedanke der Solidarität eine Ausweitung und Weiterentwicklung. „Mit ihm tritt jetzt nicht mehr nur der Mensch als ein auf individuelle Freiheit und politische Partizipation ausgerichtetes Wesen in den Blick, sondern zugleich als ein Wesen, zu dessen Gelingen in Würde nicht weniger auch die Erfüllung elementarer Überlebens- und Entfaltungsbedingungen gehört. Der im Zeichen der Solidarität geführte Kampf um die Grundrechte des Menschen wird nun zum Kampf um dessen unabdingbare soziale Anspruchsrechte."[133]

---

[132] Vgl. Baumgartner / Korff 1998, 407.
[133] Baumgartner / Korff 1998, 408.

Das ethische Verständnis von Solidarität greift also durchaus die soziologische Bestimmung des Begriffes auf, führt sie aber in entscheidender Weise weiter. Bezeichnet Solidarität in soziologischer Hinsicht jede bewusste Erfahrung von Zusammengehörigkeit aufgrund gemeinsamer Voraussetzungen, die ganz unterschiedlicher Art sein können, so präzisiert das ethische Verständnis von Solidarität diese gemeinsamen Voraussetzungen, indem es sie auf das bezieht, worauf alle Menschen gleich sind: auf das Menschsein des Menschen selbst. Solidarität wird damit zu jener ethischen Haltung, die gekennzeichnet ist vom Füreinander-Einstehen im Aufbegehren gegen Lebensbedingungen, die dem Menschsein, die der personalen Würde und Entfaltung des Menschen entgegenstehen, seien diese Bedingungen nun politischer oder wirtschaftlicher Natur. Die Erfahrung der Zusammengehörigkeit und des Füreinander-Einstehens erwächst hier also einerseits aus wechselseitigen Identifizierungsprozessen, andererseits aus dem Wissen um die Folgen inhumaner Lebensverhältnisse.

Mit ihrer grundsätzlichen Hinordnung auf die allen Menschen zukommende personale Würde war die Solidarität nun aber in einen Begründungszusammenhang gestellt, der sie im 20. Jahrhundert zu einem universalen sozialen Prinzip werden ließ.[134] Wenn die Würde des Menschen auf seinem Personsein gründet und Sozialbezogenheit zur Natur dieses Personseins gehört, dann schließt dies notwendig Solidarität mit allem ein, was Menschenantlitz trägt. Damit aber erhalten alle partikularen Formen menschlicher Solidarität ihren universellen Bezugsrahmen. Jede Solidargemeinschaft muss auf diese umfassende, von der Personwürde hergeleitete Solidarität hin ausgelegt werden. Als ethisch-personales Prinzip grenzt Solidarität niemanden aus, sondern nimmt alle gegenseitig in Pflicht. Jede Form von Solidarisierung, die dem Anspruch der Personwürde leugnet oder faktisch nur im Blick auf die eigene Gruppe und deren Zielsetzungen Rechnung trägt, bleibt defizitär. Übergreifender Bezugsrahmen jeder Solidargemeinschaft ist die Gesamtgesellschaft, ja ist letztlich die Menschheit als Ganze.

---

134 Entscheidenden Anteil an dieser Entwicklung hatte die katholische Soziallehre, die in dem Theologen und Sozialwissenschaftler Oswald von Nell-Breuning seinen namhaftesten Vertreter hatte. Vgl. dazu Hilpert 1997, 150-162.

Gruppensolidarität steht in der ständigen Gefahr, in Gruppenegoismus umzuschlagen. Umfassende, *echte Solidarität* aber zeigt sich darin, dass sich die Verwirklichung des Wohls der kleineren Einheit zugleich als Voraussetzung der Verwirklichung des Wohls des Ganzen erweist und umgekehrt. Am Zuordnungsverhältnis von Wirtschaft und Familie wird dieser Grundsatz deutlich. Die Wirtschaft als eigener gesellschaftlicher Teilbereich ist ihrer Funktionslogik nach ausgerichtet auf Produktion und Gewinnoptimierung. Dies erfordert, dass sie effektiv und leistungsstark ist, um im nationalen und internationalen Wettbewerb bestehen zu können. Letztlich jedoch muss auch dieser wirtschaftliche Wettbewerb aufs Ganze hin betrachtet so ausgelegt bleiben, dass er sich darin zugleich als Förderer des Wohls der Familie und der Gesamtgesellschaft erweist. Dies ist in hoch industrialisierten Gesellschaften insofern der Fall, als die Wirtschaft den Familien Arbeitsplätze und täglich benötigte Güter zur Verfügung stellt und ihnen somit die nötige materielle Basis für ihr Leben und Überleben sichert. Die Bedeutung der Familie für die Wirtschaft liegt hingegen – mehr noch als im familiären Konsumverbrauch – darin, dass sich die in der Wirtschaft tätigen Menschen zum Großteil aus Familienmitgliedern rekrutieren, die eigenverantwortlich ihre Familien zu versorgen haben. Dieser Umstand bedeutet einen immensen ökonomischen Stabilitätsfaktor. Denn daraus resultiert in der Regel eine tägliche Arbeitsbereitschaft und Arbeitsdisziplin, die sich aus der Wirtschaft selbst heraus gar nicht erzeugen lässt. Die Wirtschaft ist auf die Familien verwiesen, wie die Familien auf die Wirtschaft. Beide sitzen im selben Boot. Geht es der Wirtschaft schlecht, so wirkt sich das auf die Situation der Arbeitnehmer und damit auch der Familien aus. Dies gilt aber auch umgekehrt: Wirken zu viele exogene Stressoren auf die Familie ein und schwächen sie, so schwächt das nicht nur die Arbeitsmoral, sondern auch die Kaufkraft. Angesichts dieser wechselseitigen Verbundenheit wäre in Krisen- und Umbruchszeiten, wie wir sie – ausgelöst durch die Globalisierung – derzeit erleben, ein solidarisches Miteinander dem Gemeinwohl sehr viel zuträglicher als ein egoistisches Konkurrenzdenken.

Ein anderes Beispiel echter Solidarität ist *der Umgang mit aidskranken Menschen*. Jeder Mensch, der sich aufgrund einer schweren Erkrankung in Not befindet, hat als Person Anspruch auf medizinische Hilfe und mitmenschliche Nähe. Nicht durch Ausgrenzung und Stigmatisierung ist das Problem einer möglichen HIV-Infizierung gesellschaftlich in den Griff zu bekommen, sondern allein durch gesellschaftliche Aufklärung und unbedingte Annahme jener Menschen, die bereits mit dem HI-Virus infiziert oder gar schon an AIDS erkrankt sind. Diese Menschen haben als Mitmenschen und Teil unserer Gesellschaft einen Anspruch auf gesamtgesellschaftliche Solidarität. Jeder Mensch kann selbstverschuldet oder schicksalhaft ganz schnell in eine ähnliche Situation geraten, in der er auf die Hilfe und die Zuwendung anderer Menschen angewiesen ist und dann auf sie hoffen wird. Insgesamt bemisst sich die Humanität einer Gesellschaft gerade daran, wie sie mit den Menschen an ihren Rändern umgeht, mit den Armen und Arbeitslosen, mit den Kranken und Alten, mit den Obdachlosen und Asylsuchenden, mit den physisch und psychisch Beeinträchtigten.

Als Haltung der Zuwendung zum hilfebedürftigen Anderen ist Solidarität eine wichtige ethische Handlungsgrundlage. Sie motiviert dazu, sich mit den marginalisierten und schwächsten Mitgliedern unserer Gesellschaft zu identifizieren und ist so moralische Antriebsfeder der Einheit des Menschengeschlechtes. Um sich auch strukturell in die Institutionen hinein zu vermitteln, verdichtete sich der Anspruch der Solidarität in der zweiten Hälfte des vergangenen Jahrhunderts in den europäischen Sozialstaaten zugleich zum Rechtsprinzip.[135] Das heißt: „Das, was der Einzelne vom Gedanken der Solidarität her an Leistungen zu erbringen hat, muss ihm so in wesentlichen Segmenten zur Rechtspflicht werden. Wie auch umgekehrt: Vieles von dem, was er unter dem moralischen Aspekt der Solidarität aufgrund seiner Bedürftigkeit an Unterstützung erwarten kann, darf nicht hoheitlicher Gnadenerweis bleiben, sondern muss rechtlich gesicherter Anspruch werden.“[136] Vielen Rechtsformen unseres modernen Sozialstaates liegt der Anspruch der Solidarität als strukturierendes Movens zugrunde. Man denke hier nur an die zahlreichen sozialstaatlichen Transfers, die bedürftigen Menschen in unserem Land zur Verfügung stehen, oder auch unser Steuerrecht mit sei-

---

[135] Vgl. dazu auch den ausgezeichneten Aufsatz aus dem Jahr 1990 der beiden Münchner Sozialethiker Alois Baumgartner und Wilhelm Korff.

[136] Baumgartner / Korff 1998, 409f.

nen progressiven Steuersätzen, das Geringverdienende von Steuerzahlungen entlastet, während es Besserverdienende stärker belastet. Zu nennen wäre hier aber auch das System der gesetzlichen Sozialversicherungen mit seinem solidarischen Umlageverfahren zwischen Gesunden und Kranken, zwischen Arbeitsplatzinhabern und Arbeitslosen, zwischen Jungen und Alten.

b. Das Leid der Anderen als Kriterium und Ernstfall solidarischer Liebe

Solidarität ist jene Haltung der Zuwendung und Zusammengehörigkeit, die dem Anderen als dem gilt, der dasselbe Menschenantlitz trägt wie ich. Die Achtung vor der personalen Würde jedes Menschen ist der universelle Grund der Solidarität. Ernstfall und zugleich Kriterium für Maß und Umfang solidarischer Zuwendung und Liebe aber ist die Not und das Leid der Anderen. In dieser Hinsicht ist die ethische Haltung der Solidarität identisch mit dem christlichen Gebot der Nächstenliebe. Ja, man kann sagen: Das Solidaritätsprinzip ist die säkulare Formulierung und gesellschaftliche Einlösung des Liebesgebots. Die biblische Tradition kennt – wie übrigens alle großen Religionen und Kulturen[137] – diese besondere Haltung der universellen Verantwortung gegenüber dem fremden Leid.[138] Der Gott des Alten Testamentes wird als ein Gott vorgestellt, der sich vor allem mit den Menschen identifiziert und ihnen Hilfe und Zuwendung verspricht, deren Würde gefährdet ist: den Unterdrückten, den Hungernden, den Kranken und Gebeugten, den Fremden und Schwachen.[139]
Jesus greift diese alttestamentliche Haltung universeller Verantwortung gegenüber dem Leid der Anderen auf, ja stellt sie geradezu in die Mitte seiner Botschaft. Sein erster Blick gilt nicht der Sünde und dem Versagen der Menschen, sondern ihrem Leid. Die Sünde ist ihm vor allem Verweigerung

---

[137] Johann Baptist Metz nennt als Beispiel neben dem Christentum den Buddhismus. Dieser sieht in der Verinnerlichung, in einer „Mystik der geschlossenen Augen" (Metz 2000, 17) einen angemessenen Umgang mit Leid.

[138] Ausführlich dazu Metz ²2006.

[139] Vgl. dazu etwa Psalm 146, 6-9.

der Teilnahme am Leid der Anderen, ist ihm Weigerung, über den Horizont der eigenen Leidensgeschichte hinaus zu denken.[140] Am anschaulichsten bringt Jesus diese Lehre im Gleichnis vom barmherzigen Samariter zur Darstellung.[141] In der christlich-abendländischen Geistesgeschichte wurde diese Beispielerzählung gleichsam zum „Urbild helfender Zuwendung zum Nächsten."[142] Von einem Gesetzeslehrer gefragt, was man tun müsse, um das ewige Leben zu erlangen, verweist Jesus zunächst auf das Doppelgebot der Gottes- und Nächstenliebe und erzählt dann, als der Gesetzeslehrer nachfragt, wer denn sein Nächster sei, die Geschichte vom barmherzigen Samariter. Jesus lässt sich nicht auf eine Theoriediskussion ein, sondern erzählt eine Geschichte, die seine Ethik verdeutlicht: Nächstenliebe zu praktizieren, heißt für ihn, sich zu fragen: Wem bin ich Nächster? Wer ist mir Nächster? Und seine Antwort ist klar und eindeutig: Nächster ist mir immer der, der jetzt gerade meiner Zuwendung und Hilfe bedarf. Zwei Momente scheinen mir an dieser Antwort Jesu besonders bedeutsam. Die Liebe zum Nächsten erweist sich in der Form der Zuwendung, und zwar der solidarischen Zuwendung zu demjenigen, der gerade meine Hilfe und Unterstützung benötigt. Das fremde Leid ist der Ernstfall echter, solidarischer Liebe. Und dieses Leid der Anderen beansprucht absolute Aufmerksamkeit. Solidarische Liebe, wie Jesus sie versteht, ist eine umfassende und ungeteilte Liebe, die – anders als der Priester und der Levit – das Leid des Anderen sieht und nicht daran vorbeigeht, sondern sich davon im Herzen berühren lässt. Es ist keine berechnende Liebe, die nur dem gilt, von dem auch ich etwas erwarten kann, und sei es nur Dankbarkeit. Es ist vielmehr eine universelle Liebe, die gespeist ist von Mitgefühl und Wärme, eine Liebe, die sogar die Leiden der Feinde in Betracht zieht. Beispiel einer solchen mitfühlenden, sich vom Leid der Menschen anrühren lassenden Liebe – der biblische Ausdruck einer solchen Haltung ist nicht Solidarität, sondern Barmherzigkeit – ist für Jesus der barmherzige Gott selbst. Im Gleichnis vom verlorenen Sohn schildert er ihn als einen Vater, der sich dem Sohn öffnet und sich zu ihm hinkehrt. In

---

[140] Vgl. Metz [2]2001, 11.
[141] Vgl. Lk 10, 25-37.
[142] Huber 2008, 83.

dieser unbedingten Wahrnehmung fremden Leids, in dieser barmherzigen Liebe finden auch die Menschen den Weg zur Erlösung. Vor dem Jüngsten Gericht zählt, so Jesus, nur die Barmherzigkeit. Ohne Barmherzigkeit mit und Zuwendung zu den Leidenden gibt es für niemanden ewiges Leben.[143] Jesu erster Blick gilt dem Leid der Anderen. Das fremde Leid ist für ihn aber nicht nur Ernstfall der Nächstenliebe. Es ist auch – so eine zweite wichtige Schlussfolgerung, die das Gleichnis vom barmherzigen Samariter nahe legt – Kriterium für Maß und Umfang dieser Liebe. Die Ethik Jesu ist eine situative Ethik. Das Liebesgebot bekommt seine Auslegung durch das, was die konkrete Situation erfordert. Was solidarische Liebe erfordert, kann aber nicht ein für allemal festgelegt werden, sondern ergibt sich je nach Situation und Wirklichkeit. Der Samariter erkennt den ethischen Anspruch, der ihm in Form des überfallenen Mannes begegnet. Er verschließt nicht die Augen, sondern lässt sich – ganz im Gegenteil – von der Not des Fremden anrühren. Er überlegt, was dieser Mann benötigt und hilft ihm. Und er sorgt auch für die Folgen, indem er dem Wirt Denare für die Versorgung der nächsten Tage gibt. Der Mann selbst hat ja kein Geld mehr, da er bestohlen wurde. Der Samariter gibt dem in Not geratenen fremden Mann, was dieser in seiner konkreten Situation zum Leben braucht.

Johann Baptist Metz, der große deutsche Befreiungstheologe, bezeichnet die Lehre Jesu als eine „Mystik der offenen Augen, eine Mystik der unbedingten Wahrnehmungspflicht für fremdes Leid."[144] Diese Mystik ist für ihn im Kern eine politische, eine soziale Mystik. Fremdes Leid wahrzunehmen ist für Metz die Bedingung aller großen Kultur. Wer die Augen gegenüber dem Leid der Anderen verschließt, ist unmenschlich. Überlebende des Holocaust sahen die größte Grausamkeit eines Konzentrationslagers wie Auschwitz oder Buchenwald, mehr noch als in den Misshandlungen der Aufseher, in den von den Nazis installierten Lagerbedingungen selbst. Diese führten nämlich dazu, dass die Gefangenen stumpf gegenüber dem Leid der Mitgefangenen wurden. Der italienische Jude Primo Levi, der ein Jahr der Hölle in Auschwitz verbracht hat, fasst seine diesbezüglichen Erfahrungen in dem

---

[143] Vgl. Mt 25, 35-40. Vgl. dazu auch Boff 1999, 26.
[144] Metz [2]2006, 177.

autobiographischen Bericht „Ist das ein Mensch?" folgendermaßen zusammen: „Mensch ist, wer tötet, Mensch ist, wer Unrecht zufügt oder leidet; kein Mensch ist, wer jede Zurückhaltung verloren hat und sein Bett mit einem Leichnam teilt. Und wer darauf gewartet hat, bis sein Nachbar mit Sterben zu Ende ist, damit er ihm ein Viertel Brot abnehmen kann, der ist, wenngleich ohne Schuld, vom Vorbild des denkenden Menschen weiter entfernt als der roheste Pygmäe und der grausamste Sadist."[145] Elie Wiesel, der als 15-jähriger Junge ebenfalls mit seinen Eltern nach Auschwitz deportiert wurde, berichtet in seinem bewegenden Buch „Die Nacht. Erinnerung und Zeugnis" von einem Erlebnis, das die Worte Primo Levis veranschaulicht. Kurz vor Ende des Krieges wurde angesichts der nahenden Sowjetarmee das Lager in Auschwitz geräumt. Die noch lebenden KZ-Häftlinge wurden von der SS in einem mehrtägigen Fußmarsch nach Buchenwald überführt. Wer während dieses Marsches bei eiskaltem Winterwetter wegen Entkräftung nicht weitergehen konnte, wurde sofort erschossen. Als die Kolonne gerade in der Nähe einer Ziegelei pausierte – man hatte seit dem Abmarsch etwa 70 Kilometer zurückgelegt – kam plötzlich Rabbi Eliahu, der Rabbiner einer kleinen Gemeinde in Polen, zu Elie Wiesel und fragte ihn, ob er seinen Sohn gesehen habe. Drei Jahre lang hätten sie zusammen ausgehalten. Stets waren sie beieinander, im Leiden, bei den Schlägen, bei der Brotration und beim Gebet. Und nun, wo das Ende nahe schien, trennte sie das Schicksal. Sein Sohn müsse ihn beim Marsch aus den Augen verloren haben. Er sei nämlich etwas zurückgeblieben, weil er nicht mehr mitkam, was sein Sohn vermutlich nicht bemerkt habe. Elie Wiesel gab an, den Sohn nicht gesehen zu haben. Als Rabbi Eliahu wieder verschwunden war, fiel ihm aber ein, dass er dessen Sohn doch gesehen hatte, wie er neben ihm lief. Und an noch etwas erinnerte er sich: Sein Sohn hatte ihn zurückfallen und hinter der Kolonne dreinhinken sehen. Er war vorneweg weitergelaufen und hatte den Abstand zwischen ihnen größer werden lassen. Ein schrecklicher Gedanke durchzuckte Elie Wiesel: „Er hatte sich seines Vaters entledigen wollen! Er hatte gefühlt, dass sein Vater erlahmte, er hatte geahnt, dass dies sein Ende sei und hatte diese Trennung gesucht, um eine Last abzuschütteln, die die

---

[145] Levi [11]2002, 206.

Chance des eigenen Lebens gefährden konnte". Gegen seinen Willen, so schreibt Elie Wiesel, erhob sich ein Gebet in seinem Herzen zu jenem Gott, an den er nicht mehr glauben konnte: „Mein Gott, Herr der Welt, gibt (sic!) mir die Kraft, nie zu tun, was Rabbi Eliahus Sohn getan hat." [146]

c. Exkurs: Solidarische Liebe – Motiv helfenden Handelns?

Solidarität als Haltung liebender Zuwendung zum hilfebedürftigen Nächsten ist ein wichtiger Bestandteil verantwortlichen sozialarbeiterischen Handelns. Es ist die ethische Antriebsfeder, die den Blick der in der Sozialen Arbeit tätigen Menschen auf ihr wesentliches Handlungsziel hin lenkt: auf den Menschen in Not. Solidarische Liebe motiviert zur Hilfe. Wie aber haben wir uns diese Liebe vorzustellen? Handelt es sich dabei um eine heroische, rein selbstlose Liebe? Arthur Schopenhauer (1788-1860) erkennt in seiner nicht gekrönten „Preisschrift über die Grundlage der Moral"[147] – die Preisschrift stammt aus dem Jahr 1840 – allein solchen Handlungen echten moralischen Wert zu, die vollkommen frei sind von egoistischen Motiven. Schopenhauer geht freilich davon aus, dass die Haupt- und Grundtriebfeder im Menschen, wie im Tier, der Egoismus ist, der Drang zum Dasein und zum Wohlsein. Vollkommen frei von egoistischen Motiven sind ihm zufolge allein Handlungen, die unmittelbar auf das Wohl und Wehe eines anderen Menschen abzielen. Das aber setze, so Schopenhauer, notwendig voraus, dass der Andere der letzte Zweck meines Willens werde. Der letzte Zweck meines Willens könne der Andere aber nur werden, wenn ich mit ihm ganz identifiziert bin, wenn ich bei seinem Wehe als solchem geradezu mit leide, sein Wehe fühle, wie sonst nur meines, und sein Wohl unmittelbar will, wie sonst nur meines.[148]
Schopenhauer sieht im alltäglichen Phänomen des Mitleids, das heißt der ganz unmittelbaren, von allen anderweitigen Rücksichten unabhängigen

---

[146] Wiesel [5]1996, 128.
[147] Vgl. zum Folgenden Schopenhauer 1977, § 14-16.
[148] Vgl. Schopenhauer 1977, § 16.

Teilnahme zunächst am Leiden eines anderen Menschen und dadurch an der Verhinderung oder Aufhebung dieses Leidens alles Wohlsein und Glück.[149] Dies führt ihn zu der Annahme, dass Mitleid die alleinige Quelle moralischen Handelns und Grundlage der Ethik ist. Alle Handlungen, die nicht von Mitleid motiviert sind, sind entweder von Egoismus geprägt, der das eigene Wohl will und grenzenlos ist, oder aber von Bosheit, die das fremde Wehe will und bis zur äußersten Grausamkeit geht. So richtig die Ausführungen Schopenhauers in Bezug auf das fremde Leid als Ausgangspunkt und Motiv solidarischer Liebe sind, so fragwürdig scheint doch aus heutiger Sicht seine empirische Bestimmung dieser Zuwendungshaltung als einer von egoistischen Motiven gänzlich freien, rein altruistischen Liebe, wie sie im Übrigen von christlichen Theologen in der Vergangenheit vertreten wurde und zum Teil heute noch vertreten wird.[150] Von Mitleid und solidarischer Liebe motiviertes Handeln folgt denselben psycho-physischen Gesetzmäßigkeiten wie jede andere Form menschlichen Sozialverhaltens auch. Um welche Gesetzmäßigkeiten handelt es sich dabei? Wie sieht die humane Gestalt solidarischer Liebe konkret aus? Die Human- und Sozialwissenschaften haben in den vergangenen Jahrzehnten gesichert nachweisen können, dass das menschliche Sozialverhalten nicht beliebig form- und gestaltbar ist, sondern – bei aller Entwurfsoffenheit – doch gewissen bio-psychischen Antriebsgesetzlichkeiten unterliegt. Als materiale Grundlagen menschlichen Seinkönnens prädisponieren diese naturalen Antriebsstrukturen das menschliche Miteinander und begrenzen damit zugleich den Spielraum konkreter material-ethischer Normierungen.[151] Für vorliegenden Zusammenhang ist das insofern von Bedeutung, als diese bio-psychischen Antriebsgesetzlichkeiten den materialen Bezugsrahmen schaffen, innerhalb dessen das ethische Verständnis solidarischer Liebe seine Ausdeutung zu finden hat. Wie also lauten die bio-psychischen Antriebsgesetzlichkeiten menschlichen Sozialverhaltens, die als naturale Basis auch das ethische Verständnis solidarischer Liebe beeinflussen?

---

[149] Schopenhauer ist der Ansicht, dass diese unmittelbare Teilnahme am Andern nicht durch dessen Wohlsein erregt werde, sondern durch sein Leiden.

[150] So etwa von Arno Schilson 1987, 325.

[151] Vgl. Korff ²1985, 78. Die folgenden Ausführungen geben die Ergebnisse des fünften Kapitels dieser sozialethischen Studie Korffs wieder.

Der Münchner Sozialethiker Wilhelm Korff hat – in Auswertung der Erkenntnisse der vergleichenden Verhaltensforschung – in seinen Studien aufgezeigt, dass die soziale Natur des Menschen triadisch strukturiert ist: Der interaktionelle Umgang des Menschen ist „gleichermaßen auf Bedürfniserfüllung, Selbstbehauptung und Fürsorgebereitschaft hin ausgerichtet."[152] Von dieser dreifachen Beziehungsdimension ist jegliches zwischenmenschliche Handeln und Verhalten geprägt. Seine normierende Kraft erhält dieses naturale Geflecht des Sozialen aber erst durch das Zusammenspiel dieser drei sich gegenseitig bedingenden und korrigierenden Bezugskomponenten. Erst im wechselseitigen Zusammenspiel von Bedürfniserfüllung, Selbstbehauptung und Fürsorgebereitschaft sieht Korff das von ihm so genannte „Strukturgesetz interaktionellen Umgangs"[153] gegeben. In dieser Abstraktion als Spannungseinheit erst gewinnen diese drei Grundeinstellungen die Funktion einer Metanorm, die als solche allen konkreten material-ethischen Normierungen die Richtung vorgibt.

Korff leitet dieses natural-soziale Grundgesetz menschlichen Sozialverhaltens von zwei fundamentalen ethologischen Einsichten her. Die erste Einsicht gründet auf vergleichenden Beobachtungen des Sozialaufbaus von verschieden hoch entwickelten Lebewesen. Hiernach liegt das Unterscheidende der höheren sozialen Lebensformen gegenüber den primitiveren Formen der Vergesellung darin, dass das Miteinander ersterer, wie etwa das der Primaten und Menschen, wesenhaft interindividuell verfasst ist, während das soziale Miteinander letzterer – zu denken ist hier etwa an staatenbildende Insekten – überindividuell gesteuert ist. Dieses interindividuell verfasste Miteinander höherer sozialer Lebensformen baut sich – und das ist nun für vorliegenden Zusammenhang entscheidend – seiner ganzen Struktur nach aus einem eigentümlich antagonistischen Spannungsgefüge von verbindendem Zueinander und konkurrierendem Gegeneinander auf. Mit anderen Worten: Die Aggression, die den Artgenossen als Rivalen einstuft, und der soziale Bindungswille, der das Miteinander im Gegeneinander sichert, sind die beiden Basisvoraussetzungen und Bedingungsfaktoren solch interindividuell ver-

---

[152] Korff ²1985, 97.
[153] Korff ²1985, 94.

fasster Gemeinschaften. Im Brechungswinkel dieser beiden Grundantriebe – und allein in diesem – „formiert sich jenes antagonistische Antriebsfeld, mit dem überhaupt erst Individuierung in Vergesellschaftung und Vergesellschaftung als Vergesellschaftung von Individuen möglich wird."[154] Damit hat Korff die ersten beiden Bezugskomponenten, die – als Spannungseinheit – auf einer ersten Ebene das Wesen des Sozialen ausmachen, geklärt.

Das dritte für den Aufbauprozess menschlicher Sozialisierung elementare Strukturmoment, die Bedürfniserfüllung, ergibt sich für Korff aus der Einsicht, dass der Bindungswille seiner ganzen Struktur nach grundsätzlich zwiefältig ist. Exemplarisch kommt dies in der das Verhältnis von Mutter und Kind bestimmenden Vergesellungsform des Füreinander in den Blick. Den Handlungen des Schutz-Gewährens, des Hilfe-Gebens, des Betreuens, der Zuwendung also, entspricht immer ein Schutz suchen, ein Sich-Bergen, ein Betreut-Werden, kurzum ein Bedürfen. Oder anders ausgedrückt: Dem Moment des Gebens, Schenkens und Sich-Gebrauchen-Lassens korrespondiert zugleich immer ein Moment des Aufnehmens, des Gebrauchens und Sich-Beschenken-Lassens. Durch dieses interaktionelle Bedingungsverhältnis von Gebrauchen und Geben, von Bedürfen und Versorgen, durch diesen Aufweis der grundsätzlichen strukturellen Zwiefalt des Verbindenden erlangt die Spannungseinheit von Verbundenheit und Konkurrenz eine weiterführende Differenzierung: Sie stellt sich nunmehr als eine Spannungseinheit von gleichzeitig sachhaft-bedürfnisgerichtetem, selbstbehauptend-konkurrierendem und selbstlos-fürsorgendem Bezug dar.

Übertragen auf den Umgang der Menschen miteinander und auf die zugrunde liegende ethische Grundhaltung solidarischer Liebe heißt das: Wenn sich jeglicher Umgang des Menschen mit den Menschen seiner bio-psychischen Antriebsstruktur nach wesenhaft aus dem Zusammenspiel von Fürsorgebereitschaft, Selbstbehauptung und Bedürfniserfüllung aufbaut, gewinnt jegliches Sozialverhalten seine angemessene humane Gestalt erst durch das gleichzeitige Vorhandensein dieser drei Grundeinstellungen. In der Regel jedoch dominiert jeweils einer dieser drei Faktoren den Umgang von Menschen untereinander. In der Beziehung einer Sozialarbeiterin zu ihren Klien-

---

154 Korff ²1985, 88.

ten ist das, um das Gesagte auf den Bereich der Sozialen Arbeit zu übertragen, die Beziehungsdimension der Fürsorgebereitschaft. Wenn das Dasein der Sozialarbeiterin unter der Dominanz der fürsorgenden Zuwendungshaltung steht, dann heißt das aber nicht zugleich, dass damit jede selbstbezügliche Einstellung der Sozialarbeiterin ausgeschlossen ist. Nach dem natural-sozialen Strukturgesetz interaktionellen Umgangs ist ein selbstloses, rein altruistisches sozialarbeiterisches Handeln weder möglich noch wünschenswert. Möglich ist es deshalb nicht, weil die sich ganz ihrer Arbeit und ihren Klienten hingebende Sozialarbeiterin zugleich immer auch ihr eigenes Selbstsein und Suchen nach Sinnerfüllung mit einbringt. Wünschenswert ist ein solches Für- und Miteinander, frei von jeder selbstbezüglichen Einstellung, deshalb nicht, weil erst das Eingefügtsein der gebrauchenden und selbstbehauptenden Bezugskomponenten in das sozialarbeiterische Handeln der Beziehung der Sozialarbeiterin zu ihren Klienten in ihrer Gesamtheit Authentizität und Lebendigkeit verleiht.

Das Strukturmoment der Bedürfniserfüllung gibt der Beziehung der Sozialarbeiterin zu ihren Klienten, in welchem Praxisfeld sie auch tätig ist, je neue und andere Inhalte. Sie sieht sich durch die Probleme, Anforderungen und Ansprüche ihrer Klienten und Klientinnen vor ständig neue Herausforderungen gestellt. Dass sich andererseits die Sozialarbeiterin in dieser Bedürfniserfüllung nicht *verbraucht*, ist wiederum nur denkbar und möglich durch das Eingefügtsein der selbstbehauptenden Beziehungsdimension in das Spannungsgefüge von Bedürfniserfüllung und Fürsorgebereitschaft. Das Strukturmoment der Selbstbehauptung sichert der sich hilfebedürftigen Menschen zuwendenden und beistehenden Sozialarbeiterin jene Selbständigkeit und Distanz, die sie davor bewahrt, sich im Geben und Helfen durch die Klienten und Klientinnen und deren Bedürfnisse beherrschen und vereinnahmen zu lassen. Gleichzeitig befähigt es sie dazu, diesen Menschen fürsorgend-zuwendend zu ihren eigenen Möglichkeiten hin zu befreien. Der selbstbehauptende Bezugsmodus schafft jene Distanz, jenen *Raum* in der sozialarbeiterischen Beziehung, ohne den die mit diesem Beruf unweigerlich verbundene Nähe zu anderen Menschen über Jahre hinweg nicht erträglich und lebbar wäre. Dieser *Zwischen-Raum* hilft verhindern, dass die Nähe zur Enge wird, dass Langeweile und Routine in eine länger dauernde Arbeitsbeziehung einkehren. Auf lange Sicht bleibt in einer sozialpädagogischen Jugendeinrichtung, um ein konkretes Beispiel zu nennen, nur jene Sozialarbeiterin für die Jugendlichen glaubwürdig, weil menschlich, die sich ihre Eigenständigkeit, Interessen und Fähigkeiten bewahrt. Dazu aber ist es notwendig, dass sie immer wieder auch freie Zeiten hat, Zeiten in denen sie – unbelastet vom beruflichen Alltag – *zu sich* kommen, ihren persönlichen Interessen und Vorlieben nachgehen und ihre vorhandenen Fähigkeiten kultivieren kann.

Mit dieser ausführlichen Beschreibung der selbstbehauptenden und der bedürfnisgerichteten Strukturmomente professioneller sozialarbeiterischer Beziehung soll allerdings nicht die Bedeutung der fürsorgenden Beziehungsdimension geleugnet werden. Diese erst verleiht von echter Solidarität und Menschenliebe motiviertem Handeln sein eigentümliches, spezifisch personales Gepräge. Allein die liebende Zuwendungshaltung verhindert, dass das Verhältnis der Sozialarbeiterin zu ihren Klienten und Klientinnen in ein Besitz- und Herrschaftsverhältnis umschlägt, dass also entweder der gebrauchende oder der selbstbehauptende Bezugsmodus den hilfebedürftigen Menschen zum Objekt der eigenen Bedürfnisse und Sinnerfüllung degradiert und damit die Beziehung insgesamt inhuman werden lässt. Ist im erst genannten Fall das Verhalten durch Hedonismus gekennzeichnet, so im zweit genannten Fall durch Egoismus. Seine angemessene humane Gestalt gewinnt der zuwendend-fürsorgliche Bezugsmodus aber selbst wiederum erst, nochmals sei das betont, im Zusammenspiel mit den beiden anderen Bezugsmomenten. So wie ein einseitig die eigenen Interessen verfolgendes, allzu selbstbezügliches Handeln ohne liebende Zuwendungshaltung den Andern in seinem Personsein missbrauchen, ihn in seiner Personwürde verletzen würde, so würde ein Miteinander, das sich auf eine selbstlose, rein altruistische Liebe gründet, seine innere Dynamik und inhaltliche Lebendigkeit verlieren und den Beziehungspartner letztlich abhängig machen. Eine Mutterliebe, die – über Jahrzehnte hinweg – völlig frei von selbstbezüglichen und selbstbehauptenden Momenten ist, die sozusagen ihr ganzes Leben dem Kind hingibt und sich ihm *aufopfert,* führt unweigerlich zu einem übermäßigen *Bemuttern.* Ein solches mütterliches Verhalten zielt im Grunde auf Beherrschung und Besitz. Es wird daher in der Regel auch den Widerstand des heranwachsenden Kindes herausfordern, wird einen aggressionsgerichtet-konkurrierenden Impuls im Kind auslösen. Erst der selbstbehauptende Bezugsmodus verhindert in einem solchen Fall, dass das am Kind geübte Fürsorgeverhältnis in ein Herrschaftsverhältnis umschlägt. In der Beziehung der Sozialarbeiterin zu ihren Klienten ist das nicht anders.

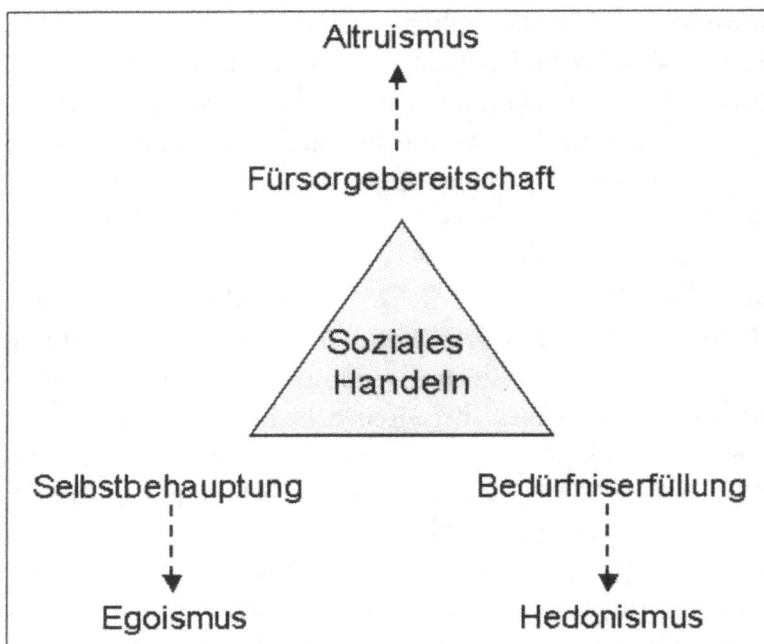

Abb. 4: Die triadische Struktur sozialen Handelns

Diese Einsichten über die Strukturgesetzlichkeit menschlichen Sozialverhaltens werden durch die Erkenntnisse der Psychologie bestätigt. So besteht in der modernen Tiefenpsychologie Übereinstimmung dahingehend, dass sowohl der isoliert egoistisch, als auch der extrem altruistisch handelnde Mensch an einem Mangel in seiner Ich-Entwicklung, genauer an einem gestörten Selbstwertgefühl leidet. Der scheinbar nur sich selbst liebende Egoist hat, bildhaft gesprochen, in seinem Zentrum ein tiefes Loch und ist oft ein Leben lang verzweifelt bemüht, dieses Loch mit untauglichen Mitteln wie

Rivalität, Angeberei, Genusssucht oder übertriebenem Ehrgeiz zu füllen. Er (ge)braucht die Anderen als Ersatz für sein fehlendes Selbstwertgefühl. Aus der Perspektive des bedürfnisgerichteten Strukturmomentes betrachtet dient die Umwelt gewissermaßen der hedonistischen Grundausrichtung des Egoisten. Der extreme Altruist handelt äußerlich zwar anders, aber letztlich aus dem gleichen Grund: Er hat ein unbewusstes Eigenbedürfnis, die hilfsbedürftigen Menschen immer etwas in Abhängigkeit von sich zu halten. Er *kann* sich nicht um seine Mitmenschen kümmern, er *muss* es tun. Für ihn und sein Selbstbewusstsein ist es lebensnotwendig, für seine Mitmenschen unentbehrlich zu sein. Der in seinem Selbstwertgefühl ausgeglichene Mensch hingegen muss sich nicht ständig von seinen Mitmenschen abgrenzen und sich ihnen gegenüber behaupten, weil er sich selbst besitzt und sich seines Wertes sicher ist. Seiner selbst sicher kann er sich wirklich und echt, das heißt in Freiheit und ohne dies zwanghaft tun zu müssen, anderen Menschen zuwenden und ihnen Beistand und Hilfe gewähren, wo sie diese brauchen oder von ihm erbitten. Aufgrund seines Selbstvertrauens wird er dabei auch keine Angst haben, sich in der Zuwendung und Hingabe zu verlieren.[155]

---

[155] Zusammenfassend dazu: Mertens [6]2004, 67-88. Zur Problematik des Helfersyndroms vgl. auch Schmidbauer 1992.

3. Kapitel: Grundlagen und Kennzeichen ethisch verantwortlichen Handelns

Das Ethos der Sozialen Arbeit ist geprägt durch ihren Gegenstand und ihre Zielsetzung: das Gelingen menschlichen Lebens und Zusammenlebens. Alle Maßnahmen und Interventionen der Sozialen Arbeit sind diesem Ziel zugeordnet. Integration soll ermöglicht und Exklusion verhindert werden. Grundwert und Grundziel allen sozialarbeiterischen Handelns ist mithin der Mensch als Person. Mit der Würde des Menschen kommt jedoch noch nicht das Spezifische des sozialarbeiterischen Ethos in den Blick. Denn letztlich bleibt jede Ethik und jede Ethosform in ihrer Humanität auf den absoluten Wert, auf die unveräußerliche Würde der Person zurück gebunden. Was das Ethos der Sozialen Arbeit von anderen Ethosformen unterscheidet, sind vielmehr jene Grundwerte, in denen die Personwürde in ihrer sozialen Dimension Gestalt gewinnt: Verantwortung, Toleranz, Gerechtigkeit und Solidarität.

Diese vier auf der Würde der menschlichen Person gründenden und sie zugleich entfaltenden personal-sozialen Werte bilden das Fundament des Sozialarbeitsethos. Mit ihrer Darstellung und Begründung ist ein erster wichtiger Teil der ethischen Reflexion Sozialer Arbeit geleistet. Als Handlungsorientierung reicht dies allerdings nicht aus. Denn mit Werten und Normen ist nur die Zielsetzung ethisch guten und richtigen Handelns formuliert. Wie aber diese Werte und Normen auf der Handlungsebene konkret umzusetzen sind, ist damit noch nicht geklärt. Wie dies in verantwortlicher Weise geschehen kann, welche Aspekte es dabei zu berücksichtigen gilt und welche ethischen Orientierungshilfen der handelnden Person für ihren Handlungsentscheid zur Verfügung stehen, soll in diesem und im abschließenden vierten Kapitel erörtert und auf die Praxis der Sozialen Arbeit hin appliziert werden.

I. Ethisches Handeln als Spannungseinheit von sittlich gutem Willen und sittlich richtiger Tat

Arthur Schopenhauer vertritt in seiner schon erwähnten Preisschrift über die Grundlage der Moral die These, dass das Mitleid die alleinige Quelle ethischer Handlungen sei. „Dieses Mitleid ganz allein", so schreibt er, „ist die wirkliche Basis aller freien Gerechtigkeit und aller echten Menschenliebe. Nur sofern eine Handlung aus ihm entsprungen ist, hat sie moralischen Wert"[156]. In der Tat ist die Haltung liebender Zuwendung zum hilfebedürftigen Nächsten, wie sie in den Begriffen des Mitleids, der Solidarität oder der Barmherzigkeit zum Ausdruck kommen, die Grundlage und der Ausgangspunkt moralischen Handelns. Es ist die ethische Antriebsfeder, die den Blick der in der Sozialen Arbeit tätigen Menschen auf ihr wesentliches Handlungsziel hin lenkt: auf den Menschen in Not. Solidarische Liebe motiviert zur Hilfe. Doch ist das nur die halbe Wahrheit. Denn welche Art der Hilfe und Unterstützung der Nächste in seinem Leid konkret benötigt, ergibt sich nicht aus der Haltung des handelnden Subjekts; das ist von der jeweiligen Situation mit ihren Umständen, Bedingungen und Folgen abhängig. Ein ethischer Ansatz wie der Schopenhauers, der die Moralität menschlicher Handlungen auf die zugrunde liegende Gesinnung reduziert, greift daher zu kurz.

Ethik ist, so stellten wir im ersten Kapitel fest, die wissenschaftliche Reflexion guten und richtigen Handelns. Sie reflektiert menschliches Handeln unter der Differenz von gut und böse, von richtig und falsch, von geboten und verboten. Aus dieser Definition geht bereits hervor, dass menschliches Handeln ethisch gesehen immer zwei Bereiche umfasst: einen subjektiven, formalen Bereich auf der einen und einen objektiven, materialen Bereich auf der anderen Seite. *Qualifiziertes ethisches Handeln ist gewiss wesentlich eine Frage der Gesinnung; und die Gesinnung ist Sache des Einzelnen. Aber das Sittliche hat – und das ist nicht weniger wesentlich – auch eine Sachverhaltsseite.* Eine Handlung kann, unabhängig von der sittlich guten oder bösen Haltung

---

[156] Schopenhauer 1977, §16.

der handelnden Person, richtig oder falsch sein. Und darüber urteilt allein die auf der Basis vielfältiger Erfahrung gewonnene ethische Vernunft.

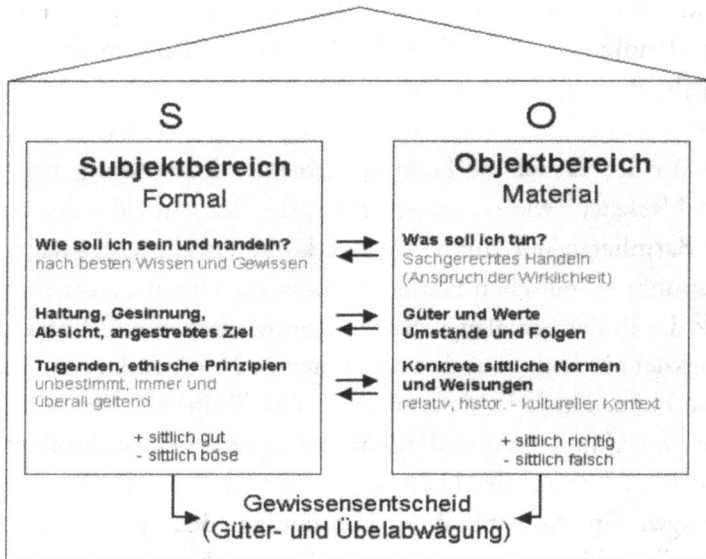

Abb. 5: Ethisches Handeln als Spannungseinheit von sittlich gutem Willen und sittlich richtiger Tat

Innerhalb jeglichen ethischen Ansatzes sind also immer zwei Bereiche angesprochen, die analytisch exakt voneinander unterschieden werden müssen, obgleich sie in der Praxis in einem untrennbaren Bezug zueinander stehen: der Subjektbereich, die Gesinnungsebene, und der Objektbereich, die Sachebene. Auf der Sachebene bezeichnet man eine Handlung als sittlich richtig oder falsch. Die Gesinnungsebene hingegen ist diejenige Ebene, auf der man eine Handlung als sittlich gut oder böse qualifiziert.[157] Auf dieser Ebene ist der Wille der handelnden Person entscheidend: Will diese das Gute tun und

---

[157] Zur Unterscheidung von sittlich gutem Willen und sittlich richtiger Tat vgl. Schüller ²1980, 133-141. Johann Schneider hält diese Unterscheidung offenbar für so grundle-

das Böse meiden?, oder entscheidet sie sich wider besseren Wissens, ganz bewusst also, für das Böse. Oder stellt sie sich, was in der Praxis oft genug der Fall zu sein scheint, aus Oberflächlichkeit oder bequemer Ignoranz die Frage nach Gut und Böse gar nicht? Sittlich gut ist also jene personale Haltung, die sich im Handeln für das echte Gute, für das wahre Wohl des Menschen einsetzt. Grundwerte wie Eigenverantwortung, Toleranz, Gerechtigkeit und Solidarität sind Ausformungen der Würde des Menschen und damit des echten Gutes. Sie zielen darauf ab, die handelnde Person in ihrer Gesinnung auf die Verwirklichung dieses ethischen Gutes hin auszurichten, und werden daher in der ethischen Literatur auch als Grundhaltungen oder Tugenden bezeichnet.[158]

Ethische Grundhaltungen richten die handelnde Person nur auf das ethische Gutsein hin aus. Sie geben noch keine Auskunft darüber, in welchen konkreten Handlungen sich dieses Gutsein-Wollen als solches zu erweisen hat. Die sittliche Güte steht aber in einem engen, untrennbaren Zusammenhang mit der sittlichen Richtigkeit. Wenn nämlich mit sittlicher Güte die innere Offenheit und Bereitschaft der Person angezielt ist, das für das Wohl und Wehe des Menschen Gute und Richtige zu tun, so heißt das zugleich: Die sittliche Güte kommt erst zu sich selbst, wenn sie sich in der richtigen Praxis verwirklicht. Oder anders ausgedrückt: Der sittliche gute Wille fordert, das sittliche Richtige zu tun und das sittlich Falsche zu meiden. Was aber das sittlich Richtige ist, ist damit noch nicht gesagt. Das kann auch nicht zirkulär aus dem sittlich guten Willen erschlossen werden. Denn die sittliche Richtigkeit menschlichen Handelns ergibt sich – nochmals sei es gesagt – nicht aus der zugrunde liegenden Gesinnung, sondern aus der Sachgemäßheit un-

---

gend, dass er seine Überlegungen zu „Ethik und Moral der sozialen Berufe" unter dem Titel „Gut und Böse – Richtig und Falsch" zusammenfasst. Vgl. Schneider 1999.

[158] Die Ausrichtung der handelnden Person auf das sittlich Gute, ihre Werte und Einstellungen, ihre Hoffnungen und Ideale werden in der theologischen Anthropologie auch als Spiritualität bezeichnet. Dieser kommt, so gesehen, als Grundlage und Ausgangspunkt allen Handelns eine unhintergehbare Bedeutung zu. Die Soziale Arbeit ist gerade dabei, spirituellen Fragen und Potentialen – vielleicht auch im systemischen Gegenzug zu einer allzu einseitigen Beeinflussung vom Gedanken des Management und der dahinter stehenden Philosophie des Unternehmertums – neu für sich zu entdecken. Vgl. dazu etwa Lewkowicz / Lob-Hüdepohl 2003 oder auch Krockauer 2006.

seres Handelns. Das Erkennen derselben aber folgt Plausibilitätsgründen, folgt strengen Sachargumenten.[159] Deshalb kann es auf dieser Ebene auch, aufgrund falscher Erkenntnis, trotz guter Absicht sozusagen, einen Irrtum geben. Ein davon abgeleitetes Handeln ist dann zwar nicht sittlich böse, aber dennoch sittlich falsch. Sittlich böse und damit sündhaft ist ein bestimmtes Tun allein dann, wenn die handelnde Person wider besseren Wissens handelt, wenn sie also genau wüsste, was von ihr in der konkreten Situation gefordert wäre und sie auch so handeln könnte, sie sich aber trotzdem – aus egoistischen Motiven etwa – anders entscheidet.[160]

Ethisch richtiges Handeln ist damit auf menschliche Erfahrung, auch auf Einsichten der Sachwissenschaften verwiesen. Die Human- und Sozialwissenschaften geben Auskunft darüber, was konkret lebensförderlich und damit sittlich richtig und was lebenshinderlich und damit sittlich falsch ist. Die ethische Reflexion übersetzt diese empirischen Einsichten in die Sprache der ethischen Verbindlichkeit. Sie konfrontiert diese Einsichten mit den Ausführungen der philosophischen und theologischen Anthropologie über den Sinn und das Ziel menschlichen Daseins und leitet daraus konkrete Werte und Normen ab. Für das sachgerechte Handeln des Einzelnen stellen diese Werte und Normen eine wichtige Orientierungshilfe dar. Sie übersetzen die Grundwerte in die jeweilige kulturelle und gesellschaftliche Situation. Sie sind Konkretisierungen der Grundwerte, die der handelnden Person die Richtung weisen, in der sich ihr sittliches Gutsein auf der Handlungsebene zu verwirklichen hat.

---

[159] Die Bestimmung der sittlichen Richtigkeit einer Handlung bleibt, auch wenn sie sich an den objektiven Vorgaben der jeweiligen Situation mit all ihren Umständen und Bedingungen auszurichten hat und daher nicht beliebig ist, geprägt von der subjektiven Wahrnehmung der urteilenden Person. Mit anderen Worten: Objektive ethische Urteile gibt es immer nur subjektiv vermittelt. Sie bleiben letztlich immer ein Konstrukt.

[160] Damit ist auch klar: Der Begriff der sittlichen Richtigkeit ist hier nur im analogen Sinn als sittlich zu bezeichnen; denn die eigentliche Sittlichkeit ist mit der Gesinnung, mit der inneren Haltung der handelnden Person angezielt. Die Frage nach der sittlichen Richtigkeit ist – unabhängig von der sittlichen Güte der Person – zunächst eine rein sachliche und insofern sittlich neutrale Frage. Eine Klärung dieser Frage ist allein durch die sachliche Einsicht in die menschliche Wirklichkeit und somit in das wahre Wohl des Menschen zu finden.

Ein Beispiel aus der Praxis der Sozialen Arbeit mag das Gesagte verdeutlichen. Ethische Haltungen und Tugenden, so hörten wir eben, beziehen sich nur auf die Ebene des sittlich Guten. Sie enthalten noch kein Urteil über die sittliche Richtigkeit einer bestimmten Handlung. Eine Sozialpädagogin, die in der offenen Jugendarbeit tätig ist und Jugendliche durch gezielte Maßnahmen in ihrem Erwachsenwerden fördert und begleitet, handelt sittlich gut, wenn sie von der Gesinnung geleitet ist, durch ihre Handlungen zur Personwerdung und Selbstfindung der Jugendlichen beizutragen. Diese Haltung, dieser sittlich gute Wille zeigt sich darin, dass sie junge Menschen in ihrer Individualität akzeptiert und sie mit ihren eigenen, manchmal vielleicht auch eigenwilligen Lebensentwürfen toleriert. Die Sozialpädagogin begegnet den Jugendlichen mit der Haltung der Zuneigung, Fürsorge und Toleranz. Sie begegnet ihnen mit einem *wachen Herz*.[161] Sie möchte, dass sie zu eigenverantwortlichen Persönlichkeiten heranreifen. Die Haltung der liebenden Zuneigung und Fürsorge, der personalen Akzeptanz und Toleranz muss sich als ethische Haltung allerdings auch in richtigen Handlungen als solche zu erkennen geben. Sie muss in die richtige Praxis umgesetzt werden. Auf dieser konkreten Ebene geht es dann aber nicht mehr um die Frage des sittlichen Gutseins; die ist bereits vorausgesetzt. Auf dieser Ebene geht es vielmehr um die Frage des hier und jetzt sittlich Richtigen. Diese Frage aber hat allein die Sozialpädagogin als Handlungsträgerin zu be- und in der Folge auch zu verantworten. Sie muss erkennen und bestimmen, welche konkreten Handlungen von ihr jetzt gefordert sind. Hier ist das sachgerechte, professionelle Urteil der Sozialpädagogin gefragt, und nicht ihr guter Wille. Die Sozialpädagogin kann sich dabei jedoch, von Kollegen und Kolleginnen etwa, beraten lassen. Sie kann auch ethische Werte und Normen zu Rate ziehen und prüfen, ob diese auf ihre konkrete Situation zutreffen.[162]

---

161 Zur Metapher des wachen Herzens vgl. Tafferner 2003, 98.

162 Zu denken wäre hier etwa an Normen wie: Bestärken ist besser als bestrafen! Oder: Kinder und Jugendliche brauchen Freiräume für ihre Entwicklung, sie brauchen aber auch Grenzen! Oder: Wer Eigenverantwortung erlernen soll, muss auch Verantwortung zugestanden bekommen! Oder: Junge Menschen müssen auch Fehler machen dürfen!

Die freie Entschiedenheit des Menschen zu sittlicher Güte impliziert also notwendigerweise die Entschiedenheit zum richtigen Urteilen und Handeln. Umgekehrt gilt aber auch: Jegliches Handeln bedarf zu seiner rechten Ausrichtung einer entsprechenden inneren Haltung, bedarf eines gesinnungsethischen Impulses, der dem Handeln je neu die Richtung weist. Haltung und Handlung schließen sich also nicht aus, sondern bedingen sich gegenseitig. Ein verantwortliches Handeln setzt immer eine rechte Haltung voraus. Eine rechte Haltung aber drängt zu verantwortlichem Handeln. Sie wird darum bemüht sein, in der konkreten Situation unter Ausschöpfung aller gegebenen Möglichkeiten eine optimale Umsetzung des als gut und richtig Erkannten zu erzielen.

Eine wichtige Hilfe für die erfolgreiche Umsetzung des sittlich guten Willens in die sittlich richtige Tat sind Normen. Ethische Normen formulieren, so ein Ergebnis des vorangegangenen Kapitels, Anspruchsaspekte menschlichen Handelns in ihrer Allgemeinheit. Sie machen auf konkrete Güter und Werte, auf das Objektive der Aufgaben und Forderungen aufmerksam, die sich der handelnden Person stellen. Ethische Normen sind also nicht Produkte menschlicher Willkür, sondern erwachsen aus Erfahrungen im Umgang mit den Dringlichkeiten und Notwendigkeiten geglückten Menschseins. Sie stellen Lösungsvorgaben dar, die sich aufgrund reflektierter Erfahrungen – auch früherer Generationen – aus dem Anspruch der Wirklichkeit ergeben. Sie entlasten damit die handelnde Person auf ihrer Suche nach dem jeweils sittlich Richtigen und Guten. Sie sind ihr eine Hilfe für einen sachgerechten Handlungsentscheid. Sie können ihr diesen Entscheid aber nicht abnehmen. Denn auch Normen sind stets allgemein. Sie sind als „im allgemeinen" und nicht als einfach schlechthin gültig zu betrachten. Sie sind allgemeingültig, soweit sie das Allgemeine ausdrücken und hierbei die situativen Aspekte des Handelns erschöpfend und angemessen berücksichtigen.

Die Berücksichtigung der jeweiligen Güter, Werte und Normen reicht daher für die Bestimmung des konkret sittlich Richtigen allein nicht aus. Bei der Umsetzung des sittlich guten Willens in die sittlich richtige Tat muss die handelnde Person darüber hinaus prüfen, ob die jeweiligen Güter, Werte und Normen in ihrer Allgemeinheit auch die Konkretheit und Besonderheit der jeweiligen Handlungssituation mit ihren spezifischen Umständen,

Bedingungen und Folgen hinreichend erfassen. Einem Menschen, der um Wasser bittet, Wasser zu geben, kann in dem einen Fall das ethisch Gebotene sein, in dem andern Fall hingegen, wo es sich etwa um einen frisch operierten Menschen handelt, genau das Falsche. Wenn eine Krankenschwester einem frisch operierten Menschen auf dessen eindringliche Bitten hin Wasser zum Trinken gibt, weil ihm dürstet, dann handelt diese Krankenschwester, sofern ihr Tun und Lassen von dem Willen beseelt ist, dem Kranken zu helfen und zu heilen, sittlich gut, selbst dann, wenn sie, wie hier, sachlich gesehen falsch handelt und dem Patienten Schaden zufügt. Der Irrtum des konkreten Gewissensspruches – im vorliegenden Fall die fehlerhafte Beurteilung der Situation und die darauf beruhende, ethisch falsche Handlung – berührt nicht die grundlegende Bereitschaft der Krankenschwester, für den Kranken das Beste zu tun. Ihr ernsthafter Wille, dem frisch Operierten das zu geben, was er zu seinem Wohlergehen braucht, bestimmt ihre positive sittliche Grundhaltung.

Allerdings qualifiziert einen Menschen mit einer sittlich guten Haltung auch sein richtiges Handeln. Und dazu gehört eben auch sein ernsthaftes Bemühen, das Erforderliche zu tun. Ein solches ernsthaftes Bemühen setzt eine entsprechende Lernbereitschaft und Offenheit voraus. Sie fehlt bei jedem, der sich gegen neue Erkenntnisse oder gegen Kritik grundsätzlich verschließt. Wenn jemand also aus Oberflächlichkeit oder aus Bequemlichkeit sittlich falsch handelt oder weil es ihm nur um persönliche Anerkennung geht und er als nette Person erscheinen möchte, dann macht er sich ethisch gesehen schuldig, dann kann man nicht sagen, er habe trotz falschen Tuns sittlich gut gehandelt.

Was hier so eindeutig erscheint, ist in der Praxis meist jedoch sehr viel komplexer. Oft ist die Beurteilung einer konkreten Situation hinsichtlich der zugrunde liegenden Sachprämissen oder auch hinsichtlich der zu erwartenden Folgen sehr schwierig. Experten sind, wie etwa im Fall der Beurteilung der Atomkraft oder des Einsatzes der Gentechnik, ganz unterschiedlicher Meinung. In der sozialpädagogischen Praxis ist das nicht anders. Was es im konkreten Handeln etwa heißt, einen schwer erziehbaren Jugendlichen in seiner Personwürde ernst zu nehmen und in seinem personalen Wohl zu stärken, kann – je nach individueller Situation des Jugendlichen und persönlicher Erfahrung der sozialpädagogischen Begleitperson – sehr unterschiedlich gesehen werden. Wie viel Freiraum und Eigenverantwortung soll etwa einem Jugendlichen auf dem Weg zu seiner gesellschaftlichen Integration zugestanden werden, der in der Vergangenheit wiederholt durch aggressive Handlungen andere Menschen gefährdet hat? Wie eng dürfen und müssen ihm Grenzen gesetzt werden, um ihn selbst, aber auch andere vor ihm zu schützen? Oft zeigt erst die Zukunft mit ihren Handlungsfolgen, ob der eingeschlagene Weg richtig oder falsch war. Auch wer von der sittlichen Richtigkeit seiner Sichtweise überzeugt ist, sollte sich daher kein Urteil darüber erlauben, in welchem Maß jemand schuldig wird, der trotz der Einsicht in die sittliche Richtigkeit oder ohne diese Einsicht sich anders entscheidet. Menschliche Konflikte können manchmal so dramatisch werden, dass sich in ihnen eine Grauzone bildet, in der unsere ethischen Kategorien nicht mehr so recht greifen und wir als Außenstehende, wenn wir gefragt sind, kaum die Kraft aufbringen, diese Kategorien nachhaltig zur Geltung zu bringen.

Der Blick in die Praxis zeigt, dass die konkrete Handlungssituation nie nur ein besonderer Fall innerhalb einer allgemeinen Regel ist. Die konkrete Situation beinhaltet immer auch ein Mehr und einen Überschuss gegenüber dem Allgemeinen. Deshalb lässt sich die Frage nach der sittlichen Richtigkeit nicht einfach daraufhin reduzieren, die richtige sittliche Norm zu finden und ihr entsprechend zu handeln. Auch sittliche Normen müssen von der handelnden Person daraufhin überprüft werden, ob sie dem ethischen Anspruch der Situation hinreichend gerecht werden oder ob die Eigenart der Situation nicht einen ganz anders lautenden Handlungsentscheid erfordert. Ethisch qualifiziertes Handeln ist das Ergebnis von sittlich gutem Willen und ethischer richtiger Tat. Beide, der sittlich gute Wille und die ethisch richtige Tat, gehören untrennbar zusammen. Sie bilden eine Spannungseinheit, die auf keine Seite hin aufgelöst werden darf. Bezogen auf das Handeln in der Sozialen Arbeit heißt das: Ausgangspunkt ethisch verantwortlichen Handelns ist die gute Haltung, ist die rechte Gesinnung. Eine solche ist dann gegeben, wenn – ungeachtet aller Sekundärmotive wie Verdienst, Anerkennung, Macht und dergleichen mehr – das Wohlergehen und die Würde der Menschen, denen die sozialarbeiterischen Interventionen gelten, Leitmotive des Handelns sind. Werden diese Motive aus dem Auge verloren, degeneriert der Beruf zum Job und das professionelle Handeln zur bloßen Technik. Kurzfristig kann ein solches technizistisches Handeln zwar durchaus hilfreich und auch richtig sein. Wo hilfebedürftige Menschen aber nicht immer zugleich als Zweck an sich, als Menschen mit einer unverwechselbaren Individualität gesehen werden, wird das – in einem auf Beziehung gründenden und von Beziehung lebenden Beruf zumal – langfristig die inhaltliche Qualität der Arbeit auch beeinträchtigen. Hat sich jemand aus wirklich personalen Motiven, aus echter Liebe zum Menschen also, für einen sozialen Beruf entschieden, so erwächst aus einer solchen Haltung das Bemühen, nicht nur gut, sondern auch sachgerecht und damit zum Wohl der zu begleitenden und zu beratenden Menschen zu handeln. Ein solches Bemühen wird dann auch bereits die Einstellung prägen, mit der er seine Ausbildung und sein Studium betreibt und absolviert. Denn er weiß: Ethisch verantwortlich handelt auch in der Sozialen Arbeit nur, wer es nicht nur *gut meint*, sondern auch *das Richtige tut*. Das aber muss erlernt und eingeübt werden.

II. Ethische Handlungsmodelle und ihre Bewertung

Der Mensch ist also nicht nur für das Hervorbringen ethischer Werte und Normen verantwortlich, sondern auch für deren richtige Anwendung. Sittlich gutes und richtiges Handeln erschöpft sich jedoch nicht im bloßen Erfüllen vorgegebener Normen. Qualifiziertes ethisches Handeln ist vielmehr das Ergebnis eines komplexen, multifaktoriellen Geschehens. Ausgangspunkt und Grundlage ist dabei immer die Gesinnung, der gute Wille der handelnden Person. Grundhaltungen oder Tugenden richten den Willen auf gute Ziele. Damit aber ist es nicht getan. Hat sich der Mensch dafür entschieden, die in den Tugenden enthaltenen guten Ziele erstreben zu wollen – in dieser Willensentscheidung ist er frei –, so muss er sich überlegen, welche Mittel und Methoden, sprich welche Handlungen er für geeignet hält, diese Ziele in die Tat umzusetzen. Dies zu erkennen, setzt ein kluges, vernünftiges Urteil über die Handlungssituation mit ihren jeweiligen Bedingungen, Umständen und vorhersehbaren Folgen voraus.

Es sind also mindestens vier Bestimmungsmomente, die menschliches Handeln in ethischer Hinsicht qualifizieren: die jeweilige Gesinnung der handelnden Person, das angestrebte Ziel mit seinen Gütern und Werten, die eingesetzten Mittel und Methoden sowie die vorhersehbaren Folgen. Die ethischen Handlungsmodelle, die sich geschichtlich herausgebildet haben, unterscheiden sich vor allem in der unterschiedlichen Gewichtung und Zuordnung dieser vier Bestimmungsmomente ethisch qualifizierten Handelns. Im Folgenden sollen die vier bekanntesten ethischen Handlungsmodelle vorgestellt und einer kritischen Bewertung unterzogen werden.[163]

1. Das legalistische Modell einer reinen Gesetzesethik

Eine erste ethische Handlungstheorie kommt mit dem objektivistischen Modell einer reinen Gesetzesethik in den Blick. Dieses ethische Modell hat sich seit dem 19. Jahrhundert auf der Grundlage eines statisch ungeschichtlichen Naturrechtsverständnisses herausgebildet. Charakteristisch für dieses Modell ist die deduktive Ableitung konkreter ethischer Normen aus der natürlich vorgegebenen Seinsordnung. Diese Seinsordnung wird als göttliche Natur- und Wesensordnung gedeutet. Die ethischen Wesensgesetze und Regeln, die man auf diese Weise gewinnt, werden als unveränderlich und zeitlos gültig erachtet. Der Einzelne hat – dies ist Aufgabe seines Gewissens – das der jeweiligen Situation entsprechende Gesetz zu eruieren und anzuwenden. Dieses gesetzesethische Modell liegt beispielsweise den ethischen Ausführungen des 1993 erschienenen „Katechismus der Katholischen Kirche", dem so genannten Weltkatechismus, zugrunde, wenn es dort in Nr. 346 heißt:

---

[163] Die ethischen Handlungsmodelle beziehen sich, wie schon ihr Begriff verrät, auf die Handlungsebene. Ihr Fokus liegt einzig auf der situativen Anwendung ethischer Werte und Normen. Davon zu unterscheiden sind ethische Normierungstheorien. Diesen geht es nicht um die Anwendung ethischer Werte und Normen, sondern um deren Findung und Begründung. Entsprechend dem obersten Kriterium, von dem her das ethisch Gebotene begründet wird, unterscheidet man zwischen eudämonistischen, hedonistischen, utilitaristischen Ethiken sowie Prinzipienethiken. Zu Letzteren wäre neben der Kant'schen Pflichtethik auch die Habermas'sche Diskursethik zu rechnen.

„In der Schöpfung hat Gott eine Grundlage und Gesetze gelegt, die bestehen bleiben. Der Glaubende kann sich auf sie verlassen; sie sind ihm Zeichen und Gewähr der unerschütterlichen Treue, mit der Gott an seinem Bund festhält. Der Mensch muss sich seinerseits treu an diese Grundlage halten und die Gesetze, die Gott in die Schöpfung eingeschrieben hat, achten." Während Thomas von Aquin den konstitutiven und als solchen unwandelbaren Kern des Naturrechts allein mit dem uns von Gott eingestifteten Licht des Verstandes gegeben sah, liegt den Ausführungen des Weltkatechismus ein positivistisches Naturrechtsverständnis zugrunde, ein Naturrechtsverständnis, das davon ausgeht, dass auch die konkreten Inhalte der Sittlichkeit dem Menschen apriorisch-essentialistisch vorgegeben sind. Die Problematik einer solchen Naturrechtskonzeption soll hier nicht näher thematisiert werden.[164] Im vorliegenden Zusammenhang geht es vielmehr um die Konsequenzen, die sich daraus für die Bestimmung des ethischen Charakters menschlicher Handlungen ergeben. Hierüber geben im Weltkatechismus die Nr. 1749-1761 Auskunft. In diesem Abschnitt erläutern die Autoren dieses katholischen Glaubens- und Sittenkompendiums präzise, worin ihrer Überzeugung nach die Sittlichkeit menschlicher Handlungen begründet liegt. In Nr. 1750 heißt es zunächst, dass der sittliche Charakter menschlicher Handlungen vom gewählten Objekt, vom angestrebten Ziel oder der Absicht sowie von den Umständen der Handlung abhänge. Damit eine Handlung sittlich gut sei, müssten diese drei Quellen – das Objekt, die Absicht und die Umstände – zugleich gut sein.

Dies klingt zunächst sehr ausgewogen. In der Folge zeigt sich aber, dass diese drei Elemente in sehr unterschiedlichem Maße den sittlichen Charakter menschlicher Handlungen bestimmen. Entscheidend ist das Objekt der Handlung. „Das gewählte Objekt", so heißt es in Nr. 1751, „ist ein Gut, auf das sich der Wille bewusst richtet. Es ist der ‚Stoff' einer menschlichen Handlung." Dieser Stoff bestimmt nicht nur die Handlung, er bestimmt auch die Absicht in ihrer ethischen Qualität. Je nachdem, ob das gewählte Objekt dem „wahren Gut" (Nr. 1751), entspricht oder nicht, ist sowohl die Absicht als auch die Handlung selbst sittlich gut oder schlecht. Mit anderen

---

[164] Sehr erhellend dazu Heinzmann 1990, 41-51, sowie Korff 1989, 41-60.

Worten: Die Sittlichkeit hängt von der Übereinstimmung oder Nichtübereinstimmung mit dem „wahren Gut" ab. Was aber, so ist zu fragen, ist das „wahre Gut"? Die Antwort des Weltkatechismus ist klar und eindeutig: Das wahre Gut, so heißt es in Nr. 1751, ist die vernunftgemäße Ordnung des Guten und Bösen, wie sie die „objektiven Regeln der Sittlichkeit" widerspiegeln und wie sie das Gewissen bezeugt. Wenn aber das Sittliche in objektiven Regeln, das heißt in konkreten Werten und Normen ein für allemal festgehalten ist, dann können die Umstände und Folgen im Hinblick auf die ethische Qualität einer Handlung nur mehr von sekundärer Bedeutung sein. Und so ist es auch. In Nr. 1754 des Weltkatechismus heißt es, dass die Umstände einschließlich der Folgen nur – so wörtlich – „zweitrangige Elemente einer sittlichen Handlung" sind. Die Umstände und Folgen können die sittliche Güte oder Schlechtigkeit einer Handlung steigern oder abschwächen; an der grundlegenden ethischen Beschaffenheit der Handlung selbst aber können sie nichts ändern. Eine bewusste Falschaussage bleibt demnach in jedem Fall eine Lüge, und eine geheime Entwendung fremden Eigentums bleibt immer ein Diebstahl, selbst wenn man damit Leben retten könnte. Da in diesem Fall das gewählte Objekt der Handlung, die Lüge beziehungsweise der Diebstahl, in schwerwiegender Weise aus sich und in sich schlecht ist, ist hier das Handeln als Ganzes, unabhängig von der zugrunde liegenden Gesinnung und den Umständen, sittlich schlecht. Selbst wenn man mit einer solchen Handlung – der Katechismus spricht von einer in sich schlechten Handlung – etwas Gutes anstreben würde, würde dies die Handlung nicht zu einer sittlich guten machen. Denn etwas Böses zu tun, damit daraus etwas Gutes entstünde, sei unter keinen Umständen erlaubt. Kein noch so guter Zweck rechtfertige sittlich schlechte Mittel (vgl. Nr. 1759).

Wie sind nun diese Ausführungen zu bewerten? Eine objektivistische Gesetzesethik, wie sie das Lehramt der katholischen Kirche propagiert, hält am Bezug des Denkens zur Wirklichkeit fest. Ein solcher ethischer Ansatz vermittelt eindeutige und klare Richtlinien. Er schreibt dem Einzelnen genau vor, was er zu tun oder zu lassen hat, und gibt ihm so das Gefühl der Sicherheit und Orientierung. Aber entspricht dies auch der ethischen Wirklichkeit? Lässt sich die Ordnung des Guten und Bösen ein für allemal, das heißt unter Absehung der situativen Aspekte des Handelns, in *objektiven* Regeln

festhalten? Vor allem, ist die ethische Wirklichkeit tatsächlich in dieser kon-
fliktlosen Weise denkbar, wie das die Ausführungen des Weltkatechismus
glauben machen? Ich meine, hier wird die ethische Problematik in bedenk-
licher Weise simplifiziert. Als geschlossenes System wird das gesetzesethische
Modell der Dynamik und Komplexität menschlichen Lebens und Handelns
nicht gerecht. Es berücksichtigt weder den geschichtlichen Wandel der Werte und Normen hinreichend noch die je verschiedenen Situationseinflüsse.
Die traditionelle theologische Ethik hat demgegenüber die Realität ethischer
Konfliktsituationen durchaus gekannt. Sie hat dafür die Lehre von der
„Handlung mit Doppelwirkung" sowie die Lehre vom „kleineren Übel"
entwickelt.[165] Im Weltkatechismus sucht man diese ethischen Handlungsprinzipien vergebens. So wie hier die Möglichkeit ethischer, sich der Ein-
deutigkeit objektiver Regeln und Normen entziehender Konflikte an keiner
Stelle erwähnt wird, so bleiben auch diese beiden ethischen Prinzipien einer
verantwortlichen Regelung von Konflikten ungenannt. Liegt dies daran,
dass man glaubt, alle Konfliktfälle in ihrem ethischen Anspruch kasuistisch
aufschlüsseln und *vorwegregeln* zu können? Oder sieht man angesichts der
Komplexität und Unüberschaubarkeit der modernen Lebenswelt in der Re-
duktion dieser Komplexität die einzige Möglichkeit, mit diesem Problem
angemessen umgehen zu können?
Der Katechismus gibt hierauf keine Antwort. Er überschätzt aber die Möglichkeit, die sittliche Güte menschlichen Handelns mit allgemeinen Normen und
Prinzipien in jedem Fall hinreichend bestimmen zu können. Es wird immer
wieder Situationen im Leben geben, in denen zwei oder mehrere, einander
ausschließende ethische Forderungen gleichzeitig zur Lösung anstehen. Und
es wird immer wieder auch Situationen geben, in denen sich die Sittlichkeit einer Handlung nicht in der Anwendung einer vorgegebenen objektiven Norm
erschöpft, sondern in denen die Besonderheit der jeweiligen Lage und Umstände eine darüber hinausgehende, differenziertere Antwort erfordert.
Mit diesem ersten Kritikpunkt ist ein zweiter verbunden. Wenn das Modell
einer reinen Gesetzesethik davon ausgeht, dass die Sittlichkeit menschlichen
Handelns mit *objektiven Regeln* hinreichend zu erfassen sei, so bedeutet das

---

[165] Vgl. dazu Böckle ⁶1994, 311-315.

nicht nur eine Simplifizierung, sondern führt nolens volens auch zu einer *Veräußerlichung des Ethischen*. Ein ethischer Ansatz, der die Sittlichkeit menschlichen Handelns derart eng vom Handlungsobjekt her bestimmt, wie das bei der Gesetzesethik der Fall ist, wird langfristig auf Seiten des Handlungssubjekts auch eine legalistische Haltung hervorrufen. Ein solchermaßen autoritäres ethisches Handlungsmodell liefert zwar sichere Unterscheidungskriterien zwischen Gut und Böse und entlastet so die handelnde Person von den Zumutungen und der Not eines eigenverantwortlichen Gewissensentscheids. Es fördert damit unweigerlich aber auch ein unmündiges Verhalten, ein Verhalten, das Legitimität mit Legalität gleichsetzt. Der Einzelne kann sich in einem solchen ethischen Modell auf das sichere Terrain vorgegebener Regeln und Normen zurückziehen. Er braucht nicht danach zu fragen, ob der ethische Anspruch, wie er ihm in einer konkreten Situation begegnet, mit Blick auf die konkreten Bedingungen, Umstände und Folgen der Handlung nicht doch eine – ethisch gesehen – tiefer gehende und differenziertere Antwort von ihm erfordert als die bloße Einlösung einer allgemeinen Norm. Letzter Maßstab ethisch verantwortlichen Handelns kann nicht eine Norm, sondern muss immer der Mensch mit seiner unveräußerlichen und unantastbaren Würde sein und bleiben.

2. Das subjektivistische Modell einer extremen Situationsethik

Als Reaktion auf die einseitige Betonung der objektiven Gehalte des ethischen Handelns, wie sie den gesetzesethischen Ansatz kennzeichnet, hat sich in der ersten Hälfte des 20. Jahrhunderts ein ethisches Handlungsmodell profiliert, das – gerade entgegengesetzt – die subjektiven Gehalte des Sittlichen betont: die Situationsethik. Das Anliegen der Situationsethik ist es, die Einmaligkeit des Einzelnen gegenüber dem Allgemeinen zu retten und der Kompliziertheit der Situationen und Umstände in ethischer Hinsicht gerecht zu werden. Die konkrete, unwiederholbare Situation und nicht eine allgemeine Wirklichkeit oder ein allgemeines Menschenwesen bestimmt und begrenzt in diesem ethischen Modell hier und jetzt, wechselnd und je einmalig den einzelnen Menschen.

Die Einmaligkeit der begrenzenden Wirklichkeit – der Situation – zeigt sich in der Begegnung. Am entschiedensten hat diesen Gedanken der Philosoph und Pädagoge Eberhard Grisebach (1880-1945) in seinem 1928 in Halle erschienen Buch „Gegenwart. Eine kritische Ethik" zur Darstellung gebracht.[166] In der Begegnung von Ich und Du findet die Begrenzung statt, wird die Situation geboren. Und in der Antwort erfährt der Mensch seine eigene Geschichte, entscheidet er über seinen Lebensweg. Der dialogische Charakter des Menschen bedingt bei Grisebach demnach die Situation. Die einzige ethisch bedeutsame Wirklichkeit liegt in der Begrenzung im Augenblick der Begegnung, liegt in der Gegenwart, während das Sittliche selbst in der Antwort, in der Haltung gegenüber dem Du besteht.

Für Grisebach reduziert sich damit alle wirkliche Moralität auf die Unwiederholbarkeit und Unberechenbarkeit der jeweiligen menschlichen Begegnungssituation. Die ethische Forderung ist für ihn jeweils eine andere. Sie ist aus ethischen Normen und Prinzipien ebenso wenig abzuleiten wie die Gegenwart aus der Vergangenheit. Grisebach verneint daher die Sinnhaftigkeit einer objektiven, materialen Ethik. Er leugnet die allgemeine und in jedem Fall gültig bleibende Verpflichtung ethischer Normen. Normen sind allgemein. Der Mensch aber als Existenz ist der jeweils einzige und einmalige. In einer so verstandenen Situationsethik kommt dem Gewissen selbstredend eine bedeutsame Funktion zu. Das Gewissen ist subjektive und objektive Norm zugleich. Es ist nicht das Sprachrohr einer allgemein und ewig geltenden objektiven Wertordnung. Es ist in den wechselnden Situationen und in den Ausweglosigkeiten des Lebens, in der der Mensch auf seine eigene Entscheidung angewiesen ist, vielmehr die allein normierende Instanz. Das Gewissen hat – außer dem begrenzenden Anspruch des Du – über sich keine weitere Ordnung, die es widerspiegelt. Es tritt an die Stelle der ethischen Gebote und Normen, ist letztes, begründendes Element des Ethischen.

Mit dieser Funktionsbeschreibung des Gewissens kommt die Stärke und zugleich die Schwäche des situationsethischen Modells in den Blick. Die Situationsethik macht – gegenüber einer allzu einseitigen Verobjektivierung

---

[166] Eine ausführliche Darstellung sowie eine fundierte Kritik der Situationsethik Grisebachs bietet Steinbüchel 1939, 237-257.

des Sittlichen – auf die ethische Bedeutsamkeit der Gegenwartssituation aufmerksam. Die Gegenwartssituation ist die je besondere Wirklichkeit, in der
sich die Existenz des einzelnen Menschen vollzieht. Keine ethische Kasuis-
tik kann aus bloßen Allgemeinprinzipien die Vielfältigkeit des jeweiligen
ethischen Anspruchs dieser je besonderen Wirklichkeit hinreichend erfassen.
Die Situationsethik trägt dieser Einmaligkeit des individuellen Handelns ge-
bührend Rechnung. Sie rückt den Einzelnen in seiner Verantwortung und
Mündigkeit vor Gott und den Menschen ins Zentrum der Ethik.
Wie die reine Gesetzesethik die objektiven Gehalte, so überbetont die extreme Situationsethik jedoch die subjektiven Gehalte ethischen Handelns.
Ihr gelingt es zwar, den konkreten Menschen in die Ethik mit hereinzuneh-
men und die Bedeutung der Situation und der Umstände einer Handlung
stärker zu berücksichtigen. Mit der Leugnung jeglicher materialen Ethik
kann sie aber das Sittliche ebenso wenig angemessen bestimmen wie das
objektivistische Modell einer Gesetzesethik. Gründet die reine Gesetzesethik
auf einem abstrakten und allgemeinen Menschenbild, so fußt die extreme Situationsethik auf einem aktualistischen Menschenbild. Ist die Gesetzesethik
ungeschichtlich, weil in ihr der Mensch übergeschichtlich, in seiner ewigen
Geltung genommen ist, so ist die Situationsethik ungeschichtlich, weil in
ihr der Mensch vorgeschichtlich aufgefasst wird. In der Gesetzesethik ist der
Mensch nicht mehr, in der Situationsethik ist er noch nicht geschichtlich.
Ohne das Spannungsverhältnis von Statik und Dynamik hat es keinen Sinn,
von Geschichte zu reden. Geschichte gibt es nur dort, wo im dauernden
Wandel ein Bleibendes ist. In der aktualistischen Menschenauffassung der
Situationsethik aber ist der Mensch nur ethisch bedeutsam als ein in jedem
Augenblick je neuer, einmaliger Mensch.
Im letzten läuft – mit Karl Rahner zu sprechen – die extreme Situations-
ethik „auf einen massiven Nominalismus hinaus, sie leugnet im Grunde die
Möglichkeit einer sachlich bedeutsamen und die Wirklichkeit wahrhaft tref-
fenden Allgemeinerkenntnis, sie macht die menschliche Person zu einem
absolut in jeder Hinsicht einmaligen Einzelnen, was sie als geschöpfliche
und als materielle eben nicht ist."[167] So wie es falsch ist, das Ethische im All-

---

[167] Rahner 1955, 229.

gemeinen aufgehen zu lassen, so ist es auch falsch, ethisches Handeln auf das Besondere zu reduzieren und die Existenzberechtigung allgemeiner ethischer Normen zu leugnen.[168]

Mit der Ablehnung jeglicher objektiven, verallgemeinerbaren ethischen Ordnung führt die extreme Situationsethik nicht nur zu einer Relativierung, sondern auch zu einer Subjektivierung ethischen Handelns, führt sie zu einer Sittlichkeit, die außer der verantwortlichen Wendung des Ich zum Du keine objektiven Maßstäbe mehr kennt. In dieser extremen, die Vernunft jeder normativen Generalisierung bestreitenden Form wird die Situationsethik den Ansprüchen eines ausgewogenen ethischen Handlungsmodells ebenso wenig gerecht wie eine reine Gesetzesethik.

3. Das idealistische Modell einer radikalen Gesinnungsethik

Die neben dem Utilitarismus gegenwärtig vielleicht populärste ethische Handlungstheorie ist die Gesinnungs- oder Haltungsethik.[169] Darunter wird jener ethische Denkansatz verstanden, der das Handeln allein oder doch im Wesentlichen von der Haltung des handelnden Subjekts und seinen Zielen her bestimmt, während er den Folgen des Handelns und der Wirklichkeit mit ihren zugrunde liegenden Sachprämissen nur wenig oder keine Beachtung schenkt. Am pointiertesten liegt dieses Modell den ethischen Ausführungen des Paderborner Therapeuten und Theologen Eugen Drewermanns zugrunde. Daher sollen im Folgenden anhand der Position Drewermanns die Stärken und Schwächen dieses ethischen Handlungsansatzes erläutert werden.

Drewermanns Anliegen ist es, das Geheimnis der menschlichen Unfreiheit, wie es sich in der theologischen Erbsündenlehre darstellt, von der unbewussten Psychodynamik der Angst her zu durchdringen. Er möchte aufzeigen,

---

[168] Den bekanntesten Entwurf einer solchen normfreien Ethik bietet Joseph Fletcher in seinem Buch „Moral ohne Normen?" (Gütersloh 1967). Zur Kritik der Situationsethik Fletchers vgl. Wolbert 1989, 82-89.

[169] Gesinnungs- und Haltungsethik werden hier synonym gebraucht. Der Begriff der Haltungsethik stammt von dem Physiker Ernst von Weizsäcker (vgl. 1972, 153).

„dass der Mensch nur gut sein kann vermöge einer vorgängigen Erfahrung absoluter Begnadigung und Rechtfertigung seines Daseins."[170] Drewermann geht also nicht von der Freiheit, sondern von der Unfreiheit des Menschen aus. Er setzt bei der Angst des Menschen an. Im Anschluss an die Erkenntnisse der frühen Tiefenpsychologie, denen zufolge die Hauptneuroseformen Ergebnis eines unangemessenen Umgangs des Menschen mit seiner Angst sind, interpretiert er die biblische Urgeschichte von Schöpfung und Sündenfall als Spiegelbild dieser existentiellen Problematik des Menschen. Der Sündenfall besteht für ihn demnach darin, dass jeder Mensch auf seine Weise aus lauter Angst, symbolisiert durch die Schlange des Nichtseins, Gott aus den Augen verliert. Von da an erscheint dem Menschen der Garten Gottes als drohende Wildnis, in der es um das bloße Überleben geht, als ein Ort, der Angst und Furcht auslöst.[171]

Die Angst ist nach Drewermann zugleich Ursache und Folge des Sündenfalls. Sie treibt den Menschen in die Gottesferne. Ein Leben ohne Gott wiederum ist die Ursache aller psychischen Grundkonflikte. Denn wer ohne Gott lebt, muss in sich selbst oder in anderen Menschen alle Attribute der Vollkommenheit und des Absoluten, die Gott zukommen, suchen. Das aber führt zwangsläufig in die Neurose. Drewermann deutet mithin die Neuroseformen der Psychoanalyse konsequent theologisch. Sie sind für ihn nichts anderes als notwendige Daseinsvereinseitigungen eines Lebens ohne Gott. Umgekehrt begreift Drewermann das theologische Verständnis der Sünde ebenso konsequent psychoanalytisch, das heißt als Krankheit. Im zweiten Band seiner Habilitationsschrift spricht er von der Sünde als der Geisteskrankheit schlechthin.

Im Lichte dieser fundamentalen Daseinsangst im Felde der Gottesferne interpretiert Drewermann alle Bemühungen des Menschen um ethisch gutes und richtiges Handeln. Ethische Normen und Gebote sind für ihn nichts anderes als eine „neurotische Zwickmühle"[172]. Sie gaukelten dem Menschen vor, er könne sich seine Daseinsberechtigung durch die Anstrengungen eines

---

[170] Drewermann 1982, 14.
[171] Vgl. hierzu sowie zum Folgendem Gruber 1999.
[172] Drewermann 1982, 97.

perfekten Gutseins erwerben. Dies aber übersehe, so der Paderborner Gelehrte, die psychische Not des Menschen. Diese liege viel tiefer, als die Macht des sittlich guten Willens reiche. In sich selbst zerrissen aus Angst, könne der Einzelne nur kämpferisch und zerstörerisch sein gegenüber Mitmensch und Natur.[173] Drewermann sieht den Menschen also durch die vielfältigen und tief reichenden Formen der Angst in seiner Freiheit, damit aber auch in seinem ethischen Handeln weitgehend eingeschränkt. Alle ethischen Versuche, das Leben und Zusammenleben mittels sittlicher Ge- und Verbote zu regeln, sind für ihn daher nur „Oberflächenbestimmungen"[174], sind moralisch motivierter Aktionismus, der immer nur tiefer in die Schuldverstrickung führt. Drewermann erläutert diese „Aporie des Ethischen", wie er das in seinem Buch „Der Krieg und das Christentum"[175] auch nennt, an zahlreichen Beispielen aus seiner therapeutischen Praxis, am ausführlichsten indes am Beispiel der moraltheologischen Lehre vom so genannten „gerechten Krieg". Und er zieht daraus den radikalen Schluss, dass die ethische Frage notwendigerweise durch die religiöse Frage abgelöst werden muss. Wenn sich, wie die Psychoanalyse zeige, längst vor der Frage nach der Richtigkeit des Tuns, die Frage nach der Berechtigung des Seins stelle, dann habe, so Drewermann, die moralische Frage: Was muss ich tun? absolut zurückzutreten hinter „der einzig vorrangigen Frage der Religion: ‚wer darf ich sein?' und ‚was darf ich hoffen?'"[176]

Drewermann ist also davon überzeugt, dass der Mensch im moralischen Sinne nur gut sein kann, wenn er mit sich selbst im Einklang ist. Mit sich selbst im Einklang aber kann er nur sein, wenn er seine tiefe Daseinsangst durch die Gegenkraft des Glaubens zu beruhigen vermag, wenn er sich ab-

---

[173] Vgl. Drewermann 1982, 16f.

[174] Drewermann 1982, 15.

[175] Drewermann 1991, 158.

[176] Drewermann 1982, 15f. Drewermann rekurriert hier auf die berühmten drei Fragen Kants, die dieser in einem Brief an seinen Bekannten Stäudlein 1793 formuliert hat. Während Drewermann die Frage nach der Religion wortgetreu wiedergibt, erscheint bei ihm aber die Frage nach der Moral interessanterweise in veränderter Gestalt. Anstatt „was *soll* ich tun?" Heißt es bei Drewermann: „Was *muss* ich tun?" In dieser subtilen Veränderung der berühmten Frage Kants drückt sich bereits Drewermanns legalistisch verengtes Ethikverständnis aus, gegen das er selbst so sehr kämpft.

solut angenommen und begnadigt weiß. Geborgen in Gott, kläre sich dann auch die Frage nach der sittlichen Richtigkeit des Tuns, die Frage etwa nach dem Umgang mit Gewalt und Krieg, mit Abtreibung und Umweltzerstörung, wie von selbst. Beruhigt im Sein, so Drewermann, am Ende des ewig verkrampften Machen-Müssens, werde eine Freiheit wachsen, die in die Weisheit des chinesischen Philosophen Laotsé münde, in eine Weisheit, die da laute: Durch das Nichttun ist alles gemacht. Die Art des rechten Handelns folge dann wie von selbst aus dem, was jemand sei.[177]

Das Modell einer reinen Gesinnungs- bzw. Haltungsethik, wie es den Ausführungen Drewermanns zugrunde liegt, bestimmt ethisches Denken und Handeln ganz von der Haltung des handelnden Subjekts her. Ob jemand sittlich gut oder böse handelt, darüber gibt nicht die Handlung, darüber gibt allein die Haltung des Handelnden Auskunft. Gegen die Legalisierungs- und Veräußerlichungstendenzen einer gesetzesethisch geprägten kirchlichen Morallehre betont Drewermann zu Recht die Gnadenverwiesenheit des Menschen, betont er mit Jesus das „Herz", die Gesinnung als die entscheidende Quelle der Sittlichkeit. Gesetzliche Regelungen sind für ihn nötig, wenn die Liebe am Ende ist. Die einzige Ordnung jedoch, die wirklich lebt, ist die in unserem Herzen.

Wie die Gesetzesethik das Handlungsobjekt und wie die Situationsethik die Einmaligkeit der jeweiligen Situation, so überbetont die reine Gesinnungsethik jedoch die Haltung, die innere Einstellung des handelnden Subjekts. Es liegt in der Konsequenz eines solchen ethischen Ansatzes, mit der Frage nach der sittlichen Richtigkeit menschlichen Handelns auch die Sinnhaftigkeit ethischer Normen und institutioneller Regelungen zu bezweifeln. Drewermann geht in seinem radikalen gesinnungsethischen Denken sogar noch einen Schritt weiter: Er fordert die Suspension des Ethischen im Religiösen. In der Verinnerlichung und Begnadigung, in der inneren Selbsterkenntnis sieht er den einzig möglichen Weg zur Lösung ethischer Probleme. Wenn der Einzelne diesen inneren Weg erst erfolgreich gegangen sei, dann stelle sich die Frage nach der sittlichen Richtigkeit des Handelns auch nicht mehr, dann wüsste jeder von selbst, was er zu tun habe.

---

[177] Vgl. Drewermann 1982, 103.

Sittlichkeit fällt hier mit Religiosität ineins. Wenn der Mensch nur wirklich religiös sei, das heißt sich in Gott geborgen und von ihm angenommen weiß, dann handle er von selbst sittlich gut und richtig. Den Folgen des Handelns und der Wirklichkeit mit ihren zugrunde liegenden Sachprämissen wird demgegenüber kaum Beachtung geschenkt. Aber ist dies nicht, so ist zu fragen, die Vision eines Paradieses hier auf Erden? Ist das nicht eine Vision, die an der Realität der tatsächlichen irdischen Wirklichkeit vorbei zielt? Ja mehr noch, ist der Aufruf zur religiösen Verinnerlichung nicht ein Ruf in eine die Struktur der Schöpfung verneinende Utopie, ein Ruf, der die kontingenten Strukturen dieser irdischen Wirklichkeit letztlich gar nicht ernst nimmt?

Die christliche Ethik geht davon aus, dass die Welt Gottes gute Schöpfung ist. Als Schöpfung eignet ihr aber a priori das Signum der Endlichkeit und kreatürlichen Begrenztheit. Es ist dies eine Endlichkeit, die zwar durch die zerstörerische Macht der Sünde zusätzlich gezeichnet ist, die aber auch ohne die Sünde das Signum der Endlichkeit tragen würde. Das heißt: Unabhängig von Versagen und Schuld vermag der Mensch immer nur im Bedingungskontext von Endlichkeitsstrukturen zu handeln. Eine die Schöpfungswirklichkeit Gottes ernst nehmende Ethik erblickt ihre Aufgabe gerade darin, angesichts der Kontingenzstruktur der Schöpfung und der Schuldverhaftetheit des Menschen ethische Normen und Prinzipien zu entwickeln und den Menschen als Hilfe zur Verwirklichung des sittlich Bestmöglichen zur Hand zu geben.

Anstatt sich dieser Situation zu stellen und die endlichen Strukturen unserer irdischen Wirklichkeit zu akzeptieren, begnügt sich Drewermann damit, darauf hinzuweisen, dass alle Probleme sich von selbst lösten, wenn nur jeder Einzelne mit Hilfe der Psychoanalyse zur Geborgenheit des Paradieses, zu jener absoluten Verankerung in Gott zurückkehre, wie sie vor dem Sündenfall das menschliche Leben prägte. Auf die konkreten Fragen, die sich im Zusammenhang etwa mit der Realität von Schwangerschaftsabbrüchen oder kriegerischen Auseinandersetzungen stellen, auf die Folgen, die sich aus diesen Konfliktfeldern gesamtgesellschaftlich ergeben, lässt sich Drewermann erst gar nicht ein. Und er braucht das von seinem radikalen gesinnungsethischen Ansatz her auch nicht; denn mit dem Aufdecken und Verstehen der unbewussten psychodynamischen Zusammenhänge, so glaubt er, sei nolens volens eine Veränderung und Heilung verbunden. Aus diesem Grund auch lehnt er generell alle Bemühungen einer Friedenssicherung ab. Der Friede des Christentums, so schreibt er in seiner Abhandlung über den Krieg, liegt „jenseits der Neurotizismen der Angst, der Aggressionsverdrängungen und deren Aufarbeitung; er ist, wenn überhaupt, ein Friede der Wahrheit, und er kommt immer erst nach der in gewissem Sinne notwendigen, von Gott vorweg vergebenen Zerstörungsarbeit des Kreuzes auf dem Weg zur inneren Selbsterkenntnis und zur inneren Wahrhaftigkeit."[178]

Die Gesinnungsethik fokussiert ganz auf die Motivationsstruktur der handelnden Person und ihre Gründe. Ihr geht es weniger um die Frage, was zu tun sei, als vielmehr um die dem Handeln voraus liegenden Fragen: Wer kann ich sein? Wie kann ich leben? Was darf ich hoffen? Erst wenn diese Fragen geklärt seien, wüssten die Menschen auch, was zu tun sei, hätten sie die Kraft gegen Ungerechtigkeiten und Gewalt zu kämpfen. Die evangelische Theologin Dorothee Sölle brachte in einer im Frühjahr 1993 geführten Diskussion mit Eugen Drewermann die Problematik eines solchen idealistisch-utopischen Ethikansatzes auf den Punkt. Sölle nämlich erwiderte auf die entsprechenden Ausführungen Drewermanns, dass wir angesichts brennender türkischer Kinder und einer *Mutter Erde*, die zugrunde zu gehen drohe, mit unserer Hilfe nicht warten könnten, bis alle Menschen psychisch gesund seien. Während also Drewermann als Gesinnungsethiker den ethischen Herausforderungen und Konflikten unserer Zeit mit einem Aufruf zur Heilung und Verinnerlichung begegnet, sieht Sölle die Menschheit zum Handeln aufgerufen.

---

[178] Drewermann ³1991, 213. Genau betrachtet, liegt dieser gesinnungsethischen Position ein sehr pessimistisches Welt- und Menschenverständnis zugrunde. Die natürliche schöpfungsmäßige Verfassung und Bestimmung des Menschen und der geschaffenen Welt erfährt bei Drewermann durch die Sünde eine derartige Entwertung, dass es zwischen der Schöpfungs- und der Erlösungsordnung keine Brücke mehr gibt, außer den Sprung in den Glauben, und das heißt für Drewermann den Weg in die Verinnerlichung.

4. Das utilitaristische Modell einer einseitigen Folgenethik

Wie die Gesetzesethik bekommt auch die Gesinnungsethik das Problem der realen Folgen menschlichen Handelns nicht angemessen in den Blick. Genau an diesem Punkt, an den Folgen menschlicher Handlungen und ihrer Beurteilung setzt daher ein viertes ethisches Handlungsmodell an: der Utilitarismus.[179] Für den Utilitarismus hängt die ethische Qualität von Handlungen allein von ihren Folgen, genauer noch, allein von ihrer Nützlichkeit im Hinblick auf das allgemeine Wohlergehen ab. In diesem ethischen Ansatz bestimmen also nicht die Ziele und die diesen zugrunde liegenden Werte und Normen, sondern die Folgen, die sich aus deren Anwendung ergeben, die Güte und Richtigkeit ethischen Handelns. Man bezeichnet den Utilitarismus daher auch als konsequentialistische Moralkonzeption. Es wäre allerdings ein Irrtum zu meinen, hierbei ginge es, was vielleicht der Sprachgebrauch nahe legt, nur um den Nutzen im Hinblick auf einen beliebigen Zweck oder um die Abwägung von guten und üblen Folgen. Ziel und damit ethisches Prinzip des Utilitarismus ist vielmehr das größtmögliche Quantum an Glück, wobei Glück hier nicht im Sinne eines egoistischen Hedonismus, sondern durchaus gemeinschaftsbezogen verstanden wird.

Als Gründerväter des Utilitarismus gelten der englische Sozialphilosoph Jeremy Bentham (1748-1832)[180] und dessen Schüler John Stuart Mill (1806-1873)[181]. Beide verstanden den Utilitarismus als sozialreformerische Idee. Ihr Anliegen ging dahin, das allgemeine Wohlergehen zu fördern. Eine an diesem Ziel orientierte Ethik folgt nach Bentham dem Prinzip des größten Glücks der größten Zahl. Das heißt: Handlungen und Handlungsregeln sind dann gut und richtig, wenn ihre Konsequenzen zu einem Übermaß guter gegenüber schlechter Folgen führen und eindeutig das Wohl oder Glück der Mehrheit verbessern. Die utilitaristische Moraltheorie baut mithin auf vier Prinzipien auf: dem Konsequenzenprinzip, dem Nutzenprinzip,

---

[179] Eine knappe, aber ausgezeichnete Einführung in die ethische Theorie des Utilitarismus (vom lateinischen *utile* = nützlich) bietet Pauer-Studer 2003, 31-54.
[180] Vgl. dazu Bentham 1988.
[181] Vgl. dazu Mill 1985.

dem Lustprinzip und dem Sozialprinzip. Das Konsequenzenprinzip besagt, dass Handlungen ihre ethische Qualität nicht aus sich erhalten, sondern erst unter Berücksichtigung all ihrer Folgen. Maßstab für die Beurteilung dieser Folgen ist ihr Nutzen, und zwar ihr Nutzen im Hinblick auf die Mehrung der allgemeinen Wohlfahrt als des an sich Guten. Die Zielsetzung ist also nicht beliebig, sondern wird vom Lustprinzip bestimmt. Für Bentham meint Lust aber keine subjektivistische Erfüllung beliebiger egoistischer Ziele. Vielmehr geht es darum, menschliche Grundbedürfnisse und Interessen wie Nahrung, Wohnung, Gesundheit, Freiheit, Rechtssicherheit und dergleichen mehr bestmöglich zu befriedigen und dabei Frustrationen zu vermeiden. Das allgemeine Wohlergehen, das größte Glück der größten Zahl bestimmt sich also über die Abwesenheit von Schmerz und das Vorhandensein von Lust und Wohlbefinden. Dieses Wohlbefinden steht dabei stets zugleich unter dem Anspruch des Sozialprinzips, das verbietet, nur an sich selbst oder die eigene Gruppe zu denken. Für die ethische Qualität einer Handlung muss vielmehr immer das Wohlergehen aller von der Handlung Betroffenen, auch das zukünftiger Generationen, berücksichtigt werden.

Benthams Ansatz liegt die aufklärerische Idee zugrunde, dass Glück als empirische Größe, ob nun als Nützlichkeit oder als Wohlfahrt, an festen Parametern messbar sei und Ethik damit auf die Stufe einer exakten Wissenschaft zu stehen käme.[182] Mit einer Nutzenkalkulation, so glaubt er, könne man die ethische Legitimität oder Illegitimität gewisser Handlungen bestimmen. In Benthams Worten: „Sum up all the values of all the pleasures on the one side, and those of all the pains on the other. The balance, if it be on the side of pleasure, will give the good tendency of the act upon the whole, with respect to the interest of that individual person, if on the side of pain, the bad tendency of it upon the whole."[183]

Der klassische Utilitarismus, wie er in diesen Ausführungen Benthams zum Ausdruck kommt, geht von einer monistischen Wertetheorie aus, die Lust

---

[182] Vor einem solchen Ansinnen hat indes bereits Aristoteles gewarnt. Ethische Aussagen, so sein Urteil, könnten nie mathematische Genauigkeit beanspruchen, weil es hier immer um Handeln gehe. Im Bereich der Handlungen aber gebe es nichts Stabiles. Vgl. Aristoteles 1991, 1094 b und 1104 a.

[183] Bentham 1988, 33f.

und Unlust, Glück und Schmerz zum einzigen ethisch relevanten Maßstab erklärt. Hier werden alle Werte in die Kategorien von Lust und Unlust übersetzt und unter einem rein quantitativen Nutzenkalkül gegeneinander abgewogen. John Stuart Mill sieht die Probleme eines solchen reinen quantitativen Hedonismus und modifiziert in seiner 1863 erschienenen Schrift „Der Utilitarismus" die Ausführungen seines Lehrers, indem er, abweichend von diesem, neben der Quantität auch die Qualität der Lust und Freude berücksichtigt. Eine Form der Freude ist nach Mill wertvoller als eine andere, wenn sie von fast allen Menschen, die beide Freuden erfahren haben, vorgezogen wird.[184] Grundsätzlich gilt für ihn: Der Mensch ist höherer Freuden fähig als das Tier. „Es ist besser", so sein berühmtes Urteil, „ein unzufriedener Mensch zu sein, als ein zufriedenes Schwein; besser ein unzufriedener Sokrates als ein zufriedener Narr."[185]

Mill verbreitert mit der Einführung höherer und niederer Freuden die Bewertungsbasis des utilitaristischen Prinzips erheblich. Ohne selbst eine systematische Wertetheorie zu entwickeln – er übernimmt größtenteils die konventionellen Wertüberzeugungen seiner Zeit –, liefert er mit seinem Hinweis, dass von zwei Freuden diejenige wertvoller und wünschenswerter sei, die von allen oder nahezu allen Betroffenen entschieden bevorzugt werde, doch die Grundlage des so genannten Präferenzutilitarismus, wie er heute von den meisten angelsächsischen Vertretern dieser ethischen Denkrichtung favorisiert wird. Im klassischen Utilitarismus sind die Parameter Lust und Unlust, Freude und Schmerz als unmittelbare Erfahrungen des an sich Guten maßgeblich. Die zeitgenössischen Versionen des Utilitarismus orientieren sich in ihrer Festlegung des sittlich Guten und Richtigen demgegenüber weitgehend an Präferenzen, das heißt an dem, was Menschen vorziehen. Das utilitaristische Prinzip des größten Glücks der größten Zahl wird hier im Sinne der größtmöglichen Präferenzerfüllung für alle gedeutet. Dabei ist jedoch nicht an unmittelbare Präferenzen gedacht – diese können als Ausdruck rassistischer oder sexistischer Affekte ja auch anstößig und beleidigend sein –,

---

[184] Vgl. Mill 1985, 15f.
[185] Mill 1985, 18.

sondern nur an wohlüberlegte Präferenzen. Wohlüberlegt sind Präferenzen dann, wenn sie auf reflektierten Urteilen beruhen.[186]

Die utilitaristische Moraltheorie ist derzeit die im angloamerikanischen Sprachraum am weitesten verbreitete ethische Theorie. Wie alle anderen ethischen Handlungstheorien besitzt sie Stärken und Schwächen. Eine ihrer Stärken liegt sicherlich darin, dass sie bei den menschlichen Interessen und Bedürfnissen ansetzt und mit dem Wohlergehen aller als allgemeines Handlungsziel über eine nicht weiter rechtfertigungsbedürftige empirische Ausgangsbasis verfügt. Sie ist darüber hinaus eine relativ einfache, sehr praxisbezogene Theorie, die die Nähe zu den Sozialwissenschaften sucht und wirtschaftliche Exzesse und Ungerechtigkeiten als dem sozialen Glück abträglich zu denunzieren vermag. Vor allem aber berücksichtigt der Utilitarismus die Folgen menschlichen Handelns hinreichend, indem er auch diese dem Verantwortungsbereich der handelnden Person zuordnet und eine Folgenabwägung fordert. Er verwahrt sich damit gegen ein gesetzesethisches Denken, das aufgrund absolut verpflichtend gedachter ethischer Normen und Prinzipien durchaus bereit ist, ethisch problematische Konsequenzen in Kauf zu nehmen. Die Folgenabwägung gestattet es etwa, jemanden die Wahrheit vorzuenthalten, wenn dadurch unschuldige Menschen gerettet werden können, während dies ein rigoros gesetzesethisches Denken kategorisch verbietet.

Mit seiner einseitigen Betonung der nützlichen Folgen zeitigt der klassische Utilitarismus, insbesondere in seiner präferenzutilitaristischen Variante, jedoch seinerseits ethisch fragwürdige Folgen. „Allein schon die sozialeudaimonistische Grundformel des Utilitarismus, das größtmögliche Glück der größtmöglichen Zahl zu sichern, muss stutzig machen und fragen lassen, was denn mit jenen geschehe, die allenfalls nicht zu dieser Zahl gehören."[187] Am Beispiel des derzeit wohl bekanntesten Utilitaristen, des schon an früherer Stelle erwähnten australischen Ethikers Peter Singer wird diese Problematik

---

[186] In diesem Sinne etwa Hare 1992. Herlinde Pauer-Studer weist mit Recht darauf hin, dass sich damit aber der Stellenwert des utilitaristischen Prinzips der maximalen Präferenzerfüllung relativiert, da die Kriterien, denen Präferenzen zu genügen haben, um als wohl überlegt zu gelten, zwangsläufig über das Prinzip einer Nutzenmaximierung und somit über den Utilitarismus hinausreichen (vgl. Pauer-Studer 2003, 37).

[187] Furger 1990, 819.

besonders deutlich.[188] Singer ist Präferenzutilitarist. Oberstes ethisches Prinzip ist für ihn die optimale Förderung der Interessen aller Beteiligten. Nicht um Einzelinteressen geht es ihm also, sondern um die Interessen und damit das Glück aller von einer Handlung Betroffenen. Er nennt das *Totalansicht* oder auch *totale Version des Utilitarismus*.[189] „Anstelle meiner eigenen Interessen", so schreibt er in seinem Buch „Praktische Ethik", „habe ich ... die Interessen aller zu berücksichtigen, die von meiner Entscheidung betroffen sind. Dies erfordert von mir, dass ich alle diese Interessen abwäge und jenen Handlungsverlauf wähle, von dem es am wahrscheinlichsten ist, dass er die Interessen der Betroffenen maximiert".[190] Zu welchen Konsequenzen diese radikal präferenzutilitaristische Sichtweise führen kann, wird an Singers schon erwähnter Position zur aktiven Euthanasie[191], mehr noch aber an seinen Ausführungen zum Umgang mit behinderten Säuglingen deutlich. Mit Blick auf die Situation eines hämophilen Säuglings schreibt er etwa: „Die ‚Totalansicht' erfordert die Frage, ob der Tod des hämophilen Säuglings zur Schaffung eines anderen Wesens führen wird, das sonst vielleicht nicht existieren würde. Mit anderen Worten: werden die Eltern, wenn das hämophile Kind getötet wird, ein weiteres Kind bekommen, das sie nicht hätten, wenn das hämophile Kind leben würde? Und wenn sie es hätten, würde das zweite Kind dann vermutlich ein besseres Leben haben, als es das getötete gehabt hätte?"[192] Singers Antwort auf diese Frage ist klar und unmissverständlich: „Sofern der Tod eines geschädigten Säuglings zur Geburt eines anderen Kindes mit besseren Aussichten auf ein glückliches Leben führt, dann ist die Gesamtsumme des Glücks größer, wenn der behinderte Säugling getötet wird. Der Verlust eines glücklichen Lebens für den ersten Säugling wird durch den Gewinn eines glücklicheren Lebens für den zweiten aufgewogen. Wenn daher das Töten des hämophilen Säuglings keine nachteilige Wirkung auf andere hat, dann wäre es nach der Totalansicht richtig, ihn zu töten."[193]

---

188 Vgl. zum Folgenden Singer ²1994.
189 Vgl. Singer ²1994, 182f.
190 Singer ²1994, 24.
191 Vgl. dazu Kapitel 2, Abschnitt I, Punkt 4.
192 Singer ²1994, 183.
193 Singer ²1994, 183.

Nur die Abwägung der Interessen, die Abwägung von Lust und Schmerz, von Glück und Unglück, ist in dieser einseitig auf die Folgen abhebenden utilitaristischen Sichtweise für das ethische Urteil maßgeblich. Alle anderen moralischen Kategorien, ob nun soziale Gerechtigkeit oder personale Integrität, ob Solidarität oder Toleranz, erfahren ihre Rechtfertigung über ihren Beitrag zur Förderung der Interessen aller Beteiligten und damit über ihren Nutzen. Eine solche einseitige Konzentration auf die Interessen- und Nutzenmaximierung kann die unbedingte Achtung der Würde jedes Menschen als Person, kann die unveräußerlichen Menschenrechte nicht hinreichend begründen, und steht damit immer in der Gefahr, Minderheiten oder Menschen, die sich selbst nicht entsprechend wehren oder ihre Interessen vertreten können, substantiell zu benachteiligen. Erkenntnistheoretisch fragwürdig ist darüber hinaus die in den Ausführungen Singers unterstellte Messbarkeit von Glück. Empirisch messen und berechnen lassen sich allenfalls die materiellen Grundbedürfnisse des Menschen, und das auch nur, soweit sie in ökonomischen Größen ausgedrückt werden können. Geistig-personale und religiöse Bedürfnisse und Interessen aber entziehen sich jedem rationalen Kalkül.

III. Kennzeichen ethisch verantwortlichen Handelns

Jedes der bislang vorgestellten Modelle weist auf einen für die ethische Beurteilung unseres Handelns maßgeblichen Aspekt hin. Keinem der Modelle gelingt jedoch eine – insgesamt gesehen – ausgewogene Bestimmung ethisch verantwortlichen Handelns. Das Modell einer Gesetzesethik fokussiert auf die Ausrichtung des Handelns an einer objektiv vorgegebenen Güter- und Werteordnung. Es entwickelt objektive Werte und Normen, die diese ethische Ordnung widerspiegeln. Es berücksichtigt dabei aber die konkrete Situation und die handelnde Person in ihrer Eigenverantwortung zu wenig. In dem Glauben, die ethischen Anforderungen in diesen objektiven Regeln ein für allemal hinreichend erfassen zu können, reduziert es die ethische Legitimität menschlichen Handelns allzu sehr auf die bloße Einlösung dieser allgemeinen Regeln in der konkreten Situation. Das situationsethische Modell macht demgegenüber auf die Bedeutung der Situation als bestimmendes Moment des Ethischen aufmerksam. Mit der Betonung der je konkreten, unwiederholbaren Situation marginalisiert es jedoch zugleich die Bedeutung allgemeiner Normen und Prinzipien und rückt das Subjekt des Handelns, die menschliche Person in ihrer Einmaligkeit und Einzigartigkeit, ungebührlich in den Mittelpunkt. Das Modell einer radikalen Gesinnungsethik setzt ebenfalls, wenn auch in anderer Weise, beim handelnden Subjekt an. Es sieht in der inneren Ausrichtung, in der Gesinnung des handelnden Subjekts die alleinige Quelle ethisch verantwortlichen Handelns, vernachlässigt dabei aber die Sachverhaltsebene. Die Frage nach der sittlichen Richtigkeit fällt hier ineins mit der Frage nach der sittlichen Güte. Das zuletzt besprochene utilitaristische Modell schließlich sieht in den Handlungsfolgen das einzig maßgebliche Kriterium für die ethische Beurteilung. Es bringt damit ein wichtiges Moment in die ethische Diskussion ein. Die ausschließliche Konzentration auf die Folgenabschätzung führt aber zu ethisch fragwürdigen Ergebnissen. Denn durch das rationale Nutzenkalkül allein können weder die moralischen Rechte des Subjekts noch eine verbindliche Güter- und Werteordnung begründet werden.

In dem Bemühen, ein Modell zu entwickeln, das alle für die ethische Beurteilung unseres Handelns maßgeblichen Aspekte angemessen zu berücksichtigen und unter einem Begriff zu versammeln vermag, rekurrierten deutschsprachige christliche Ethiker in der zweiten Hälfte des vergangenen Jahrhunderts auf den Begriff der Verantwortungsethik. Von ihm her soll im Folgenden menschliches Handeln nochmals in den Blick genommen und mit seinen wesentlichen ethischen Bestimmungsmomenten dargelegt werden.

1. Das Entscheidungsmodell der Verantwortungsethik

a. Max Webers Ansatz einer Verantwortungsethik

Erstmals wissenschaftlich verwendet und geprägt hat den Begriff der Verantwortungsethik der Soziologe Max Weber, und zwar auf einem Vortrag über Politik als Beruf, den er im Revolutionswinter 1918/19 vor Freistudenten in

Heidelberg gehalten hat.[194] Im Verlauf dieses Vortrages kommt Weber auch auf die Beziehung von Ethik und Politik zu sprechen. Er gelangt dabei zu folgendem Ergebnis: „Wir müssen uns klarmachen, dass alles ethisch orientierte Handeln unter zwei voneinander grundverschiedenen, unaustragbar gegensätzlichen Maximen stehen kann: es kann ‚gesinnungsethisch‘ oder ‚verantwortungsethisch‘ orientiert sein ... es ist ein abgrundtiefer Gegensatz, ob man unter der gesinnungsethischen Maxime handelt – religiös geredet: ‚der Christ tut recht und stellt den Erfolg Gott anheim‘ –, oder unter der verantwortungsethischen: dass man für die (voraussehbaren) Folgen seines Handelns aufzukommen hat.“[195]

Weber stellt hier ein gesinnungsethisch orientiertes Handeln einem verantwortungsethisch orientiertem gegenüber. Verantwortungsethisch nennt er jene Haltung, die das Handeln nicht so sehr von der Gesinnung und von den Zielen her bestimmt sein lässt, sondern vom Handlungsergebnis und seinen Folgen. Gleichzeitig damit rücken für Weber die erforderlichen Mittel zur Erreichung der jeweiligen Ziele in den Mittelpunkt. „Keine Ethik der Welt“, so fährt er in seinem Vortrag fort, „kommt um die Tatsache herum, dass die Erreichung ‚guter‘ Zwecke in zahlreichen Fällen daran gebunden ist, dass man sittlich bedenkliche oder mindestens gefährliche Mittel und die Möglichkeit oder auch Wahrscheinlichkeit übler Nebenerfolge mit in den Kauf nimmt, und keine Ethik der Welt kann ergeben: wann und in welchem Umfang der ethisch gute Zweck die ethisch gefährlichen Mittel und Nebenerfolge ‚heiligt‘.“[196]

Webers Verständnis von Verantwortungsethik steht mithin in großer Nähe zum utilitaristischen Modell einer Folgenethik, obgleich auch Weber um die Bedeutung gesinnungsethischen Denkens weiß. Die Schwäche in seinem Ansatz liegt darin, dass er das gesinnungsethische Denken gegen das verantwortungsethische ausspielt. Da er zu einseitig die Folgen und das Erreichen der Ziele thematisiert, steht sein Konzept von Verantwortungsethik in der Nähe zum Utilitarismus und muss daher kritisch gesehen werden. Weber hat

---

194 Der Vortrag ist abgedruckt in Weber ²1958. Vgl. dazu auch Mertens 1982, 206f.
195 Weber ²1958, 539f.
196 Weber ²1958, 540.

jedoch in einer Zeit, die zwischen einer legalistisch-gesetzesethischen Handlungseinstellung auf der einen und einer gesinnungsethisch-utopistischen auf der anderen Seite schwankte, auf einen wichtigen Aspekt ethischen Handelns hingewiesen. Die unbedingten ethischen Ziele und Ansprüche sind immer nur unter den jeweiligen rechtlichen, politischen, wirtschaftlichen, ökologischen und sozialen Bedingungen möglich. Und genau das meint für ihn Verantwortungsethik: Einlösung des Unbedingten im Bedingten, Kunst des Möglichen, Optimierung des Gegebenen, „das Durchbohren harter Bretter mit Leidenschaft und Augenmaß"[197].

b. Verantwortungsethik als Ethik des Bestmöglichen

Es war nun der Bonner Ethiker Wilhelm Schöllgen, der nach den Ereignissen des Zweiten Weltkrieges das Positive im Ansatz Webers aufgreift und – im Zusammenhang mit der Diskussion um das Widerstandsrecht – den Begriff der Verantwortungsethik in die ethische Diskussion einführt.[198] Die handelnde Person habe, so Schöllgen, nicht mehr nur nach den subjektiven und objektiven Bedingungen des Handelns zu fragen, sondern müsse ebenso die vorhersehbaren Folgen mit bedenken, da sie auch für diese die Verantwortung trage. Schöllgen übt ebenfalls Kritik an einer reinen Gesinnungsethik, da diese meist den guten Willen auf Kosten einer angemessenen Berücksichtigung der Wirklichkeit überbetone. Den zugrunde liegenden Sachprämissen aber werde in der Regel zu wenig Aufmerksamkeit geschenkt. Einer Verantwortungsethik hingegen gehe es um das rechte Zueinander von gutem Willen und rechtem Weg. Dabei habe auch das Gesinnungsethische seinen Platz. Bleibt es doch, so Schöllgen, im konkreten Handeln „als antreibender Impuls des Gewissens gewissermaßen im Rücken. Der suchende Blick aber richtet sich auf die Wirklichkeit und setzt sich dort seine Ziele."[199]

---

[197] Weber ²1958, 547.
[198] Vgl. dazu Schöllgen 1955, 241-243. Eine Einführung in den ethischen Ansatz Werner Schöllgens bietet Mertens 1982, hier v.a. 206-218.
[199] Schöllgen 1961, 22.

Für Schöllgen ist Verantwortungsethik mithin „die rechte Mitte zwischen Gesinnungsethik und Erfolgsethik"[200]. Verantwortliches Handeln schließt auf der einen Seite immer die lautere Gesinnung mit ein. Wie die Gesinnungsethik orientiert sich die Verantwortungsethik an ethischen Idealen. Hierin unterscheidet sich Schöllgens Verständnis einer Verantwortungsethik grundlegend von Webers Konzeption.[201] Verantwortliches Handeln ist auf der anderen Seite aber auch bemüht, in der konkreten Situation, unter Ausschöpfung aller gegebenen Möglichkeiten, einen angemessenen Erfolg zu erzielen. Während sich der Gesinnungsethiker nur an die Idee bindet, ohne Rücksicht darauf, ob sie die soziale Wirklichkeit in ihrem Sinne zu formen vermag, weiß der Verantwortungsethiker um die begrenzte Kapazität der Wirklichkeit. Er weiß, dass alle positiven ethischen Ideale zwar in abstracto unbedingt gelten, im konkreten Handeln dagegen nur einen partikularen, situationsgebundenen Anspruch haben, und handelt daher nach der Maxime: „das Mögliche ist das Meiste"[202].

Schöllgen geht in seinen Ausführungen zur Verantwortungsethik von zwei Voraussetzungen aus. Gegen eine pessimistische Lehre von der Sündverfallenheit des Menschen betont er als christlicher Ethiker ausdrücklich die Befähigung des Menschen zu eigenverantwortlichem Handeln, zur freien „Entscheidungsmächtigkeit"[203], wie er das auch nennt. Die dem Menschen schöpfungsmäßig eingestiftete Befähigung zur „Selbstmacht"[204] ist auch durch die Erbsünde nicht aufgehoben. Die zweite Voraussetzung betrifft die Konstitution der Welt. Mensch und Welt sind für Schöllgen als Schöpfungen Gottes a priori begrenzt. Jeder einzelne Mensch vermag daher, unabhängig

---

[200] Schöllgen 1955, 241.
[201] Peter Eisenmann greift in seiner Arbeit über „Werte und Normen in der Sozialen Arbeit" ebenfalls die Verantwortungsethik als eine Form ethischen Handelns in der Sozialen Arbeit auf (vgl. Eisenmann 2006, 94-100). Er identifiziert diesen ethischen Handlungsansatz jedoch im Wesentlichen mit Webers Konzeption – man vergleiche hierzu etwa nur die Überschrift „der Gegensatz von Gesinnungs- und Verantwortungsethik" (99). Die Korrektur und Weiterentwicklung, die dieser Ansatz in der christlichen Ethik der Nachkriegsära erfahren hat, scheint Eisenmann nicht zu kennen.
[202] Schöllgen 1955, 242.
[203] Schöllgen 1961, 185.
[204] Schöllgen 1953, 162.

von seinen Intentionen und Handlungen, unabhängig auch von Versagen und Schuld, immer nur im Bedingungskontext von Endlichkeitsstrukturen zu existieren. Mit den Worten Schöllgens: Er bleibt als eine endliche Kreatur eingeschlossen „in die Grenzsetzungen des geschichtlich Möglichen"[205].

Übertragen auf die ethische Reflexion bedeutet das, dass sich der Mensch in seinem Handeln immer schon vor die Aufgabe gestellt sieht, angesichts begrenzter Handlungsmöglichkeiten das real Mögliche zu verwirklichen. Verantwortungsethiker wie Klaus Demmer, Bruno Schüller, Wilhelm Korff, Hermann Ringeling, Trutz Rendtorff oder Johannes Gründel, um nur einige wichtige zeitgenössische Vertreter zu nennen, sehen in diesen Begrenzungen und der sich daraus ergebenden Konflikthaftigkeit menschlicher Existenz das eigentliche Bewährungsfeld ethischer Reflexion. Wenn die Wirklichkeit weder Schwarz noch Weiß ist, sondern voller Brechungen und Übergänge, dann gebietet die konkrete ethische Entscheidung die Wahl nicht nur zwischen Gut und Böse, sondern zwischen Gut und Besser, ja sogar zwischen Schlecht und weniger Schlecht. Jede Entscheidung ist dann ein Versuch, in der Konflikthaftigkeit der jeweiligen Situation den bestmöglichen Weg zu finden. Dies setzt freilich die Bereitschaft zu notwendigen Kompromissen voraus.[206]

Das Entscheidungsmodell der Verantwortungsethik sieht in ethischen Normen und Prinzipien eine wichtige Orientierungshilfe für die erfolgreiche Umsetzung des sittlich guten Willens in die sittlich richtige Tat. Es geht jedoch davon aus, dass diese allgemeinen Normen und Prinzipien und die ihnen zugrunde liegenden Güter und Werte im konkreten Handeln jeweils nur situationsgebunden und damit in der Regel auch nur bedingt umgesetzt werden können. Verantwortlich für diese Umsetzung ist die handelnde Person. Sie entscheidet, in welcher Handlung das angestrebte Ziel optimal verwirklicht werden kann. Stehen in einer konkreten Situation mehrere Güter oder Werte gleichzeitig zur Einlösung an oder sind mit der Entscheidung unabdingbare üble Folgen verbunden, dann hat sie eine Abwägung zu

---

[205] Schöllgen 1955, 17.
[206] Zu den Bedingungen eines ethisch verantworteten Kompromisses und seiner Legitimation vgl. weiter unten Kapitel 4, Abschnitt III.

treffen. Sie hat sich dann für jene Handlung zu entscheiden, die sie für die in der Situation bestmögliche hält. Hilfestellung und Orientierung bieten dabei Güter- und Übelabwägungsmaximen, die die Ethik bereitstellt und an deren Verbesserung sie fortwährend arbeitet.[207] Das entscheidende Kriterium für jede Abwägung liegt negativ betrachtet im geringstmöglichen Übel, positiv formuliert im höchstmöglichen Gut.[208] Immer aber geht es verantwortungsethischem Denken und Handeln zufolge um das Grundgut umfassend gelingenden Lebens. Daran muss sich jede verantwortliche ethische Entscheidungsfindung messen lassen.

Die Einlösung des ethischen Anspruchs lässt sich verantwortungsethisch gesehen also letztlich immer nur mittels des ethischen Instrumentariums der *Güter- und Übelabwägung* vollziehen. Nur auf diesem Weg kann die handelnde Person einen verantwortlichen Handlungsentscheid treffen, einen Handlungsentscheid, der den jeweiligen kulturellen, sozialen und individuellen Bedingtheiten und Brechungen gerecht wird. Wo abgewogen werden muss, wird jedoch immer ein Rest an Unwägbarkeit bleiben. Mag eine Entscheidungsfindung auch noch so verantwortlich und wohl überlegt sein, auf der Handlungsebene, auf der Ebene des sittlich Richtigen ist nie mit einer vollkommenen Erfüllung des ethischen Anspruchs zu rechnen. Eine Ethik, die als sittlich nur das absolut Gute anerkennt, führt unweigerlich zu einem ethischen Rigorismus. Ein solcher aber löst die Spannungseinheit ethischen Handelns entweder, wie die reine Gesetzesethik, auf die Seite des Handlungsobjekts hin auf oder aber, wie die Gesinnungsethik, auf die Seite des Handlungssubjekts hin. Im ersten Fall haben wir es mit einem Gesetzesfanatismus, im zweiten Fall mit einem unangemessenen Streben nach sittlicher Vollkommenheit zu tun. Beides widerspricht in fundamentaler Weise den Bedingungen endlichen Menschseins. Die ethische Gesinnung, die vielmehr allein dem endlichen Menschsein entspricht, ist das demütige Zur-Kenntnis-Nehmen der immer nur begrenzten Erfüllbarkeit und auch tatsächlichen Erfüllung des ethischen Anspruchs.

---

[207] Vgl. dazu auch die Ausführungen in Kapitel 4.
[208] Vgl. dazu Demmer 1976, 173-175.

Das Entscheidungsmodell der Verantwortungsethik stellt eine angemessene Antwort auf die ethische Situation dar, in der sich der Mensch in der modernen Gesellschaft vorfindet. Es ist dies eine in hohem Maße ambivalente Situation. Einerseits besitzt der Einzelne heute wie kaum je zuvor die Freiheit, über sich und sein Leben selbst zu bestimmen. Andererseits erleben nicht wenige Menschen diese Freiheit aufgrund der Ausweitung der Möglichkeiten menschlichen Handelns und der damit gegebenen Komplexität der modernen Lebenswelt als Überforderung. Das verantwortungsethische Handlungsmodell trägt dieser schwierigen Situation durch eine ausgewogene Verhältnisbestimmung von objektivem Anspruch und subjektivem Entscheid Rechnung. Es hält an der Bedeutung objektiver Werte und Normen als unbedingter ethischer Handlungsvorgabe fest. Verantwortlich für die sittliche Richtigkeit des Handelns und damit Subjekt des Ethischen ist und bleibt jedoch die handelnde Person. Sie entscheidet, in welchen konkreten Handlungen der jeweilige ethische Anspruch am besten zur Geltung gebracht werden kann. Die Verantwortungsethik nimmt dem Einzelnen die Verantwortung für den konkreten Handlungsentscheid also nicht ab. Sie entlastet ihn aber auf der Suche nach dem bestmöglichen Weg zur Erreichung des angestrebten Zieles, indem sie an der Gültigkeit von Werten und Normen festhält und ihm mit den Güter- und Übelabwägungsmaximen Kriterien für die Entscheidungsfindung an die Hand gibt.

Die Verantwortungsethik zeichnet sich zudem – und das macht dieses Handlungsmodell für die Soziale Arbeit attraktiv und wertvoll – durch ihren Realitätsbezug aus. Sie huldigt keinem Schwarz-Weiß-Denken, sondern geht, ohne die ethischen Ideale auf der Einstellungsebene preiszugeben, davon aus, dass diese Ideale auf der Handlungsebene aufgrund der kreatürlichen Begrenztheit von Mensch und Welt immer nur bedingt verwirklicht werden können. Wie die Soziale Arbeit weiß sie um die gebrochene Wirklichkeit und die Konflikthaftigkeit menschlicher Existenz. Der ethische Konflikt stellt für sie keine Ausnahmesituation dar, sondern ist geradezu ein Strukturmerkmal menschlichen Lebens und Handelns. Sie verlangt daher kein ethisches Heldentum, sondern erstrebt das Bestmögliche. Jenseits dessen, so ihr Grundsatz, kann niemand verpflichtet werden. Die Verantwortungsethik ist damit ein zwar anspruchsvolles, aber auch ein menschenfreundliches ethisches Handlungsmodell.

2. Bestimmungsmomente des ethischen Handlungsentscheids

Verantwortliches Handeln ist das Ergebnis eines komplexen ethischen Prozesses. Im Verlauf dieses Prozesses versucht die handelnde Person den moralischen Anspruch, wie er ihr in einer konkreten Situation begegnet, genau zu erfassen und handelnd zu verwirklichen. Die ethische Leistung besteht dabei darin, unter den gegebenen Umständen und Bedingungen den bestmöglichen Weg zur Umsetzung des als gut und wertvoll erkannten Zieles zu finden. Es genügt also nicht, sich nur den ethischen Idealen unseres Daseins zu verschreiben; es geht vielmehr darum, bereits im Hier und Jetzt, in der Gegenwart, den Weg dorthin zu beschreiten. Das erfordert vom handelnden Subjekt ein Höchstmaß an Komplexitäts- und Verantwortungsbereitschaft. Im Einzelnen lassen sich, wie schon weiter oben festgestellt, vier Aspekte benennen und analytisch voneinander unterscheiden, die den Handlungs- und Gewissensentscheid in ethischer Hinsicht qualifizieren und letztlich als verantwortlich ausweisen: die *Gesinnung* der handelnden Person, das *Handlungsziel*, die eingesetzten *Mittel und Methoden* zur Erreichung dieses Zieles und schließlich die Abschätzung der vorhersehbaren *Handlungsfolgen*. Alle vier Bestimmungsmomente stehen in einem wechselseitigen Bedingungszusammenhang und sind insofern für die ethische Beurteilung unseres Handelns gleich maßgeblich. Sie sollen hier in ihrer Vernetzung, das bislang Erarbeitete gleichsam zusammenfassend, nochmals dargestellt und an praktischen Beispielen erläutert werden.

a. Die Gesinnung der handelnden Person

Erstes und grundlegendes Bestimmungsmoment eines verantwortlichen ethischen Handlungsentscheids ist die Gesinnung der handelnden Person. Was ist damit gemeint? Gesinnung bezeichnet zunächst die wertbezogenen Grundeinstellungen einer Person, die ihre Moralität prägen und ihr gesamtes ethisches Urteilen, Streben und Handeln prädisponieren. Auf dieser Ebene geht es also um die grundsätzliche ethische Motivation und Entschiedenheit der handelnden Person. Will diese das Gute tun und das Böse meiden?

<table>
<tr><td>

1. Gesinnung
* Motive
* Absichten
* Interessen
* Grundhaltungen

</td><td>

2. Eingesetzte Mittel
* Methoden
* Weg zum Ziel
* Handlungsumstände

</td></tr>
<tr><td>

4. Folgen
* kurzfristige
* langfristige
* vorhersehbare

</td><td>

3. Ziel
* vgl. Gesinnung
* Handlungsobjekt

</td></tr>
</table>

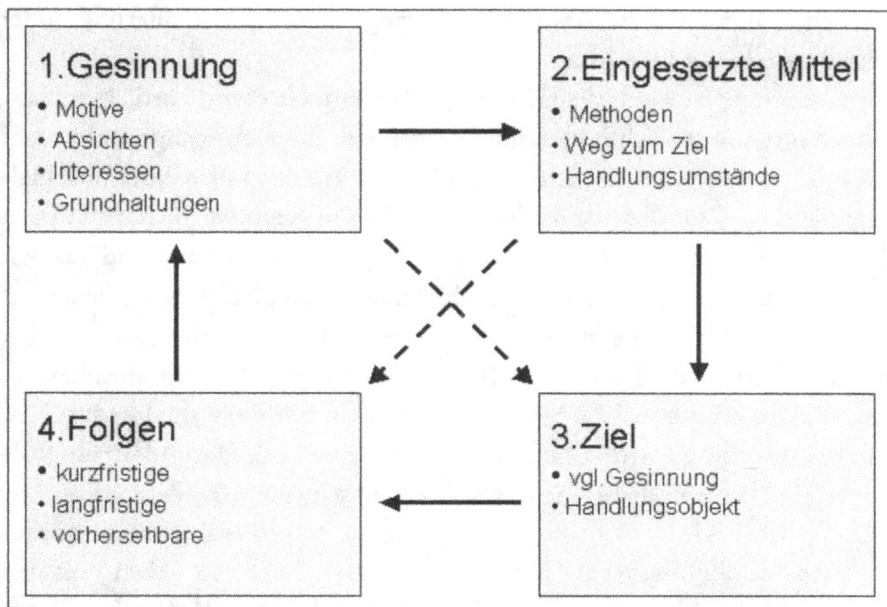

Abb. 6: Bestimmungsmomente des ethischen Handlungsentscheids

Oder ist sie diesbezüglich indifferent oder gar fremdbestimmt und lässt sich vornehmlich von ihren Neigungen treiben? Oder entscheidet sie sich ganz bewusst für das Böse und Schlechte? Bezüglich dieser Entscheidung zum Guten oder Bösen ist der Mensch grundsätzlich frei.[209] Hat sich jemand jedoch für das Gute und gegen das Böse entschieden, so wird sich diese Entschiedenheit auch in seinem konkreten Handeln als solche zu erkennen geben und ihre Wirksamkeit entfalten. Seine Motive, Interessen, Absichten und Einstellungen werden sich dann auf sozial anerkannte Güter und Werte richten und die handelnde Person wird um deren ausgewogene Zielverwirklichung bemüht sein. Je tiefer die Gesinnung zum sittlich Guten im

---

[209] Natürlich handelt es sich dabei nur um eine grundsätzliche menschliche Disposition, um eine Befähigung, die (moral)pädagogisch erst geweckt und entfaltet und in der Folge auch immer wieder neu geschärft werden muss. Das heißt umgekehrt: Der freie Wille zum Guten kann im Einzelfall – aus welchen Gründen auch immer – eingeschränkt oder auch ganz verkümmert sein. Ein solcher Mensch kann dann ethisch gesehen auch nicht für seine Handlungen verantwortlich gemacht werden.

Menschen verwurzelt ist, desto stärker drängt sie zur Selbstäußerung in der Absicht wie in der Handlung.

Die Gesinnung ist somit die Grundlage allen ethisch verantwortlichen Handelns. Gute wie schlechte Handlungen nehmen ihren Ausgangspunkt nicht erst beim aktiven Tun, sondern bereits bei der inneren Einstellung und Haltung. Und auch für diese ist die handelnde Person verantwortlich. Auf diesen Zusammenhang von Haltung und Handlung, von Gesinnung und Tat, hat wie kein anderer vor und nach ihm Jesus in der Bergpredigt hingewiesen.[210] Im Mittelpunkt der Bergpredigt stehen sechs Radikalforderungen, wegen ihres antithetischen Charakters auch Antithesen genannt: nicht nur nicht töten, sondern grundsätzliche Friedfertigkeit; nicht nur nicht die Ehe brechen, sondern unbedingte Treue; nicht nur keine Ehescheidung, sondern absolute Unverbrüchlichkeit; nicht nur keinen Meineid schwören, sondern grundsätzliche Wahrhaftigkeit; nicht nur keine geregelte Vergeltung, sondern grundsätzliche Versöhnungsbereitschaft; nicht nur den Nächsten lieben und den Feind hassen, sondern sogar den Feind lieben (vgl. Mt. 5,21-48). Jesus leitet diese Radikalforderungen mit dem Satz ein: „Wenn eure Gerechtigkeit nicht weit größer ist als die der Schriftgelehrten und Pharisäer, werdet ihr nicht in das Himmelreich kommen" (Mt 5,20). Jesus verwendet hier als Jude für Gerechtigkeit das hebräische Wort *zedaka*. Nach Pinchas Lapide ist *zedaka* ein unübersetzbares Wort, das Gerechtigkeit, Güte und Liebe umschließt und sie zur Einheit verschmilzt. Gerechtigkeit in diesem Sinn bezeichnet „all unser Wohltun, vom Almosengeben bis hin zur Selbsthingabe für den Nächsten als etwas, was diesem Nächsten gebührt und mit dessen Erfüllung wir nur das tun, was unsere Pflicht vor Gott ist. Eine solche Pflicht kann weder im bloßen Wohlwollen münden noch im Lippendienst der Moralpredigt."[211]

Die größere Gerechtigkeit meint also ein Handeln, das sich am Mitmenschen orientiert, ihn annimmt und akzeptiert. Hier haben Zorn, Vergeltung, Gleichgültigkeit und Egoismus keinen Platz. Die größere Gerechtigkeit,

---

[210] Die Bergpredigt findet sich nur im Matthäusevangelium und umfasst dort die Kapitel fünf bis sieben. Zum ethischen Verständnis der Bergpredigt vgl. Schockenhoff 1996, 265-295. Nach wie vor lesenswert dazu auch der Sammelband von Schnackenburg 1982.

[211] Lapide 1985, 72.

verstanden als Freiheit für Andere, wird zum Maß allen Handelns. Mit den genannten Radikalforderungen verdeutlicht Matthäus, was Jesus unter größerer Gerechtigkeit versteht. Ihm geht es nicht um eine Verschärfung der alttestamentlichen Gebote, sondern um das Aufdecken ihres eigentlichen Kerns, um die Grundeinstellung des Menschen. Nicht Vergehen, die in einer Handlung vollzogen werden, wie etwa das Töten, der Ehebruch oder die Vergeltung, stehen im Mittelpunkt der Rede Jesu, sondern die innersten Beweggründe und Antriebe, die Wurzeln einer schlechten Tat, die Gesinnung. Jesus will mit seinen Radikalforderungen die Verantwortung für die Grundentscheidung herausstellen. Es geht ihm um den Kern ethischen Handelns. Er geht dabei sogar soweit, Zorn mit Mord und Lüsternheit mit Ehebruch gleichzusetzen. Das Schwören als öffentliches Bekunden der Wahrheit verwirft er, weil der Mensch immer die Wahrheit sagen soll. Den Teufelskreis von Rache und Vergeltung durchbricht er durch den Hinweis auf den Verzicht auf Vergeltung. All diese Forderungen sind gesetzlich nicht einklagbar, da sie sich entweder, wie die Feindesliebe, nicht verordnen lassen oder es sich, wie beim Zürnen und Lüsternsein, um innerpsychische Vorgänge handelt, die von keinem Gericht überprüft werden können. Hier wird vielmehr eine Freiheit und Autonomie des Menschen proklamiert, die sich ganz an den Schöpfergott gebunden weiß. Die Radikalforderungen zielen auf die Gesinnung des Menschen, in eine personale Tiefe, in die kein Gesetz reicht. Nicht um eine legalistische Erfüllung geht es Jesus, sondern um die personale Verantwortung für das Tun. Dieses ganzheitliche Engagement ist gemeint mit der Forderung nach der größeren Gerechtigkeit.

Am Ende der sechs Radikalforderungen steht Jesu Aufruf zur Vollkommenheit: „Ihr sollt also vollkommen sein, wie es auch euer himmlischer Vater ist" (Mt 5,48). Die hebräische Wurzel des Wortes „vollkommen" ist *tamim*, was soviel bedeutet wie ganz, ungeteilt, heil, vollständig, unversehrt. Wenn Matthäus Jesus sagen lässt, wir Mensch sollen *tamim* sein, dann heißt das, wir sollen uns dem sittlich Guten und damit zugleich Gott ungeteilt und ausschließlich zuwenden. Im weiteren Fortgang der Bergpredigt findet sich eine Reihe von Beispielen, in denen sich die ganzheitliche Beanspruchung des Menschen durch Jesu Auslegung der alttestamentlichen Gesetze zeigt. So heißt es in Mt 6,24: Niemand kann eben „zwei Herren dienen". Der

Mensch lebt geteilt, wenn er seine Mitmenschen einteilt in Menschen, die man lieben muss, und in solche, die man hassen darf (vgl. Mt 5,43-47); er lebt geteilt, wenn er bei seinem Urteil mit zweierlei Maß misst (vgl. Mt 7, 3-5); wenn er zu Gott betet und sich gleichzeitig um Kleidung und Nahrung Sorgen macht (vgl. Lk 6,25-34); er lebt geteilt, wenn bei ihm Wort und Tat, Bekenntnis und Lebensführung nicht übereinstimmen (vgl. Mt 7,21-23), wenn er seine guten Werke, seine Gebete und sein Fasten öffentlich zur Schau stellt (vgl. Mt 6,16-18). Zwiespältig und geteilt wäre der Mensch aber auch, wenn er seinen Bruder zwar nicht töten würde, ihm aber zürnte, oder wenn er einen Ehebruch zwar scheute, aber mit seinen Augen und in seiner Phantasie Ehebruch beginge.

Jesus geht es mit seinen radikalethischen Forderungen also nicht um neue Normen und Gebote oder gar um eine Verschärfung der bestehenden, sondern darum, den einzelnen Menschen in seiner Gesinnung, in seiner inneren Grundausrichtung ganz und ungeteilt auf das sittlich Gute zu verpflichten. Er entlarvt damit die eigentlichen Wurzeln des bösen Handelns in der Welt. Das Böse und Schlechte bricht eben im Innern des Menschen auf.[212] In diese Tiefe reicht kein Gesetz. Hier werden die Grundentscheidungen gefällt, und zwar sowohl die, die zu guten Handlungen führen, wie auch die, die zu schlechten Handlungen führen. Darum kann Jesus am Ende der Bergpredigt auch sagen: Wer ein reines Herz hat, braucht sich nicht zu sorgen, denn „ein guter Baum kann keine schlechten Früchte hervorbringen" (Mt 7,18).[213]
Ich möchte den Zusammenhang zwischen Haltung und Handlung anhand eines Beispieles verdeutlichen. Während meines Weges zur Hochschule wur-

---

[212] An anderer Stelle, der Evangelist Markus berichtet davon, sagt Jesus nach einem Streitgespräch mit den Pharisäern und Schriftgelehrten zu seinen Zuhörern und Zuhörerinnen: „Nichts, was von außen in den Menschen hineinkommt, kann ihn unrein machen, sondern was aus dem Menschen herauskommt, das macht ihn unrein" (Mk 7,15).

[213] Jesus zieht aber auch den Umkehrschluss, indem er sagt: „An ihren Früchten also werdet ihr sie erkennen" (Mt 7,20). Das heißt: Seine ethische Botschaft darf nicht als reine Gesinnungsethik missverstanden werden. Er weist zwar – gegen das gesetzesethische Denken seiner Zeit – mit Entschiedenheit auf die Bedeutung der Gesinnung als Ausgangspunkt und Grundlage allen ethisch verantwortlichen Handelns hin. Aber es geht ihm auch um das Tun der Wahrheit. Sein Handlungsaufruf am Ende der Bergpredigt (vgl. Mt 7,24-27) weist deutlich darauf hin.

de ich vor einigen Jahren Zeuge folgenden Vorfalles: Ich hatte gerade die S-Bahn verlassen und fuhr die Rolltreppe hoch, als sich hinter mir Lärm erhob. Ein Mann mittleren Alters hatte beim Aussteigen aus der S-Bahn offenbar einen epileptischen Anfall erlitten. Er war zu Boden gestürzt und dabei zwischen die S-Bahn und die Bordsteinkante des Bahnsteigs geraten. Eine Muskelverkrampfung machte ihn vollkommen bewegungsunfähig. Die Türen der S-Bahn waren bereits geschlossen, der Zug war zum Abfahren bereit. Da stürzte eine junge Frau auf den Mann zu und befreite ihn unter Aufbietung all ihrer Kräfte aus seiner misslichen Lage. Sie rettete ihm das Leben. Die junge Frau – eine Studentin der Pflegewissenschaft, wie sich später herausstellte – hat nicht lange überlegt, sondern rasch und richtig gehandelt. Sie hat sich vom ethischen Anspruch der Situation – das Leben eines Menschen war in Gefahr – unmittelbar ansprechen lassen und geholfen. Ihre Absicht war es, dem Mann aus seiner Notlage zu befreien. In dieser Intention und der daraus folgenden Handlung zeigte sich ihre Gesinnung: ihre absolute Entschiedenheit und ihr unbedingter Einsatz für das sittlich Gute. Eine ganz andere Haltung offenbaren hingegen jene Menschen, die vor einigen Jahren ängstlich zusahen, wie zwei kleine Kinder im nur etwas mehr als einen Meter tiefen See des Olympiaparks in München – der See war mit einer dünnen Eissicht bedeckt – um ihr Leben rangen und schließlich vor ihren Augen ertranken.

In der Praxis lassen sich die Gesinnung und die damit verbundenen Absichten und Handlungsmotive meist jedoch nicht so leicht ausmachen. Oft haben wir es hier mit einem ganzen Motivbündel zu tun. Wenn etwa der Präsident der Vereinigten Staaten von Amerika als Oberbefehlshaber seines Landes einen groß angelegten militärischen Einsatz beschließt, wie etwa 1999 im Kosovo oder 2001 in Afghanistan, so liegen einem solchen Entschluss wohl mehrere Motive gleichzeitig zugrunde. Und diese Motive müssen nicht unbedingt miteinander im Einklang stehen. Im Kosovo etwa hat erst die Entdeckung von Massengräbern zu der Erkenntnis geführt, dass die dortige muslimische Bevölkerung vor ethnischen Säuberungen geschützt werden muss. Da dieselbe Situation in einem afrikanischen Land wie Ruanda jedoch keinerlei Schutzmaßnahmen der Weltmacht hervorgerufen hat, muss davon ausgegangen werden, dass neben dem Lebensschutz auch ganz andere Beweggründe für die Intervention im Kosovo oder in Afghanistan eine Rolle spielten. Zu denken ist hier etwa an wirtschaftliche oder hegemoniale Interessen, aber auch an ganz persönliche Motive wie Ruhm oder Machterhalt. Wenn ein Sozialpädagoge oder eine Sozialpädagogin sich mit allen zur Verfügung stehenden Mitteln für einen Klienten einsetzt, so können einem solchen Engagement ebenfalls unterschiedliche Motive zugrunde liegen. So kann ein solches Tun leitmotivisch geprägt sein durch die entschiedene Zuwendung zu diesem Menschen, der fremde Hilfe benötigt, um zu einem guten Leben zu kommen. Gleichzeitig kann aber auch das Streben nach Anerkennung oder die Notwendigkeit, Geld zu verdienen, um damit die eigene Familie zu ernähren, die innere Einstellung mit bestimmen. Wird Letzteres zum Leitmotiv sozialpädagogischen Handelns, so liegt eine ethisch fragwürdige Gesinnung zugrunde, eine Gesinnung, die nicht am Nächsten und seinen Bedürfnissen Maß nimmt, sondern allein an den eigenen Interessen und Wünschen.

b. Das Handlungsziel

Die Gesinnung ist eine Gemütsbewegung zum sittlich Guten. Sie legt die handelnde Person in ihrer Haltung auf das sittlich Gute fest. In entsprechenden Motiven und Intentionen findet diese Festlegung ihren konkreten Niederschlag. Motive und Intentionen umschreiben die jeweilige Absicht der handelnden Person. Die Absicht ist eine auf das Ziel gerichtete Willensbewegung. Sie bestimmt, worauf sich das Handeln richtet. Während also die Gesinnung die handelnde Person allgemein auf das sittliche Gutsein verpflichtet, bestimmt die Absicht das konkrete Handlungsziel. Damit kommt nun ein weiterer wichtiger Aspekt eines verantwortlichen ethischen Handlungsentscheids in den Blick. Was ist darunter genau zu verstehen?
Das Ziel bezeichnet den im Handeln angestrebten Zweck. Es ist das, worauf die Absicht und damit das Wollen der handelnden Person *zielt*. Handlungsziel und Handlungsabsicht gehören somit untrennbar zusammen. Das Handlungsziel ist gleichsam die ins Objektive gewendete Handlungsabsicht. Was aber qualifiziert nun das Handlungsziel in ethischer Hinsicht? Wie in

vielen anderen ethischen Fragen weist auch hier Aristoteles mit seiner Antwort – wir kamen bereits in einem anderen Zusammenhang darauf zu sprechen[214] – die Richtung. Zunächst legt er dar, was das Ziel menschlichen Handelns sei. Wie jede Kunst und jede Lehre, so erstrebe auch jede Handlung, so seine Antwort, irgendein Gut. Das Gute werde daher mit Recht als dasjenige bezeichnet, wonach alles strebt.[215] In einem zweiten Schritt geht Aristoteles sodann der Frage nach, was das oberste aller praktischen Güter sei. Seine lapidare Antwort lautet: „Im Namen stimmen wohl die meisten überein. Glückseligkeit nennen es die Leute ebenso wie die Gebildeten, und sie setzen das Gut-Leben und das Sich-gut-Verhalten gleich mit dem Glückseligsein"[216]. Die Glückseligkeit, griechisch *eudaimonia,* ist für Aristoteles deshalb das höchste Gut und damit das Endziel menschlichen Handelns, weil sie stets um ihrer selbst und niemals um eines anderen Zieles willen gesucht wird. Worin aber besteht die Glückseligkeit? Die Glückseligkeit besteht für Aristoteles darin, dass der Mensch tugendgemäß lebt. Tugendgemäß zu leben, bedeutet für ihn aber nichts anderes als vernunftgemäß zu leben. Denn das Leben in der Betätigung des vernunftbegabten Teiles ist das Eigentümliche und die besondere Befähigung des Menschen.[217]
Es ist nun die Aufgabe der Ethik, zu bestimmen, worin genau die tugendgemäßen Handlungen bestehen. Aristoteles zufolge kann diese Bestimmung nicht unabhängig von den natürlichen Gegebenheiten des Menschen erfolgen. Die Festlegung des Guten muss sich vielmehr an dem orientieren, was zu einem gelingenden und glücklichen Leben beiträgt. Dies aber ist keine Frage der Metaphysik, sondern eine Sache der Rekonstruktion.[218] Mit Hilfe der Vernunft werden Erfahrungen gelingender Praxis reflektiert und als zu erstrebende Güter und Werte aus der Lebenswirklichkeit rekonstruiert. Aristoteles nimmt also an, dass es ein höchstes praktisches Gut gibt, das in sich wertvoll ist, das sich also nicht mehr von einem anderen Wert herleitet, sondern als oberstes ethisches Ziel letztlich alles Handeln bestimmt. Und er

---

214 Vgl. dazu Kapitel 1, Abschnitt II.
215 Vgl. Aristoteles 1991, 1094 a.
216 Aristoteles 1991, 1095 a.
217 Vgl. Aristoteles 1991, 1098 a.
218 Vgl. dazu Aristoteles 1991, 1178-1179 a.

sieht dieses oberste Ziel im guten Leben, im Gedeihen und Wohlergehen der Menschen. Alle weiteren spezifischen Güter und Werte wie etwa Nahrung, Kleidung, Gesundheit, Freundschaft, Gerechtigkeit oder Wahrheit, um nur einige zu nennen, ordnen sich in ihrer Begründung diesem Ziel zu.

Damit kann nun auch die einleitende Frage beantwortet werden. Ein in ethischer Hinsicht gutes Handlungsziel liegt dann vor, wenn diesem Ziel ein Gut, wenn ihm ein anerkannter Wert zugrunde liegt. Denn Güter und Werte machen, egal ob es sich dabei um vital-materielle oder um personal-soziale Werte handelt, auf all jene individuellen und sozialen Bedürfnisse aufmerksam, die für das menschliche Wohlergehen unabdingbar sind, und deren Verwirklichung daher als erstrebenswert erscheint. Sie formulieren konkrete Zielvorgaben ethisch guten und richtigen Handelns und sind so für die handelnde Person eine wichtige Orientierungshilfe auf ihrer Suche nach einem verantwortlichen Handlungsentscheid.

Die junge Frau im vorhin geschilderten Beispiel ließ sich in ihrem Handeln vom Wert menschlichen Lebens leiten. Sie sah, dass das Leben des Mannes in dieser Situation gefährdet war und sprang ihm helfend zur Seite. Ihr Ziel war es, das Leben des Mannes zu retten. Schwieriger zu beurteilen sind hingegen die Handlungsziele, die die politisch Verantwortlichen zum militärischen Eingreifen in Afghanistan bewogen haben. Der Krieg gegen das Taliban-Regime etwa wurde vom Präsidenten der Vereinigten Staaten von Amerika damit begründet, dass sein Land sich vor jenen Kriegern und deren Angriffen schützen müsste, die das Taliban-Regime beherberge. Das Handlungsziel wäre demnach die Wiederherstellung der Sicherheit im eigenen Land, im weitesten Sinne also der Schutz der einheimischen amerikanischen Bevölkerung vor feindlichen Angriffen. Nun sind Sicherheit und Lebensschutz in der Tat wichtige ethische Güter, die, so sie gefährdet sind, ein angemessenes Handeln, unter Umständen auch den Einsatz militärischer Mittel, ethisch legitimieren. Es wäre allerdings genauer zu prüfen, ob die amerikanischen Angriffe tatsächlich der Abwehr eines Aggressors, also dem Lebensschutz dienten und insgesamt auf Friedenssicherung ausgerichtet waren. Der Terrorangriff islamistischer Fundamentalisten vom 11. September 2001 war, was die Wahl der Mittel und die Durchführung anbelangt, in der Tat von einer Rücksichtslosigkeit geprägt, wie man sie bislang vielleicht nur vom Dritten Reich her kannte. Die Zerstörung des World Trade Centers war eine gewollte Provokation und ein gezielter Angriff auf den Westen, speziell auf das amerikanische Volk. Die USA haben ohne Zweifel nicht nur völkerrechtlich, sondern auch ethisch gesehen das Recht, sich vor solchen Angriffen zu schützen. Allerdings muss sich die auf Friedenssicherung ausgerichtete Gesinnung auch in einem größeren Kontext als solche zu erkennen geben. Wer unter dieser Hinsicht die amerikanische Außenpolitik betrachtet, muss allerdings vermuten, dass in der Vergangenheit, wo es nicht unmittelbar um die innere Bedrohung des Landes ging, nicht so sehr lebenserhaltende und friedenssichernde als vielmehr wirtschaftliche und machtpolitische Ziele das Handeln bestimmten.

Das letztgenannte Beispiel macht auf einen Sachverhalt aufmerksam, den es bei der ethischen Beurteilung des jeweiligen Handlungszieles zu berücksichtigen gilt, und der den ethischen Handlungsentscheid mitunter so schwierig gestaltet: auf die *plurale Zielstruktur menschlicher Handlungswirklichkeit*. Selbst wenn sich alles Handeln einer höchsten, als solche maßsetzenden, alles übergreifenden Zielgestalt zuordnen lässt, so muss doch davon ausgegangen werden, dass sich der Mensch in einer Welt vorfindet, in der es zur Sicherstellung und Entfaltung seiner Existenz eine Vielfalt von Zielen zu verfolgen und zu berücksichtigen gilt. Daraus resultiert zwangsläufig, und zwar auch dort, wo kein böser Wille im Spiel ist, eine entsprechende Vielfalt von Güterkonkurrenzen und Wertkonflikten, die nicht einfach dadurch aufzulösen sind, dass man sie negiert oder sich einfach über sie hinwegsetzt. Der einzig verantwortliche Umgang mit dieser pluralen Zielstruktur menschlicher Handlungswirklichkeit liegt vielmehr in einem sorgfältigen Abwägen zwischen den unterschiedlichen, miteinander konkurrierenden Gütern und Werten.[219]

---

[219] Vgl. dazu die ethischen Orientierungshilfen und Fallbeispiele im nächsten Kapitel.

c. Die eingesetzten Mittel und Methoden

Mit einer guten, auf das Wohlergehen aller beteiligten Personen gerichteten Gesinnung und einem Ziel, das dieser Gesinnung im konkreten Handeln Rechnung trägt, indem es sich auf die Verwirklichung anerkannter Güter und Werte bezieht, sind zwei wichtige Bestimmungsmomente eines verantwortlichen ethischen Handlungsentscheids genannt. Damit sind wir jedoch noch nicht im Bereich der Tätigkeit angelangt. Die auf ein gutes Ziel bezogene lautere Absicht muss erst handelnd realisiert werden. Sie muss praktisch umgesetzt werden. Dazu bedarf es bestimmter Mittel und Methoden. Wie sind diese nun ethisch genau einzuordnen? Und welchen Stellenwert nehmen sie im ethischen Handlungsentscheid ein?

Ein Mittel ist per definitionem ein Sachverhalt, den wir nicht um seiner selbst willen als Ziel erstreben, sondern den wir um eines anderen zu erstrebenden Zieles willen absichtlich herbeiführen. Mit einer bewusst gesetzten Handlung versuchen wir ein bestimmtes Ziel zu erreichen.[220] Während das Ziel Gegenstand unseres Wollens ist, sind die Mittel und Wege, die zu diesem Ziel führen, Gegenstand des Überlegens und Urteilens. Nehmen wir als Beispiel die Situation eines an Diabetes leidenden Patienten, dessen Fuß mangels ausreichender Durchblutung abzusterben droht. Um das Leben des Mannes zu retten, entscheiden sich die behandelnden Ärzte zur Amputation des Fußes. Die Amputation ist in diesem Fall nicht das Handlungsziel, sondern dient lediglich dazu, das Leben des Patienten zu erhalten. Sie ist das einzige therapeutische Mittel, mit dem dieses Ziel erreicht werden kann. Wie in der Medizin wird auch in der Sozialen Arbeit mittels professioneller Interventionen eine Zielverwirklichung angestrebt. Das heißt: Interventionen sind ethisch gesehen nichts anderes als Mittel, um die erwünschten Ziele zu erreichen.

---

[220] Mitunter kann eine Handlung auch, wie im Fall des Verzichts einer nach menschlichem Ermessen aussichtslosen Therapie, die Form einer Unterlassung annehmen. Zur ethischen Qualifizierung von *aktivem* Tun und *passivem* Geschehenlassen vgl. Schockenhoff [3]2000, 195-201, sowie Pauer-Studer 2003, 45-48.

Auch die eingesetzten Mittel und Methoden – sozialpädagogisch gesprochen –, auch die jeweiligen Interventionen müssen reflektiert und von der handelnden Person ethisch verantwortet werden. Sie sind neben der Gesinnung und dem Ziel ein wesentliches Bestimmungsmoment des ethischen Handlungsentscheids. Was gilt es dabei im Einzelnen zu beachten? Die Mittel müssen zunächst daraufhin überprüft werden, ob sie überhaupt geeignet sind, das als gut erkannte Ziel zu erreichen. Hat sich etwa im Rahmen einer durch das Jugendamt angeordneten Untersuchung ergeben, dass Eltern mit der Erziehung ihres verhaltensauffälligen, lernbehinderten Kindes massiv überfordert sind, so gibt es verschiedene Interventionsmöglichkeiten. Die Eltern könnten verpflichtet werden, eine Erziehungsberatung in Anspruch zu nehmen. Als unterstützende Erziehungsmaßnahme wäre aber auch an die teilstationäre Unterbringung des Kindes in einer heilpädagogische Tageseinrichtung zu denken. Unter Umständen könnte den Eltern sogar die Erziehungsverantwortung – zumindest vorübergehend – entzogen und das Kind in einer entsprechenden stationären Einrichtung untergebracht werden. Die verantwortliche Person im Jugendamt muss sich für jene Maßnahme entscheiden, die sie angesichts der vorliegenden Gegebenheiten für am besten geeignet hält, eine angemessene Persönlichkeitsentwicklung des Kindes zu fördern.

Mit der Überprüfung der Effektivität der eingesetzten Mittel allein aber ist es nicht getan. Um ethisch gerechtfertigt zu sein, müssen die Mittel auch in einem angemessenen Verhältnis zum angestrebten Ziel stehen. Drei Beispiele mögen das verdeutlichen. Eine Sozialarbeiterin sieht sich im Rahmen ihrer Tätigkeit beim Sozialpsychiatrischen Dienst folgender Situation gegenüber: Sie betreut eine 85-jährige demente Frau mittels Hausbesuchen und ist ihr so bei der Alltagsbewältigung behilflich. Der psychische und physische Gesundheitszustand der Klientin verschlechtert sich innerhalb weniger Monate rapide. Sie trinkt nicht mehr, nimmt ab, die Wohnung gerät zusehends in Unordnung. Eine intensivere ambulante Betreuung ist aufgrund der dissozialen Persönlichkeit der alten Frau – sie gewöhnt sich nicht an andere Hilfeinstitutionen – nicht möglich. Gleichzeitig liebt die Frau ihre Wohnung. In ihr hat sie ihr ganzes Leben verbracht. Alles darin erinnert sie an ihren verstorbenen Mann. Sie möchte die Wohnung auf keinen Fall verlassen. Die

Nervenärztin des Sozialpsychiatrischen Dienstes, mit der sich die Sozialarbeiterin berät, sieht die körperliche Gesundheit der Klientin durch einen weiteren Verbleib in der Wohnung massiv gefährdet und rät zur Heimunterbringung. Soll sich die zuständige Sozialarbeiterin dem Wunsch der Klientin beugen und keine weiteren Schritte veranlassen oder soll sie, weil sie das Leben der Frau gefährdet sieht, die Unterbringung in einem Pflegeheim veranlassen? Die Sozialarbeiterin sieht ihr Handlungsziel darin, der Klientin auch in ihren letzten Lebensjahren ein würdevolles Leben zu ermöglichen. Dem Wunsch der Klientin nachzugeben, würde aufgrund des vorliegenden Sachverhaltes ihren sicheren Tod nach sich ziehen. Die Einweisung in ein Pflegeheim würde ihr andererseits jenen Rest an Lebensqualität rauben, den sie sich noch bewahrt hat: die ihr vertraute Wohnung mit den damit verbundenen Erinnerungen. Die Sozialarbeiterin entscheidet sich daher nach Rücksprache mit ihren Kolleginnen dafür, die Frau in einem Pflegeheim unterzubringen. Gleichzeitig kümmert sie sich aber darum, dass das Zimmer der Frau mit jenen Gegenständen aus ihrer Wohnung ausgestattet wird, die ihr vertraut sind und die sie an ihre Vergangenheit erinnern. Die Sozialarbeiterin wählt damit jenen Weg, der in einem ausgewogenen Verhältnis zum angestrebten Ziel steht. Einerseits sichert dieser Weg das physische Überleben der Klientin; andererseits bietet er so viel psychische Geborgenheit, wie es die Situation gestattet.

Von einer vollkommen unangemessenen Intervention berichtet der bekannte Sexualwissenschaftler Gunter Schmidt.[221] Ein fünfjähriger Junge erzählte in seinem Kindergarten in Hamburg, dass der Vater oft seinen Penis anfasse. Als die Mutter das Kind nachmittags vom Kindergarten abholen will, wird ihr mitgeteilt, dass ihr Sohn in ein Heim überstellt sei und wegen des Verdachts auf Kindesmissbrauch nicht nach Hause dürfe. Die Frage der Mutter, warum man nicht zuerst mit ihr oder dem Vater gesprochen habe, nützt ebenso wenig wie der Hinweis, dass sie vom Hausarzt gebeten worden sei, wegen einer Phimose des Jungen die Vorhaut täglich hin und her zu bewegen. Da ihr diese Tätigkeit zu nahe trete, habe sie ihren Mann gebeten, sie auszuführen. Es dauert einige Tage, bis der Akt bürokratischer Kindesentfüh-

---

[221] Vgl. Schmidt 1996, 99f.

rung, wie Schmidt den Vorfall sarkastisch bezeichnet, rückgängig gemacht wird. Die Verwirrung des Kindes über die Trennung von der Familie und der Eingriff der Behörden in sein Familienleben hinterlassen psychische Spuren, die nach Wochen und Monaten noch nicht verarbeitet sind. Die Erzieherinnen und das involvierte Jugendamt intervenierten hier völlig unangemessen. Ohne sich vorher ein genaues Bild von den Umständen und der tatsächlichen Gefahr für das Kindeswohl gemacht zu machen, griffen sie zu dem in einem solchen Fall äußersten Mittel: dem Entzug der elterlichen Erziehungsverantwortung, und zeitigten damit für alle Betroffenen langfristige üble Folgen.[222]

Ein letztes Beispiel zur Bedeutung der Mittel-Zweck-Relation: Mit der Krise des Sozialstaates gerät das Handeln in der Sozialen Arbeit zunehmend unter das Diktat der Ökonomisierung. Die sozialen Einrichtungen sehen sich angesichts leerer öffentlicher Kassen plötzlich Forderungen nach mehr Effizienz und Qualität ihrer Arbeit gegenüber. Die Hereinnahme ökonomischer Methoden in die Soziale Arbeit wird in diesem Zusammenhang zu einer wichtigen Maßnahme, um mit weniger Mitteln den gleichen Umfang und die gleiche Qualität an sozialer Hilfeleistung anbieten zu können. Solange die Ökonomisierung der Sozialen Arbeit im Dienste ihres Zieles steht, nämlich es zu ermöglichen, dass auch weiterhin Menschen in sozial benachteiligten Positionen zu einem selbstbestimmten Leben befähigt werden können, ist gegen diese Entwicklung aus ethischer Sicht nichts einzuwenden. Die Ausrichtung sozialarbeiterischen Handelns an wirtschaftlichen Funktionsabläufen birgt jedoch die Gefahr, dass sich das Mittel verselbstän-

---

[222] Ein Beispiel für ein nicht angemessenes Verhältnis der eingesetzten Mittel zur Erreichung eines an sich guten Zieles ist auch der in der Medizin seit einigen Jahren diskutierte Fetozid. Durch Hormonbehandlungen, aber auch durch die Implantation mehrerer befruchteter Eizellen kommt es immer wieder zu Mehrlingsschwangerschaften. Da mit jedem zusätzlichen Embryo die Überlebenschance der Ungeborenen sinkt, plädieren manche Ärzte dafür, in einem solchen Fall die schwächeren Föten zu töten, um dadurch die Überlebenschancen zumindest eines Kindes zu gewährleisten oder doch zumindest zu erhöhen. In ethischer Hinsicht stellt sich die Frage, ob solche Hormonbehandlungen überhaupt verantwortbar sind, wenn dies in zahlreichen Fällen die Tötung von Föten erforderlich macht, um das erwünschte Ziel, die Geburt eines gesunden Kindes, zu erreichen.

digt und zum Selbstzweck wird. Wo dies geschieht, verändert sich unausgesprochen auch die Zielsetzung sozialarbeiterischen Handelns und ihre damit in Zusammenhang stehende Wertegrundlage. Die der Wirtschaft inhärente Zielsetzung wird dann über kurz oder lang auch das Handeln in der Sozialen Arbeit bestimmen. Es ist daher eine ganz wichtige Aufgabe aller in der Sozialen Arbeit tätigen Menschen, insbesondere natürlich der Verantwortlichen, genau darauf zu achten, dass alle Rationalisierungs- und Sparmaßnahmen als notwendiges Mittel dem Ziel der Sozialen Arbeit zugeordnet bleiben: der Hilfe für Menschen in Not.[223]

Ein guter Zweck rechtfertigt nicht den Einsatz jedes beliebigen Mittels. Das käme einem machiavellistischen Erfolgsdenken gleich.[224] Es kann aber Situationen geben, in denen man sich um eines verantwortlichen Handlungsentscheides willen gezwungen sieht, zumindest ethisch bedenkliche Mittel anzuwenden, um Schlimmeres zu vermeiden. Einen pflegebedürftigen Menschen in ein Heim einzuweisen oder Eltern die Erziehungsverantwortung zu entziehen und ihr Kind in eine Pflegefamilie zu geben, stellt immer einen schweren Eingriff in das Leben und die Autonomie der von einer solchen Intervention betroffenen Menschen dar. Die Eltern beschneidet er in ihrer Erziehungsverantwortung; dem Kind entzieht er seine, wenn auch lebensfeindliche, so doch zumindest vertraute Umwelt und mutet ihm neue, fremde Bezugspersonen zu. Ethisch bedenklich sind solche Interventionen deshalb, weil sie neben den erwünschten positiven auch unerwünschte üble Folgen, in der Medizin spricht man von Nebenwirkungen, nach sich ziehen.

---

[223] In diesem Kontext müssen auch Veränderungen in der Begrifflichkeit immer kritisch gesehen und begleitet werden. Denn die Sprache ist nicht nur Ausdruck unserer Einstellung, sondern bestimmt diese wesentlich mit. Wenn der Begriff des *Klienten* oder hilfebedürftigen Menschen durch den des *Kunden* ersetzt wird, so ist das kein wertfreier Vorgang, sondern unter Umständen ein Hinweis für schleichende Veränderungen in der Zielsetzung und im Menschenbild der Sozialen Arbeit, der zur Sprache gebracht und wissenschaftlich diskutiert werden muss. Vgl. dazu auch die Ausführungen in Kapitel 1.

[224] Niccolò Machiavelli (1469-1527), florentinischer Politiker und Schriftsteller, sah in der Macht ein konstituierendes Element der Politik. Er formte, ausgehend von einem pessimistischen Menschenbild, den Begriff der Staatsräson vor, indem er das Böse im Rahmen der Staatsnotwendigkeit rechtfertigte. Der Zweck, das Wohl des Staates, rechtfertige Machiavelli zufolge den Einsatz auch ethisch verwerflicher Mittel.

Entscheidet man sich um des guten Zieles willen dennoch für den Einsatz solcher Mittel und Methoden, so setzt das entsprechend gewichtige Gründe voraus und erfordert ein sorgfältiges Abwägen der jeweiligen Umstände und Folgen.[225]

d. Die vorhersehbaren Folgen

Mit unserem Handeln sind immer Folgen verbunden, positive wie negative. Mit Hilfe geeigneter Mittel und Methoden versuchen wir, ein ethisch gutes Ziel zu erreichen. Im besten Falle ist die Realisierung des angestrebten Zieles die erwünschte positive Handlungsfolge. Die vorangegangenen Überlegungen haben jedoch gezeigt, dass mit der Anwendung bestimmter Mittel mitunter auch üble Folgen verbunden sind. In manchen Situationen sind die negativen Folgen auch das Resultat eines Entscheidungsprozesses. Wenn zwei gute Ziele, etwa die Rettung unschuldigen Lebens und der ethische Grundsatz, immer die Wahrheit zu sagen,[226] gleichzeitig zur Einlösung anstehen, in der Situation aber nur eines handelnd verwirklicht werden kann, dann geht die Entscheidung für das eine Ziel immer auf Kosten des anderen Zieles.

Die Folgen sind somit ein weiterer wichtiger Aspekt des ethischen Entscheidungsprozesses und müssen dementsprechend im Handlungsentscheid berücksichtigt und verantwortet werden. Im Gegensatz zum klassischen Utilitarismus sind verantwortungsethischem Denken zufolge die Konsequenzen jedoch nicht das alleinige Abwägungskriterium. Sie stehen vielmehr in einem Interdependenznexus mit den drei anderen Bestimmungsmomenten ethischen Handelns. Ausgangspunkt ist die Gesinnung der handelnden Person. Ist diese gewillt, gut zu sein und zum Wohle aller beteiligten Menschen zu handeln, so lässt sie sich auch von den ethischen Ansprüchen, die in der Situation an sie

---

225 Vgl. dazu die ethischen Orientierungshilfen und Fallbeispiele in Kapitel 4.
226 Man denke hier nur an jene Fälle aus der Zeit des Dritten Reiches, in denen Nazihäscher an die Wohnungstüren von Menschen klopften und sich nach versteckten jüdischen Kindern erkundigten. Die wahrheitsgemäße Antwort auf diese Frage hätte den sicheren Tod dieser unschuldig verfolgten Menschen bedeutet.

herangetragen werden, bewegen. Aus dieser Bewegung erwächst die Anstrengung – es ist dies eine Anstrengung des Geistes und der Vernunft –, nach den besten Mitteln und Methoden Ausschau zu halten, um das als gut erkannte Ziel verwirklichen zu können. Was der jeweils beste Weg zum Ziel ist, hängt in vielen Situationen in der Tat – hierin kommt ein richtiges Moment utilitaristischen Denkens zum Tragen –, von den Folgen ab, die mit der Anwendung der jeweiligen Mittel und Methoden verbunden sind.

Es gibt mehrere Erkennungszeichen eines verantwortlichen Umgangs mit den Folgen des Handelns. Wo jemand üble Folgen bewusst in Kauf nimmt, wird er das nicht leichten Herzens tun, sondern aus guten Gründen, etwa weil mit der Entscheidung für ein bestimmtes Handeln geringere üble Folgen verbunden sind als mit den alternativen Handlungsmöglichkeiten, die ihm zur Verfügung stehen. So gesehen hat die Sozialarbeiterin, die die an Demenz leidende 85-jährige Frau entgegen ihres Wunsches in ein Pflegeheim hat einweisen lassen, verantwortlich gehandelt, weil sie sich für das geringere Übel entschieden hat. Dass jemand nicht willkürlich, sondern verantwortlich handelt, wird darüber hinaus daran ersichtlich, wie er mit den Handlungsfolgen umgeht. Die Sozialarbeiterin hat versucht, diese auf ein Mindestmaß zu beschränken, indem sie das Zimmer des Pflegeheimes mit Gegenständen aus der alten Wohnungseinrichtung der Klientin ausstattete und somit ihrem Wunsch nach Vertrautheit und Intimität – soweit es die Umstände in dem Pflegeheim gestatteten – nachkam.[227]

An dem Bemühen, die üblen Folgen auf ein Mindestmaß zu reduzieren, zeigt sich nochmals die wahre Gesinnung. Dieses Bemühen kann sozusagen als Rückvergewisserung dahingehend verstanden werden, dass die handelnde Person auf der Haltungsebene ungeteilt und unbedingt auf das sittlich Gute ausgerichtet bleibt, auch wenn sie sich auf der Handlungsebene auf einen Kompromiss einlässt und üble Folgen bewusst in Kauf nimmt. Sie fühlt sich für die üblen Folgen ihres Handelns mit verantwortlich, obgleich diese nicht intendierte, manchmal vielleicht auch gar nicht vorhersehbare Nebenwirkungen eines auf ein gutes Ziel hin ausgelegten Handelns sind,

---

[227] Zu den Kriterien der Inkaufnahme von üblen Handlungsfolgen vgl. die Ausführungen im nächsten Kapitel.

und versucht sie, soweit das möglich ist, handelnd abzumildern. Wo das nicht möglich ist, muss sie die üblen Folgen ihres Handelns aushalten. Das Wissen, dass sie diese Folgen nicht gezielt und absichtlich herbeigeführt hat, und dass die üblen Folgen aus dem Unterlassen der Handlung oder den alternativen Handlungsmöglichkeiten noch schlimmer wären, mag ihr dabei Hilfe und Erleichterung sein.

3. Das Gewissen als Entscheidungs- und Kontrollinstanz

Subjekt des Ethischen und damit letzte Entscheidungsinstanz über die sittliche Richtigkeit menschlichen Handelns ist die handelnde Person. Sie allein entscheidet, was in der konkreten Situation das hier und jetzt ethisch Gesollte ist. Und sie trägt auch die Verantwortung für diese Entscheidung und ihre Folgen. Die Instanz, vor der sich die Vermittlung zwischen dem Erkennen eines ethischen Anspruchs und der Umsetzung dieses Erkennens in eine persönliche Verantwortung zum Handeln vollzieht, ist *das Gewissen*. Was ist darunter nun genau zu verstehen?

a. Zur Herkunft des Gewissensbegriffes

Unter den wenigen zentralen Begriffen der antiken Philosophie taucht das Gewissen erst relativ spät auf. Im Grunde findet sich eine philosophisch-ethische Verwendung des Begriffes erst um die Zeitenwende, in der Epoche der jüngeren Stoa bei Marc Aurel und Epiktet sowie bei Seneca und Cicero. Letztere beschreiben im hellenistischen Kulturraum erstmals in beeindruckender Weise die psychologischen Phänomene der Gewissenserfahrung, des guten und des schlechten Gewissens. [228]
Das griechische Wort für Gewissen *syneidesis* und sein lateinisches Äquivalent *conscientia* sind ursprünglich gar nicht in der philosophischen Fachsprache beheimatet, sondern in der populären Literatur. Der Begründer einer

---

[228] Zu den folgenden Ausführungen vgl. Schockenhoff 2003, 69-72.

wissenschaftlichen Ethik in der Antike, Aristoteles, kommt in seinen Werken ganz ohne diesen Begriff aus. In der Alltagssprache bedeutet *syneidesis* zunächst ein bestimmtes *Mitwissen* des Menschen um das eigene Tun oder das Verhalten anderer. Es kann sich dabei schon früh auch mit einer begleitenden Stellungnahme im lobenden oder tadelnden Sinn verbinden. Gewissen ist also im klassischen antiken Sprachgebrauch kein terminus technicus der Philosophie, sondern ein allgemein gebräuchlicher Ausdruck, der das menschliche Selbstbewusstsein oder auch einfach die Gesinnung und tiefere Überzeugung eines Menschen meint. Insofern damit auch die Fähigkeit zur wertenden Stellungnahme verbunden ist, setzt der Begriff bereits die Fähigkeit zur Selbstdistanzierung und damit die Erfahrung des gespaltenen Ich voraus, die dem Menschen des homerischen Zeitalters noch fremd ist. Dieser lebt noch eingebunden in das soziale Gruppenethos des Hauses und der Sippe. Der Gedanke individueller Verantwortlichkeit für die eigene Lebensführung und damit die Ebene eigentlicher Sittlichkeit liegen noch außerhalb des Horizontes der vorklassischen Gesellschaft.

Damit die Erfahrung von Schuld, Fehlbarkeit und Verantwortung des Menschen überhaupt möglich ist, muss das Individuum aus den Banden seiner archaischen Gruppenbindung herausgelöst und auf sich selbst gestellt sein. Im hellenistischen Kulturraum war dies nicht vor dem Prozess des Sokrates (ca. 470-399) und damit nicht vor dem fünften vorchristlichen Jahrhundert der Fall. Der Prozess gegen Sokrates fand 399 v. Chr. statt. Was aber hat dieser Prozess mit dem Gewissen zu tun? Sokrates' Denken kreiste, wie das der Sophisten, um die *areté*. Während die Sophisten darunter eine zu allem fähige Tüchtigkeit verstanden, war für Sokrates die *areté* als wirklich sittliche Tugend im Wollen und in der Gesinnung eindeutig ausgerichtet auf den sittlichen Wert. Nach Platon besaß Sokrates eine innere Stimme, ein, wie er es selbst nannte, *daimonion*, das ihn zwar nicht positiv zu bestimmten Handlungen aufrief, das ihn aber davor warnte, etwas Unrechtes zu tun. Diese Lehre brachte Sokrates in Konflikt mit den politisch Herrschenden seiner Zeit, teils weil diesen der Hinweis auf das Wertgefühl und das *daimonion* im Innern des Menschen unangenehm war, teils weil diese tiefere ethische Besinnung im Widerspruch zur Volksreligion zu stehen schien. Sokrates wurde schließlich wegen Volksverhetzung eingekerkert und zum Tode verurteilt.

In seiner Verteidigungsrede, wie sie uns von Platon überliefert ist, erwägt dieser große Philosoph kurz das hypothetische Angebot, seine Athener Richter könnten ihn unter der Bedingung freisprechen, dass er seine Suche nach Weisheit aufgibt und von allen philosophischen Nachforschungen ablässt. Sokrates gibt auf dieses Gedankenspiel sofort selbst eine Antwort. Er sagt: „Ich achte euch sehr, ihr Athener, und liebe euch, aber ich werde Gott mehr gehorchen als euch, und solange ich atme und die Kraft dazu habe, nicht aufhören, nach Weisheit zu suchen und euch zu ermahnen und jeden von euch, den ich antreffe, in meiner gewohnten Weise zurechtzuweisen: Wie, mein Bester, du, ein Bürger der größten und an Geistesbildung hervorragendsten Stadt, schämst dich nicht, für möglichste Füllung deines Geldbeutels zu sorgen und auf Ruhm und Ehre zu sinnen, aber um sittliches Urteil, um Wahrheit und Besserung deiner Seele kümmerst du dich nicht und machst du dir keine Sorge?"[229] Auch im Angesicht des Todes will Sokrates seinem Gott mehr gehorchen als seinen Athener Mitbürgern, die seine menschlichen Richter sind. Der Preis, den sie von ihm fordern, ist zu hoch. Er würde alles, wofür er gelebt hat, zerstören und seine Existenz als Philosoph vernichten. Seine Zeitgenossen verstehen Sokrates nicht. Die Rede vom *daimonion* bleibt für sie rätselhaft und dunkel. Dies zeigt, dass das Gewissensproblem zu jener Zeit erst erahnt war und noch nicht seinen Namen gefunden hatte. Den Athener Bürgern bleibt Sokrates' Haltung fremd und sein Tod unverständlich, weil sie in ihrer Sprache kein Wort für den Konflikt vorfinden, in den Sokrates durch seine innere Stimme zu den staatlichen Gesetzen geraten war, für jenen Konflikt also, der in den unaufgebbaren Kern des Individuums zielt.

Der in Sokrates' *daimonion* schon angedeutete Schritt zum Gewissen als einem philosophisch-ethischen Abstraktbegriff erfolgt dann im ersten Jahrhundert vor Christus. Erst in dieser philosophiegeschichtlich späten Zeit erhält der bedeutungsmäßig vielfältige Begriff *syneidesis*, wenn auch noch nicht systematisch, so doch begrifflich eindeutig, eine spezifisch moralische Sinngebung und Eingrenzung. Für Cicero und Seneca etwa ist *syneidesis* die innere Instanz, die die Übereinstimmung der Lebensführung mit dem

---

[229] Platon 2002, 31 d.

eingepflanzten Gesetz der Natur beobachtet und beurteilt. Zu einer zentralen ethischen Kategorie wird das Gewissen aber erst durch die Begegnung mit dem Christentum. Hier war es insbesondere Paulus, der den Begriff prägte und ihm als Ausdruck der neuen Freiheit des Glaubens jenen besonderen Rang und jene zentrale Bedeutung zuerkannte, den er im christlichen Abendland bis auf den heutigen Tag hat. Im Folgenden soll daher im Anschluss an die Ausführungen dieses bedeutenden Theologen und Denkers das Verständnis und die Funktion des Gewissens dargelegt werden.

b. Das Gewissen als Ruf in die Verantwortung

Während der Begriff *syneidesis* in den Evangelien überhaupt nicht auftaucht, finden sich in den Schriften des Paulus über 20 Belegstellen, die wichtigsten davon im Römerbrief und im ersten Korintherbrief. [230] Was versteht Paulus unter *syneidesis*?[231] Bei Paulus lassen sich zwei Aspekte des Gewissens unterscheiden. In anthropologischer Hinsicht ist das Gewissen für ihn jene prüfende Instanz im Menschen, die die Übereinstimmung des Handelns mit dem von der Vernunft erkannten und dem Menschen von seinem Schöpfer ins Herz geschriebenen Forderungen des Gesetzes überwacht. In theologischer Hinsicht erscheint für ihn das Gewissen zugleich als der Repräsentant Gottes vor dem Menschen, der ihm jene letzte Identität zuspricht, die er aus sich selbst nicht gewinnen kann. Die wichtigste Stelle, an der Paulus auf das Gewissen als einer moralischen Instanz im Menschen zu sprechen kommt, ist das zweite Kapitel des Römerbriefes. Paulus schreibt hier: „Wenn Heiden, die das Gesetz nicht haben, von Natur aus das tun, was im Gesetz gefordert ist, so sind sie, die das Gesetz nicht haben, sich selbst Gesetz. Sie zeigen damit an, dass ihnen die Forderung des Gesetzes ins Herz geschrieben

---

[230] Paulus, ein gebürtiger Jude mit römischem Bürgerrecht, stammte aus dem kleinasiatischen Tarsus. Die Chronologie seines Lebens und Wirkens ist nur sehr bedingt zu ermitteln. Er hatte seine größte Schaffenskraft in der Mitte des ersten nachchristlichen Jahrhunderts. Während dieser Zeit entstanden auch die beiden Briefe an die Gemeinden in Rom und in Korinth. Zu Leben und Werk des Paulus vgl. Gnilka 1996.

[231] Die folgenden Ausführungen sind angelehnt an Schockenhoff 2003, 79-92.

ist; ihr Gewissen legt Zeugnis davon ab, ihre Gedanken klagen sich gegenseitig an und verteidigen sich" (Röm 2,14f.).

Um diese Stelle recht zu verstehen, muss man sich ihren Kontext vergegenwärtigen. Die selbstverständliche Rede des Paulus vom Gewissen und von der natürlichen moralischen Erkenntnisfähigkeit eines jeden Menschen ist nämlich eingebettet in eine theologische Argumentationskette, die als roter Faden die ersten drei Kapitel des Römerbriefes durchzieht. Paulus geht es im ersten Teil dieses Briefes um die Frage der Glaubensgerechtigkeit. Seine Pointe richtet sich polemisch gegen eine Interpretation der heilsgeschichtlichen Sonderstellung der Juden, eine Interpretation, die darauf hinausläuft, dass die Angehörigen des erwählten Volkes das Heil zu erleichterten Bedingungen, allein aufgrund des Gesetzes, erlangen. Gegen ein solches religiöses Privilegienbewusstsein formuliert Paulus im 13. Vers des zweiten Kapitels den Grundsatz, der den Rahmen absteckt, in dem dann auch die Funktion des Gewissens deutlich wird: Nicht die sind vor Gott gerecht, die das Gesetz hören, sondern allein die, die das Gesetz tun. Der bloße Besitz des Gesetzes rettet nicht, wenn nicht auch das entsprechende Tun des Gesetzes hinzukommt. Dass Menschen aber das sittlich Gebotene tun, das gibt es auch unter den Heiden, wenngleich sie es ganz natürlich, gewissermaßen von sich aus tun. Während die Juden das Gesetz *thesei*, durch Promulgation und Verkündigung, erkennen, erkennen die Heiden das Gesetz *physei*, von Natur aus, so dass Paulus in Vers 14 sogar sagen kann, die Heiden seien sich selbst Gesetz.

Im Anschluss an diese Feststellung fügt Paulus zur Begründung seiner These die einfache, aber höchst bedeutsame Schlussfolgerung an, dass den Heiden die Forderungen des Gesetzes eben *ins Herz geschrieben* seien, wovon ihr Gewissen und ihre sich gegenseitig anklagenden und verteidigenden Gedanken Zeugnis ablegten. Wichtig an dieser Aussage ist vor allem, dass Paulus das Gewissen und die reflektierenden Gedanken im Bewusstsein des Menschen in Beziehung setzt zu den *ins Herz geschriebenen* Forderungen des Gesetzes. Denn in Verbindung mit seinem Leitsatz, dass nur das Tun des Gesetzes Juden wie Heiden rechtfertige, lässt sich nun leicht erahnen, welche Funktion der Apostel dem Gewissen in erster Linie zuschreibt: Es ist die prüfende Instanz im Menschen, die ihm die Übereinstimmung seines Handelns mit dem

Gesetz anzeigt oder die ihn des Widerspruchs überführt, in den er durch sein praktisches Tun zu ihm gerät. Oder mit anderen Worten: Das Gewissen ist ein neutrales Tribunal, das sowohl anklagen als auch freisprechen kann. Es ist eine Verbindlichkeitsinstanz des Ethischen, die die Übereinstimmung des Handelns mit den von der Vernunft erkannten und dem Menschen ins Herz geschriebenen Forderungen des Gesetzes überwacht. Sie ist also von der natürlichen sittlichen Vernunft und Erkenntnis ebenso unterschieden wie von der Glaubenserkenntnis.

Am häufigsten kommt bei Paulus die Funktion des Gewissen als prüfende Instanz im Menschen in seiner positiven, die Authentizität des Tuns beglaubigenden Ausrichtung zur Sprache. Im neunten Kapitel des Römerbriefes etwa formuliert der Apostel: „Ich sage in Christus die Wahrheit und lüge nicht, und mein Gewissen bezeugt es mir im Heiligen Geist" (Röm 9,1). Sein Gewissen, das Paulus hier in auffälliger Distanznahme zu sich selbst als einen von ihm unterscheidbaren Zeugen anführt, pflichtet ihm bei und bekräftigt seinen Anspruch, ja verbürgt die Wahrheit seiner apostolischen Sendung. Weil Paulus sich dessen bewusst ist, dass er in seinem Leben und Wirken dem treu geblieben ist, was er mit Worten verkündet, kann er im zweiten Korintherbrief gelassen und seiner selbst gewiss alle Welt zum Zeugen anrufen: „So empfehlen wir uns vor dem Angesicht Gottes dem Urteil aller Menschen" (2 Kor 4,2). Nicht Menschenfurcht und ängstliche Rücksichtnahme leiten ihn, sondern allein die Verantwortung für das ihm anvertraute Evangelium. Dafür ruft er sein Gewissen in den öffentlichen Zeugenstand, das über die Lauterkeit und Aufrichtigkeit seiner Absichten wacht und ihm vor Gott und den Menschen die Verantwortlichkeit seines Handelns bestätigt.

Am Ende seines Briefes an die Römer gibt Paulus gleichsam eine Formel des guten Gewissens. Er sagt da im Hinblick auf die unterschiedliche Bewertung bestimmter kultischer Handlungen und religiöser Praktiken in der Gemeinde in Rom: „Alles, was nicht aus Glauben geschieht, ist Sünde" (Röm 14,23). Für Paulus wird die Bedeutung des Gewissens vom Erlebnis des Glaubens überdeckt. Ins Positive gewendet, meint der Satz: Wo ein Mensch auf die Botschaft seines Schöpfers hört und sein ganzes Leben in den Glaubensvollzug, in das gläubige Ja seiner Verantwortung mit Gott stellt, dort ist bereits jener religiöse Dialog gegeben, in welchem sich mit Naturgewalt das Gewissen meldet. Aus dem Glauben heraus handeln ist für Paulus daher identisch mit einem Handeln aus tiefster Überzeugung, wie es in dem griechischen Wort für Glauben *pistis*, das Paulus hier verwendet, enthalten ist. Man kann *pistis* übersetzen mit Glauben, aber auch mit Treue, Vertrauen oder Überzeugung. Paulus möchte mit dem Satz *„Alles, was nicht aus Glauben geschieht, ist Sünde"* also sagen: Entscheidend für die sittliche Qualität menschlichen Handelns ist die zugrundeliegende Überzeugung, aus der heraus jemand handelt.

Auch wo unterschiedliche Überzeugungen aufeinanderprallen und es in der Gemeinde zum Konflikt kommt, wie etwa in der Frage der Einhaltung bestimmter Speisevorschriften, bleibt das zur Entscheidungsfindung aufgerufene Gewissen des Einzelnen die Instanz, vor der sich seine Verantwortung für sein Handeln vollzieht. Eine solche Verantwortung schließt das Hören und Ernstnehmen der Gesichtspunkte des Anderen ebenso mit ein wie die Respektierung seiner anders lautenden Position. „Nehmt den an", so fordert Paulus in der angesprochenen Frage der Speisevorschriften, „der im Glauben schwach ist, ohne mit ihm über verschiedene Auffassungen zu streiten. Der eine glaubt, alles essen zu dürfen, der Schwache aber isst kein Fleisch. Wer Fleisch isst, verachte den nicht, der es nicht isst; wer kein Fleisch isst, richte den nicht, der es isst. Denn Gott hat ihn angenommen" (Röm 14,1-3).

Diese Ausführungen leiten bereits zu jenem zweiten Gedanken über, der den paulinischen Aussagen zum Gewissen eigen ist: der engen Beziehung des Gewissens zum Glauben. Als eine mit dem Menschsein als solchem gegebene moralische Instanz zur Beurteilung des eigenen Handelns ist das Gewissen zugleich der Ort, an dem der Einzelne seiner Verantwortung vor Gott innewird. Für Paulus ist das Gewissen sozusagen *Repräsentant Gottes* vor dem Menschen. Das Gewissen vertritt die Stelle Gottes aber nicht in der Weise, dass es unmittelbar seinen Willen erkennt und darin die abwägende Aufgabe der praktischen Vernunft übernimmt. Mit anderen Worten: Das Gewissen ist für Paulus kein unmittelbarer oder direkter Interpret des Willens Gottes oder des göttlichen Gesetzes. Die ins Herz geschriebenen Forderungen des Gesetzes kann der Mensch mittels seiner Vernunft erkennen. Als konkrete sittliche Urteilskraft aber ist das Gewissen der menschlichen Vernunft und seiner Glaubenserkenntnis zur Seite gestellt. Das Gewissen bezeugt die Unbedingtheit der sittlichen Forderung, hinter der für einen gläubigen Menschen der Anruf des transzendenten Gottes steht.

Gleichwohl ist das Gewissen für Paulus keine absolute Größe. Es ist in theologischer Hinsicht zwar Repräsentant Gottes; auch anerkennt es Paulus auf der anthropologischen Ebene unmissverständlich als letztverbindliche und unverfügbare Urteilsinstanz des Ethischen im Menschen; das Gewissen kann aber, objektiv gesehen, irren. Sowohl in seiner eigenen Zeugnisfunktion als auch durch eine fehlgeleitete Erkenntnisvorgabe von Seiten der praktischen Vernunft kann das Gewissen in die Irre gehen. Für Paulus untersteht daher auch das Gewissen, unbeschadet seiner Würde und ethischen Verbindlichkeit, dem Urteilsspruch Gottes, der es endgültig ins Recht setzt oder seines Widerspruches zum Gesetz überführt. Paulus ist sich selbst seiner Sache vollkommen sicher und sich auch selbst keiner Schuld bewusst. Doch „bin ich dadurch", so schreibt er in 1 Kor 4,4, „noch nicht gerecht gesprochen; der Herr ist es, der das Urteil über mich zu sprechen hat". Das Wissen darum, dass auch die Selbstbeurteilung durch das Gewissen das zukünftige Urteil Gottes nicht vorwegnehmen kann, bewahrt das Gewissen des Paulus vor selbstgefälliger Zufriedenheit und stellt es zugleich unter einen letzten Vorbehalt.

Das Gewissen ist demnach eine jedem Menschen unverfügbar gegenüberstehende Instanz der moralischen Verbindlichkeit, die das eigene Tun oder das der Anderen danach beurteilt, ob es mit seinen ethischen oder religiösen Überzeugungen übereinstimmt. Als solche ist das Gewissen sowohl von der Vernunft als dem natürlichen Erkenntnisorgan des Ethischen als auch vom Glauben als dem durch die Gnade geschenkten Gottesbewusstsein unterscheidbar. Das erklärt auch, warum Paulus das Gewissen als ein allgemein menschliches Phänomen ansprechen kann, das für den gläubigen Christen dennoch der Ort seiner Verantwortlichkeit gegenüber Gott ist. Für Paulus ist das Gewissen weder einfachhin die innere Stimme des Menschen noch die Stimme Gottes in ihm; sie ist vielmehr eine personifizierte, objektive Instanz, die über ihm steht und ihm gegenüber die Wahrheit seines Handelns bezeugt, die endgültig erst im eschatologischen Urteil Gottes offenbar wird.

c. Das Gewissen als letztverbindliche ethische Urteilsinstanz

Für Paulus ist das Gewissen das Organ der Selbstvergewisserung im Handeln. Es ruft den Einzelnen in die unmittelbare Verantwortung vor Gott und bekundet ihm, ob er in seinem Tun mit den von der Vernunft erkannten und ihm ins Herz geschriebenen Forderungen des Gesetzes übereinstimmt. Wie aber hat man sich das Zuordnungsverhältnis von Gewissen und Gesetz und damit verbunden den sittlichen Erkenntnisvorgang genau vorzustellen? Bei Paulus bleibt diese Frage offen. Eine grundlegende Klärung sollte hier erst die Gewissentheorie des schon an früherer Stelle erwähnten Philosophen und Theologen Thomas von Aquin bringen.[232] Thomas unterscheidet zwischen der Gewissensanlage, lateinisch *synderesis*, und dem Gewissensspruch, der *conscientia*.[233] Die mit dem Begriff *synderesis* angezielte Gewissensdimension deutet er als die mit der praktischen Vernunft des Menschen gegebene Fähigkeit, zwischen gut und böse unterscheiden zu können.[234] Daraus ergeben sich für den mittelalterlichen Gelehrten, noch vor jeder inhaltlichen Bestimmung von Gut und Böse, die beiden ersten, noch ganz allgemeinen, das heißt rein formalen Handlungsprinzipien: „Bonum faciendum et prosequendum et malum vitandum"[235] – *Das Gute ist zu tun und anzustreben und das Böse zu meiden.* Diese Befähigung zu grundsätzlicher sittlicher Einsicht und die mit dieser Befähigung unmittelbar gegebenen obersten ethischen

---

[232] Ausgezeichnete Analysen der Gewissenstheorie Thomas von Aquins bieten Heinzmann 1990, und Schockenhoff 2003, 102-121.

[233] Thomas hat, wie in so vielen anderen Fällen auch, diese begriffliche Differenzierung nicht selbst geprägt, sondern sie in seiner geistigen Umwelt vorgefunden. Man nimmt heute an, dass die Unterscheidung zwischen der allgemeinen Gewissensanlage und dem konkreten Gewissensspruch auf einen Abschreibefehler zurückgeht. Seit dem 12. Jahrhundert taucht in den Handschriften, die den Ezechielkommentar des Hieronymus überliefern, anstelle des griechischen *syneidesis* erstmals das in der Väterliteratur ebenfalls geläufige Wort *synderesis* auf, das soviel wie *Bewahrung* bedeutet. Die mittelalterlichen Theologen bemerkten diesen Fehler nicht. Das plötzliche Vorhandensein von zwei Begriffen für dieselbe Sache war ihnen aber Anlass für eine schärfere begriffliche Erfassung und Deutung des Gewissensphänomens.

[234] Vgl. dazu auch Kapitel 1, Abschnitt II.

[235] Thomas von Aquin, Summa Theologiae I-II, q.94 a.2.

Prinzipien hat Gott dem Menschen bei seiner Erschaffung eingestiftet. Über sie verfügt jeder Mensch von Natur aus.

Die *synderesis* ist für Thomas also gewissermaßen ein angeborener Speicher, der die obersten Prinzipien des moralischen Handelns enthält. Unter *conscientia* hingegen versteht er das aktuelle Situationsgewissen, das die Anwendung der ersten und obersten Handlungsprinzipien auf das in einer bestimmten Situation geforderte Tun leistet. *Synderesis* und *conscientia* verhalten sich also zueinander wie der Grundsatz und dessen Anwendung auf den konkreten Fall, wie Habitus und Akt. Als konkretes Gewissensurteil unterliegt die *conscientia* in ihren Schlussfolgerungen der Möglichkeit des Irrtums, während die sittlichen Urprinzipien ebenso wie die logischen Denkgesetze unfehlbar, das heißt notwendig wahr und in jedem theoretischen wie praktischen Wissen vorausgesetzt sind.

Wenn sich das hier und jetzt sittlich Geforderte konsequent aus der Anwendung der mit der Gewissensanlage unmittelbar gegebenen obersten praktischen Prinzipien auf die konkrete Situation ergibt, ist für Thomas dann nicht auch, so ist zu fragen, die *synderesis* eine unmittelbare Quelle, aus der der Mensch auf deduktivem Weg konkrete sittliche Einsichten gewinnt, aus der er den Willen Gottes unmittelbar erkennen kann? Die Analyse thomasischer Texte, insbesondere seines Gesetzestraktates in der Prima Secunda seines Hauptwerkes, seiner *Theologischen Summe*, lässt diese Schlussfolgerung nicht zu. Die Ermittlung des unmittelbar handlungsleitenden Wissens ist Thomas zufolge Aufgabe der praktischen Vernunft. Die praktische Vernunft, lotet – unter Bezugnahme auf die natürlichen Neigungen, die dem Handeln unverfügbare Richtungsbahnen vorzeigen, ohne das konkrete Handeln inhaltlich schon jeweils genau festzulegen – die konkreten sittlichen Erfordernisse gelingenden Menschseins aus. Thomas schreibt dazu in seinem Kommentar zur Nikomachischen Ethik des Aristoteles folgendes: „Ea autem quae sunt ad finem, non sunt nobis determinata a natura, sed per rationem investiganda"[236] – *Was zu unserem Lebensziel führt, ist uns nicht von der Natur festgelegt, sondern durch die Vernunft zu erkunden.* Das aber heißt: Die Vernunft als Vollzugsorgan der Gewissenstätigkeit ist für Thomas kein Ableseorgan

---

[236] Thomas von Aquin, In Ethicorum 6,1 (Nr. 1131).

von inhaltlichen Gesetzen, sondern die Fähigkeit, in eigener Verantwortung
– autonom also –, sein Leben zu ordnen und zu gestalten. Nicht konkrete
Inhalte sind für Thomas mithin dem Menschen ins Gewissen geschrieben
beziehungsweise seinem Handeln naturaliter vorgegeben, sondern nur die
Fähigkeit zu normsetzender Aktivität, zu autonomer ethischer Einsicht. Um
dieser aktiv gesetzgeberischen Fähigkeit und Funktion der Vernunft Ausdruck zu verleihen, bevorzugt Thomas die Formel *secundum rationem vivere*.
Naturgemäß zu leben, heißt für ihn daher stets vernunftgemäß zu leben.
Der sittliche Erkenntnisvorgang, wie Thomas ihn mit der Gewissenstätigkeit
gegeben sieht, darf also weder im Sinne einer willkürlichen Autonomie der
praktischen Vernunft missverstanden werden noch darf er als ein geschlos-
sener Kreislauf gedacht werden, in dem der praktischen Vernunft und damit
dem konkreten Gewissensspruch nur die Aufgabe zufällt, das jeweilige sittliche Sollen aus ihren höheren Prinzipien *abzulesen* und in ein präskriptives,
auf den konkreten Fall bezogenes Urteil umzuwandeln. Aufgrund des dem
Menschen von Gott eingegebenen Lichtes der Vernunft weiß der Mensch,
dass er in seinem Wollen, Urteilen und Handeln das Gute tun und das Böse
meiden soll. Diese beiden ersten, mit der Strukturlogik der praktischen Vernunft des Menschen unmittelbar gegebenen Handlungsprinzipien leuchten
wie das Einstrahlen eines göttlichen Lichtes in der *synderesis*, im Urgewissen.
Sie sind in jeder handlungsbezogenen Einzelerkenntnis als ihre notwendige
Form mit eingeschlossen. Seine natürlichen Antriebe und Neigungen zeigen
dem Menschen darüber hinaus auch in materialer Hinsicht die Richtung
seines Handelns an; sie besitzen jedoch nicht selbst schon normativen Charakter. Sie sind vielmehr, wie Wilhelm Korff sagt, „ein unbeliebig offenes
Finalitätssystem"[237]. Sie tragen zwar bereits eine Teleologie, eine Zielbe-
stimmtheit in sich. Diese Teleologie bedarf aber erst einer Ordnung und
Ausgestaltung durch die Vernunft, um normativ wirksam zu werden. Die
vornehmste Aufgabe der Vernunft besteht für Thomas in der Tat im Auffin-
den und Ausdeuten der Sinnmöglichkeiten, die der Schöpfer in das menschliche Dasein als die innerste Grammatik seines Wesens gelegt hat. Eberhard
Schockenhoff verdeutlicht diese kreative Funktion der menschlichen Ver-

---

[237] Korff [2]1985, 51.

nunft und damit der konkreten Gewissenstätigkeit am Beispiel der Sprache. „Wie die Existenz grammatikalischer Regeln", so schreibt er, „die lebendige Struktur der Sprache und den Verlauf gelingender Kommunikation nicht determiniert, ohne dass Phantasie, Kreativität und bildhafte Imagination hinzutreten, so ist auch die Struktur des moralischen Handelns nur in seinen allgemeinen Handlungsbahnen vorgeprägt. Die konkrete Festlegung … und die Entscheidung in hier und jetzt gegebenen Handlungsalternativen sind hingegen Aufgabe der praktischen Vernunft, die das geschichtliche Erfahrungspotential der Menschheit deutet und dem Handeln konkrete Wegweisung unter sich ändernden Rahmenbedingungen gibt."[238]
Thomas entwickelt sein Gewissensverständnis vom Naturrechtsgedanken her. Er begreift das Gewissen nicht als ein unmittelbares Erkenntnisorgan für den göttlichen Willen und beschränkt das intuitive Erfassen der sittlichen Wahrheit auf ihre ersten Prinzipien. Das Gewissensurteil im engeren Sinn bezieht sich für ihn hingegen auf den inhaltlichen Reichtum des Konkreten, den uns die praktische Vernunft unter der Leitung der Klugheit erschließt. Das Gewissen als *conscientia*, als *Mitwissen* um das eigene Tun bezeichnet dabei einen eigenständigen Vollzug der praktischen Vernunft, der den notwendigen Selbstbezug des menschlichen Handelns gewährleistet. Was heißt das? Während die Vernunft in der Klugheit ihr letztes praktisches Urteil dem Willen überträgt und diesen zur Ausführung im äußeren Tun bestimmt, wendet sie sich im Gewissen auf die eigenen Handlungen zurück und prüft diese daraufhin, ob sie im Einklang oder im Widerspruch stehen zu den beiden ersten und obersten Prinzipien der Sittlichkeit, das Gute zu tun und das Böse zu lassen. Das Gewissen erscheint bei Thomas so vor allem als die „Gewissenhaftigkeit der Vernunft"[239]. Es ist die letztverbindliche ethische Instanz, in der die praktische Vernunft die einzelnen Akte menschlichen Handelns ihrem Urteil unterwirft. Im Fall des noch voraus liegenden Handelns nimmt dieses Urteil die Form eines zuratenden oder abratenden Gewissensurteils an; im Fall des bereits erfolgten Handelns tritt es hingegen als billigender oder anklagender Gewissensspruch auf.

---

[238] Schockenhoff 2003, 105f.
[239] Honnefelder 1993, 25.

Bei aller Betonung des kognitiven Charakters, den das Gewissensurteil bei Thomas hat, ist seine Gewissenstheorie doch keine rein intellektualistische. Beide eben genannten Funktionen, die Thomas dem Gewissen zuschreibt – das Anspornen und Abhalten wie das Gutheißen und Anklagen – haben zur Voraussetzung, dass der Einzelne um sein Handeln weiß. Beim Gewissensurteil handelt es sich mithin nicht um einen beliebigen weiteren Syllogismus in der langen Kette der praktischen Orientierungsversuche des Menschen, sondern um die letzte Selbstbeurteilung der Person, in der diese über die Übereinstimmung ihres Willens und Handelns mit sich selbst und ihrem Auftrag als freies Vernunftwesen urteilt. In seinem Gewissen prüft der von Gott zu einem verantwortlichen Leben in Freiheit und Vernunft gerufene Mensch, ob sein konkretes Tun – und darin er selbst – vor dem Maßstab des *secundum rationem vivere* Bestand hat. Auch für Thomas geht es im Gewissen also letztlich um die Bewahrung des eigenen Selbst und damit der personalen Identität des Menschen.

d. Gewissensfreiheit und Gewissensirrtum

Das Gewissen ist nach Thomas von Aquin also eine dem Menschen eingestiftete Anlage, die ihn zum moralischen Urteilen befähigt. Es ist die letzte und unverfügbare ethische Verbindlichkeitsinstanz, in der die praktische Vernunft die einzelnen Handlungen auf ihre Übereinstimmung oder Widersprüchlichkeit mit dem sittlich Guten überprüft.[240] Mit anderen Worten: Im Gewissen erkennt die handelnde Person, in welchen konkreten Handlungen sich ihr sittliches Gutsein als solches zu erweisen hat. Das Gewissen bindet daher den Einzelnen immer und unbedingt, so dass, wer ihm zuwider

---

[240] Wie jede andere Anlage des Menschen, bedarf auch die Befähigung zum moralischen Urteil, zum Gewissensurteil, erst der Entwicklung und Entfaltung sowie der ständigen Pflege. Denn eine Anlage kann auch, man denke hier nur an das Vermögen zum sprachlichen Ausdruck oder zur Fortbewegung, verkümmern. Zu den verschiedenen entwicklungspsychologischen Gewissenstheorien vgl. Flammer 1989, 162-180, sowie Zimmer 1999.

handelt, nicht nur die eigene ethische Existenz und seinen Willen zum Guten in Frage stellt, sondern darin auch Gott den Gehorsam verweigert. Verpflichtungsgrund des Gewissens ist für Thomas, wie schon für Paulus, das göttliche Gesetz und die daraus abgeleiteten Normen und Prinzipien. Aber dieses göttliche Gesetz steht dem Gewissen nicht gegenüber; es auferlegt sich dem Einzelnen vielmehr in seinem Gewissen. Hier wird bereits bei Thomas ein Moment der Subjektivität sichtbar: Weil alles menschliche Erkennen nicht durch direkte Einstrahlung der göttlichen Wahrheit geschieht, sondern *secundum modum cognoscentis*, nach der Weise des Erkennenden, wie Thomas in seiner Schrift *De veritate*[241] darlegt, können uns ethische Werte und Normen auch nur in der Weise verpflichten, wie wir sie als solche erkennen. Die Werte und Normen tragen für den Aquinaten als Ausdruck des Gesetzes Gottes zwar alle Verpflichtungskraft in sich, aber diese überträgt sich auf die handelnde Person nur, insofern sie von ihr in ihrem Gewissen erkannt und in Freiheit angenommen wird. Die ethischen Gebote, die Werte und Normen binden den Menschen daher nicht direkt, sondern „mediante scientia"[242], vermittelt durch das Wissen und die Einsicht, die er darüber in seinem Gewissen erlangt.[243]

Während das Gewissen in seinem Ruf in die Verantwortung unfehlbar ist, haben die konkreten inhaltlichen Aussagen des Gewissensspruches, trotz ihres verbindlichen Charakters, jedoch durchgehend nicht die Sicherheit logischer Evidenz, sondern führen – dem Kontingenzcharakter menschlicher Wirklichkeit entsprechend – nur zu moralischer Gewissheit. Eine solche moralische Gewissheit oder Sicherheit kann die Möglichkeit von Fehlwer-

---

[241] Vgl. Thomas von Aquin 1950 b, q.17.

[242] Thomas von Aquin 1950 b, q.17.

[243] Mit der Disposition zu autonomer ethischer Einsicht besitzt Thomas zufolge jeder einzelne Mensch die Voraussetzung zu eigenverantwortlichem, vernunftgeleitetem und damit zugleich schöpferischem Handeln. Jeder Mensch kann aus sich heraus das Gute erkennen. Das ethisch Gebotene, der Wille Gottes ist dem Menschen nicht entzogen und verborgen. Der Mensch ist nicht einer anonymen verborgenen Macht ausgeliefert. Das Gute ist vielmehr aus sich selbst einsichtig; es wird nicht erst dadurch gut, dass Gott es befiehlt. Mit großem Nachdruck befiehlt Thomas: „Wer die bösen Taten unterlässt, nicht weil sie böse sind, sondern weil Gott dies geboten hat, handelt nicht frei" (Sup. II ad Cor., q. 3 a.2).

tungen nie ganz ausschließen. Aber dies gilt ja nicht nur für den konkreten Gewissensspruch; dies gilt auch von allen wissenschaftlichen Versuchen, konkrete sittliche Normen zu erstellen. Selbst die Berufung auf den Beistand des Heiligen Geistes kann, auch wenn fundamentalistische religiöse Strömungen das gerne sehen würden, die Richtigkeit innerweltlicher menschlicher Erkenntnis nicht garantieren. Jedoch gilt: Auch das irrende Gewissen verpflichtet, solange der Irrtum als solcher nicht erkannt wird.

Das Gewissen verpflichtet nicht etwa deshalb unbedingt, das heißt selbst im Irrtum, weil es sich selbst der einzige Maßstab wäre. Es verpflichtet deshalb unbedingt, weil es der Ort ist, an dem der Mensch seine Verantwortung vor seinem Schöpfer wahrnimmt. Das Gewissen ist gleichsam der *Repräsentant Gottes* im Menschen, eine *innere Stimme*, hinter der der Anruf des transzendenten Gottes steht. In dem Augenblick, in dem diese innere Stimme dem Einzelnen ein bestimmtes Handeln befiehlt, hat die betreffende Person diesem Handlungsaufruf unbedingten Gehorsam zu leisten. In diesem Gewissensspruch kann sich der Einzelne von niemandem vertreten lassen, auch nicht von einer übergeordneten politischen oder religiösen Autorität.

Im Neuen Testament gibt es ein beeindruckendes Zeugnis dieser theologisch verstandenen Gewissensfreiheit: die so genannte *clausula Petri*. Als die Apostel wegen ihrer Verkündigung und ihres Wirkens im Volk mit der jüdischen Obrigkeit in Konflikt gerieten, ließen sie der Tempelhauptmann und die Hohenpriester vorführen und vor den Hohen Rat stellen. Auf die Vorhaltungen des Hohenpriesters, dass sie, die Apostel, trotz Verbotes im Namen Jesu lehrten und das Volk aufwiegelten, antwortete Petrus: „Man muss Gott mehr gehorchen als den Menschen" (Apg 5,29). Lukas, der diesen Vorfall für die Nachwelt niedergeschrieben hat, legt hier Petrus auf dem Höhepunkt des Verhörs vor dem Hohen Rat ein programmatisches Wort in den Mund, ein Wort, das seinen Zuhörern, wenn man sich an die Verteidigungsrede des Sokrates erinnert, nicht unbekannt gewesen sein dürfte. Neu ist nur, dass dieses Wort hier erstmals einer religiösen Autorität gegenüber fällt, um deren Anspruch auf den Gehorsam der Menschen ins Unrecht zu setzen. Mit dieser Antwort gelingt es Petrus, die Ausgangslage im Verhältnis zwischen Anklage und Verteidigung umzukehren. Das jüdische Gesetz, in dessen Namen der Hohe Rat über die Apostel zu Gericht sitzt, wird zum Menschenwort, das über das öffentlich verkündigte Wort des Evangeliums keine Gewalt mehr hat. Die unerschütterliche Gewissheit der Apostel, Gott mehr gehorchen zu müssen als den Menschen, ist der Vorschein jener eschatologischen Gewissheit des Glaubens, die darauf vertraut, dass sich am Ende allein Gott als der Herr der Geschichte erweisen wird.

Auch die Wirkungsgeschichte der *clausula Petri* liest sich wie ein andauernder revolutionärer Umbruch, der die Gehorsamsansprüche menschlicher Autoritäten in Frage stellt.[244] Als sich im 2. und 3. Jahrhundert die Loyalitätsforderung des römischen Staates auch auf den religiösen Bereich ausweitet, beruft sich erstmals Bischof Dionysius von Alexandrien vor dem kaiserlichen Statthalter auf die *clausula Petri*, um seine Gehorsamsverweigerung zu begründen. Eusebius, der Geschichtsschreiber der alten Kirche, überliefert uns seinen Bericht im 7. Buch. Es heißt da: „Und so befahl er uns, vom Christentum zu lassen und meinte, dass, wenn ich davon abfiele, die anderen mir folgen würden. Ich gab eine Antwort, die nicht ungebührlich war und mit dem Satz sich berührte: ‚Man muss Gott mehr gehorchen als den Menschen'. Ich bekannte offen und frei, dass ich den einen Gott verehre und sonst keinen und dass ich von ihm nicht lassen und nie aufhören werde, Christ zu sein"[245].

Im Gegensatz zur Stellungnahme der Apostel richtet sich bei Dionysius hier der Grundsatz, Gott mehr zu gehorchen als den Menschen, nicht gegen die Autorität religiöser Führer, sondern gegen den Loyalitätsanspruch des heidnischen Staates. Wichtiger aber noch ist, dass sich die Maxime hier mit einem Hinweis auf das erste Gebot des Dekalogs verbindet. Das Gewissen erscheint dadurch als der existentielle Ort, an dem die Alternative, Gott oder den Menschen zu gehorchen, zum Austrag kommt und die Grundentscheidung darüber fällt, ob das Leben der Christen auch in der Gefahr äußerster Bedrohung gebunden bleibt oder im praktischen Widerspruch zum ersten Gebot gelebt wird.

---

[244] Zu dieser Wirkungsgeschichte vgl. die nach wie vor interessante Studie von Dörries 1970.

[245] Eusebius von Caesarea, Kirchengeschichte, Bd. VII, 11.

Dieser Bezug zur unbedingten Geltung des ersten Gebotes tritt jedoch bald wieder in den Hintergrund, als die *clausula Petri* in der Folgezeit immer mehr auch in innerkirchlichen Streitfragen aufgeboten wird; ging es hier doch lediglich um theologische Streitfragen, nicht aber unmittelbar um die Gottheit Gottes selbst. Im Mittelalter verfällt die Maxime dann zusehends der Ideologisierung. Sie muss nun sogar dazu herhalten, die herrschende Gesellschaftsordnung und die päpstliche Vorrangstellung theologisch zu legitimieren, so dass die Päpste kirchlichen Gehorsam als Gottesgehorsam einfordern. Im Kampf der päpstlichen und kaiserlichen Theologen erfüllt sie nur mehr die durchsichtige Funktion, politische Machtansprüche der jeweiligen Seite zu rechtfertigen. Es war dann erst wieder Martin Luther, der nicht nur der religiösen Gewissenserfahrung, sondern auch der Maxime, Gott mehr zu gehorchen als den Menschen, den Rang einer ursprünglichen Manifestation des ersten Gebotes zurückgab. Luther ist sich der besonderen historischen Situation von Apg 5,29 – dem Verbot der Christuspredigt durch die jüdischen Autoritäten – durchaus bewusst; er erkennt aber die theologische Grundsatzbedeutung dieses Konflikts. Für ihn ist das Apostelwort nur eine andere Fassung des ersten Gebots, die allem Menschengehorsam im Verhältnis der Bürger zu ihrem Staat, der Kinder zu ihren Eltern, aber auch der Christen in ihrer Kirche eine unüberbietbare Grenze setzt. Der Wittenberger Reformator setzt die Maxime, Gott mehr zu gehorchen als den Menschen, wieder in ihre alte Funktion ein: Sie schützt das Vorrecht Gottes, dem allein der unbedingte Gehorsam gebührt, und bewahrt so auch das Recht des Menschen, der nur in der freien Unterwerfung unter Gott zugleich – „jedermann untertan" und ein „freier Herr über alle Dinge" bleiben kann.[246]

Zusammenfassend lässt sich also sagen: Das Gewissen ist in ethischer Hinsicht nicht nur jene Instanz, die dem Menschen die Unterscheidung von Gut und Böse nahe legt und ihm befiehlt, das Gute zu tun und das Böse zu lassen. Das Gewissen ist vor allem auch jene Instanz, die ihn in die Freiheit und Verantwortung vor Gott ruft. Aus dieser Eigenart des Gewissensspruches folgen unmittelbar die Würde des Gewissens und das Recht auf

---

[246] So Luther in seinem Büchlein „Von der Freiheit eines Christenmenschen" (WA 7, S. 21).

Gewissensfreiheit. Gerade weil sich im konkreten Gewissensspruch – auch wenn er irrig ist – die Verantwortung des Menschen vor Gott niederschlägt, unterstellt ein solcher Spruch den Menschen ganz und gar Gott, befreit ihn letztlich von einer Absolutsetzung menschlicher Normen und Herrschaftsansprüche. Darin liegt die Gewissensfreiheit begründet, die als Grundrecht des Menschen und als strenger Rechtsanspruch gewertet wird. Auf sie hat jeder Mensch ein unverzichtbares Recht. Niemand darf einen Menschen dazu nötigen, gegen sein Gewissen zu handeln. Wer dies tut, macht Gott seinen absoluten Anspruch auf den Menschen streitig.

Im Aufruf zur Stellungnahme für das, was als richtig erkannt wurde, ist das Gewissen also unfehlbar, ist es vor Irrtum geschützt. Nicht so jedoch in der inhaltlichen Angabe der konkreten Werke, in denen der einzelne seine Verantwortung vor Gott zu ergreifen und sich zu bewähren hat. Hier ist auf das Gewissen kein unbedingter Verlass. In der Bedeutung, die das Gewissen bestimmten Handlungen zuweist, kann es irren. Aber auch ein irriger Gewissensspruch verpflichtet; er behält so lange seine Verbindlichkeit, wie sich der Betreffende redlich um die Erkenntnis des Wahren und Rechten bemüht und den Irrtum als solchen nicht erkennt. Der Einzelne darf also selbst dann nicht gezwungen werden, gegen seinen Gewissensspruch zu handeln, wenn er sich objektiv im Irrtum befindet.

So könnte man fragen: Ja, brauche ich mich dann überhaupt um ein rechtes Gewissensurteil zu kümmern, wenn sogar der irrige Gewissensentscheid verpflichtet, entsprechend dem Motto: *Was ich nicht weiß, macht mich nicht heiß?* Hier ist klar zu sagen: Wo das Gewissen rein subjektiver Standpunkt bleibt und überhaupt nicht an den Sachforderungen, in denen letztlich der Wille Gottes zum Ausdruck kommt, ausgerichtet wird, kann das Gewissen als Ruf in die Entscheidung nicht Ernst genommen werden. Hier liegt kein echter Gewissensspruch vor. Nur wer sich ständig um eine objektive Ausrichtung seines Gewissens bemüht, um eine objektive Information, das heißt, nur wer sein Gewissen auch formt und normiert, für den wird der Gewissensspruch absolut bindenden Charakter tragen und Anspruch erheben können, als Gewissensspruch anerkannt zu werden. Die objektive Gewissensbildung ist die Grundlage für die subjektive Gewissensbindung. Von einem solchen unüberwindlich irrenden Gewissen kann jedoch nicht die

Rede sein, wenn die handelnde Person sich zu wenig darum bemüht, nach dem Wahren und Guten zu suchen.

Wenn eine Sozialarbeiterin im Rahmen eines Sorgerechtsprozesses vom Familiengericht beauftragt wird, ein sozialpädagogisches Gutachten zu erstellen, dann hat sie das nach bestem Wissen und Gewissen zu tun. Sie wird dann alle betroffenen Personen hören, um sich ein unabhängiges und möglichst vollständiges Bild von der Situation zu machen. Auf dieser Basis wird sie dann ihre Stellungnahme verfassen. Wenn ihr Handeln von dem Willen getragen ist, das Beste für die betroffenen Kinder zu tun, dann handelt sie sittlich gut, selbst dann, wenn sie, was sicher oft genug vorkommt, einen wichtigen Aspekt übersieht oder falsch einschätzt und deshalb ein sachlich gesehen fehlerhaftes Gutachten erstellt.

Es bleibt also festzuhalten: Nicht in seinem kategorischen Befehl irrt das Gewissen, sondern in dem materialen Gehalt, in der Bedeutung, die es gewissen Handlungen und Werken beimisst. Nur dabei ist ein Irrtum möglich. Insofern ist das Gewissen absolut verbindlich und in dem Sinne unfehlbar, dass es in bestimmten Weisungen, Geboten und Verboten angibt, wie sich meine Verantwortung konkret zu vollziehen hat. Nicht in der Bedeutung, die dem Werk an sich zukommt, sondern in der Bedeutung, die es nunmehr für mich hat, liegt die Verbindlichkeit des Gewissensspruches. Auch in meinen Irrtümern bin ich nicht aus der Verantwortung vor meinem Schöpfer entlassen. Das Gewissen unterstellt somit den Menschen ganz unter Gott und macht ihn damit frei von allen Menschen und Mächten dieser Welt.

Doch darf auch der unverschuldete Gewissensirrtum nicht bagatellisiert werden; er ist Ausdruck unserer Zugehörigkeit zu einer noch von Sünde und Unheil durchwalteten Welt. Das Problem des Gewissensirrtums besteht ja gerade darin, dass hier ein konkreter Gewissensspruch etwas kategorisch befiehlt, was falsch ist. Wenn sich menschliches Handeln gerade in einem sachgerechten und situationsgemäßen Handeln realisieren soll, dann genügt es eben nicht, bloß mit gutem Gewissen zu handeln; dann bedarf es einer ständigen Ausrichtung an der Realität. Insofern ist auch das Gewissen des Menschen keineswegs völlig autonom und souverän, sondern von seiner Anlage her ständig auf Formung und Bildung angewiesen. Gerade angesichts der Irrtumsmöglichkeit des Menschen, aber auch angesichts menschlicher

Oberflächlichkeit und Trägheit, die eine vordergründige Überzeugung schon als Gewissensspruch ausgeben möchte, bedarf es der selbstkritischen Wachsamkeit eines jeden Menschen, einmal dahingehend, ob nun wirklich ein verbindlicher Gewissensspruch vorliegt oder nur eine persönliche Meinung über einen Sachverhalt gegeben ist. Zum andern muss gefragt werden, ob eine genügende Ausrichtung des Gewissens an den von der Gemeinschaft aufgestellten berechtigten Forderungen erfolgt ist. Nur wer diese selbstkritische Einstellung besitzt und sich um ein sachgerechtes Urteil bemüht, dessen irriges Gewissensurteil ist unverschuldet. In diesem Falle behält dann auch das irrige Gewissen seine Würde und seine unmittelbare Verpflichtungskraft. Ohne die prinzipielle Bereitschaft, sein Gewissen zeitlebens zu formen und zu bilden, werden sehr bald die verschiedensten Wünsche und Ansprüche als Gewissensforderungen ausgegeben, ohne dass man von einer echten, den Einzelnen absolut verpflichtenden Überzeugung sprechen kann.

Es erscheint daher unverantwortlich, sich gegenüber möglicher Kritik zu verschließen und ideologisch – das heißt mit Scheuklappen – nur seine eigenen Ziele zu verfolgen. Dialogbereitschaft, Korrekturoffenheit, Bereitschaft zur Annahme von Kritik und zu geschwisterlicher Zurechtweisung gehören zur rechten Grundeinstellung jedes Menschen.[247] Das ist im eigentlichen Sinne gemeint, wenn gesagt wird: Dem Menschen bleibt es zeitlebens aufgegeben, sein Gewissen zu formen und zu bilden. Dies gilt besonders angesichts der Einsicht, dass die Gewissensinhalte nicht einfach angeboren, sondern weithin umweltbedingt und anerzogen sind. Wer sich dieser Aufgabe nicht unterzieht, wird schließlich dadurch schuldig, dass er etwas als Gewissen ausgibt, was nur mehr oder weniger persönliche, willkürliche Meinung bleibt. Es liegt dann eben eine *Verhärtung des Herzens* vor, die den Menschen stumpf und gleichgültig macht gegenüber diesem inneren Aufruf des Gewissens, die ihn oberflächlich oder egoistisch dahinleben und nur seinen unmittelbaren Augenblicksbedürfnissen leben lässt. Wie aber kommt es nun zu einem konkreten Gewissensentscheid? Welche Fragen und Schritte sind während dieses Prozesses zu beachten? Gibt es Kriterien und Orientierungshilfen, die die Entscheidung erleichtern? Und wenn ja, welche?

---

[247] Ausführlich dazu Gründel 1990.

4. Kapitel: Ethische Entscheidungsfindung in der Praxis Sozialer Arbeit

Ethisch qualifiziertes Handeln ist das Resultat von gutem Willen und richtiger Tat. Ausgangspunkt ist dabei immer die lautere Gesinnung, die auf ein gutes Ziel gerichtete Absicht der handelnden Person. In guter Absicht handelt, wer mit seinem Tun zum Gelingen menschlichen Lebens beitragen möchte. Einen Menschen mit einer solchen inneren Haltung qualifiziert allerdings auch sein richtiges Tun. Er wird daher darum bemüht sein, auch sach- und situationsgemäß zu handeln. Er wird die Umstände und möglichen Folgen seines Tuns nach bestem Wissen und Gewissen reflektieren und auf dieser Basis jene Handlungsschritte einleiten, die er für geeignet hält, das angestrebte Ziel zu erreichen.

In den meisten Fällen folgt unser ethisches Handeln eindeutigen Vorgaben. Die Situationen, in denen wir zum Handeln aufgerufen sind, sind klar umrissen. Sie enthalten einen einzigen ethischen Anspruch, einen bestimmten ethischen Wert, von dem uns unser Gewissen sagt, dass wir ihn handelnd realisieren sollen. Und wir wissen in der Regel auch, was zu tun ist, um dem ethischen Anspruch Genüge zu leisten. Aber nicht alle Handlungssituationen sind klar und eindeutig. Im Leben gibt es immer wieder auch Situationen, die sich einer eindeutigen Bewertung entziehen, weil in ihnen zwei oder mehr ethische Ansprüche enthalten sind, von denen jeweils nur einer eingelöst werden kann, oder weil die zur Verfügung stehenden Mittel und Methoden zur Erreichung des angestrebten Zieles ambivalente oder nicht vorhersehbare Folgen zeitigen. Wie greift in solchen Situationen das eben vorgestellte verantwortungsethische Handlungsmodell? In diesem abschließenden Kapitel wird dargelegt und an einigen ausgewählten Beispielen aus der Praxis der Sozialen Arbeit erläutert, wie der Prozess der ethischen Entscheidungsfindung konkret vonstatten geht und wie auch in solchen Konfliktfällen noch ein verantwortlicher Handlungs- und Gewissensentscheid getroffen werden kann.

I. Handeln im Konflikt

1. Der Konflikt als Strukturmerkmal menschlichen Leben

Zur Eigenart menschlichen Lebens und Zusammenlebens gehört das Vorhandensein und Entstehen ständig neuer Spannungen und Konflikte. In der psychologischen wie in der soziologischen Forschung werden Konflikte[248] in erstaunlicher Einmütigkeit als Prozesse gekennzeichnet, die entstehen, wenn gegensätzliche, miteinander nicht vereinbare Interessen aufeinander stoßen.[249] Sind diese gegenläufigen Tendenzen in einer Person anzutreffen, liegt ein intrapersonaler Konflikt vor. Beziehen sich die gegensätzlichen Bedürfnisse und Strebungen hingegen auf zwei oder mehr Personen oder bestehen sie gar zwischen Gruppen, so spricht man von einem interpersonalen oder sozialen Konflikt.[250]

Wie ist nun das Vorhandensein von Konflikten zu bewerten? Im Alltagsleben werden Konflikte eher gemieden, weil sie stören, Kraft kosten und vermeintlich zu nichts führen. „Demgegenüber betont die Konfliktforschung, dass Konflikte grundsätzlich zum Wesen des Menschen und seiner Beziehungen gehören und unverzichtbar für seine Menschlichkeit sind.“[251] Mit anderen Worten: Die Konflikthaftigkeit ist ein grundlegender Wesenszug des Menschen. Sie ist, wie Heinz-Rolf Lückert in seinen Standardwerken der Konfliktpsychologie betont, keine hinzutretende Kalamität, für die wir Ursachen zu suchen hätten. Sie ist vielmehr das Primäre, die Grundstruktur.[252] Für Lückert ist diese konflikthafte Grundstruktur des Menschen eine Folge anthropologischer Gegebenheiten.[253] Die in diesem Zusammenhang wichtigste anthropologische Gegebenheit sieht er darin, dass der Mensch Individualität besitzt. Das heißt: Er tritt der Welt als selbstbewusstes Individuum

---

[248] Vom lateinischen *confligere* = streiten, kämpfen.
[249] Vgl. Berkel 1984, 54. So auch Deutsch 1976, 18 und Dahrendorf ³1971, 114.
[250] Vgl. Deutsch 1976, 18.
[251] Hümmeler 1993, 57.
[252] Vgl. Lückert 1972, 80.
[253] Vgl. dazu Lückert 1972, 16-99.

gegenüber und setzt sich mit ihr auseinander. Er ist von der Welt unterschieden, gleichzeitig aber von ihr abhängig und ihren Einflüssen ausgesetzt.
Dieser Grundkonflikt zwischen Ich und Welt durchzieht das ganze menschliche Leben. Er zeigt sich auch darin, dass der Mensch durch seine Weltoffenheit nicht nur Einflüssen von außen unterliegt, sondern selbst Einfluss auf sie nehmen und sich eine eigene künstliche Welt schaffen kann: die Welt der Institutionen, der Normen und kulturellen Systeme. Daraus aber entstehen neue Konflikte. Denn an diese geschaffene Welt muss er sich anpassen; ihren Auswirkungen kann er sich nicht entziehen. Um hier nicht in eine zu starke Fremdbestimmung und Entfremdung von sich selbst zu geraten, muss er sich mit dieser institutionellen Welt auseinandersetzen und sich wehren. Nur so kann er seine Identität bewahren.
Der Mensch ist aber nicht nur nach außen das Wesen der Weltoffenheit. Er ist auch, was seine psychosoziale Verfasstheit betrifft, kein festgelegtes Wesen, sondern besitzt die Fähigkeit zur Wandlung und zur Entwicklung. Er macht immer neue Erfahrungen, die er verarbeitet und die so seine Persönlichkeit formen und reifen lassen. In diesem Zusammenhang kommt dem Konflikt eine besondere Bedeutung zu. Denn in der Regel sind es Konflikte – in der Familie, in der Schule, im Beruf, im gesellschaftlichen Leben –, die einen Wandel provozieren und auf diese Weise zur Weiterentwicklung des seelischen Lebens beitragen. Ungeachtet aller Persönlichkeitsformung bleibt der Mensch jedoch zeitlebens eine widersprüchliche Persönlichkeit. Er vereinigt in sich viele, sich zum Teil widersprechende Gefühle, Impulse, Ansichten und soziale Rollen. Nur wenn es ihm gelingt, diese widerstreitenden Tendenzen, diese latent immer vorhandenen Konflikte auszubalancieren und auch auszuhalten, kann er seine personale Identität bewahren.
Der Mensch sieht sich also mit seiner Befindlichkeit in dieser Welt immer schon inneren wie äußeren, psychischen wie sozialen Konflikten ausgesetzt. Diese Konflikte können positive, sie können aber auch negative Folgen haben. Gelingt es einem Menschen nicht, seine unterschiedlichen Neigungen und Bedürfnisse in eine sinnvolle Beziehung zueinander zu bringen, so behindert dieser psychische Konflikt das Werden seiner Persönlichkeit und bewirkt gegebenenfalls ihre Desorganisation. Im positiven Fall hingegen führt dieser Entwicklungsprozess zu personaler Identität und Ichstärke. Nicht an-

ders verhält es sich mit sozialen Konflikten. In einer Paarbeziehung etwa werden sich die Partner auf Dauer nur wohl und aufgehoben fühlen, wenn es ihnen gelingt, ihre unterschiedlichen Bedürfnisse, Wünsche und Zielvorstellungen so miteinander in Ausgleich zu bringen, dass jeder auf lange Sicht diesbezüglich auf seine Kosten kommt.

Konflikte kosten Kraft; und mit ihnen ist immer die Gefahr negativer Folgen verbunden. Das erklärt die eingangs erwähnte ablehnende Einstellung, die viele Menschen gegenüber Konflikten haben. Konflikte sind jedoch mit der menschlichen Existenz untrennbar verbunden. Sie verschwinden nicht dadurch, dass man ihnen ausweicht oder sie vermeidet. So unterscheidet sich ein zufriedenes Paar von einem unzufriedenen auch nicht dadurch, dass es keine Konflikte hat, sondern dadurch, dass es mit den vorhandenen Konflikten besser umgeht.[254] Die Frage ist also nicht, wie ein Konflikt ausgeschaltet werden kann, sondern wie mit ihm umgegangen, wie er konstruktiv bewältigt werden kann, damit er für die Betroffenen positive Folgen zeitigt.

2. Der Handlungskonflikt als Ernstfall ethischer Reflexion

Die grundlegende Konflikthaftigkeit menschlicher Existenz findet nolens volens auch in der Ethik, in der es ja um das rechte Handeln des Menschen geht, seinen Niederschlag. Wie einleitend schon angemerkt, folgt das ethische Handeln nicht immer eindeutigen Vorgaben, sondern ist mitunter auch von Konflikten geprägt. Diese haben entweder in einander widerstreitenden Zielen oder in Umsetzungsproblemen ihren Ursprung.

Der Mensch findet sich in einer Welt vor, in der er zur Sicherstellung und Entfaltung seiner personalen Existenz eine Vielfalt von unterschiedlichen Gütern, Werten und Zielen zu verfolgen und zu berücksichtigen hat. Daraus resultiert notwendigerweise – und zwar auch dort, wo kein böser Wille im Spiel ist – eine entsprechende Vielfalt von Interessens- und Wertkonflikten, von Güterkonkurrenzen und Pflichtenkollisionen. Die Praxis der Sozialen Arbeit ist reich an solchen ethischen Konflikten. Die „International Federa-

---

[254] Vgl. zu diesem Ergebnis der Paarforschung anstatt vieler Engl-Thurmaier [11]2007.

tion of Social Workers" (IFSW) nennt in ihrer Erklärung über die ethischen Prinzipien und Grundlagen der Sozialen Arbeit – die Erklärung stammt aus dem Jahr 1994 – drei typische sozialarbeiterische Konfliktbereiche. Ihrer Meinung nach sind ethische Handlungskonflikte dann gegeben, wenn (1) die Loyalität der Sozialarbeiterin inmitten widerstreitender Interessen steht, etwa zwischen den eigenen und denen der Klienten oder zwischen den widerstreitenden Interessen einzelner Klienten und anderer Personengruppen, wenn (2) die Sozialarbeiterin sich in der Doppelrolle als Helferin und Kontrolleurin befindet, oder wenn (3) die Pflicht der Sozialarbeiterin, die Interessen des Klienten zu schützen, in Konflikt gerät mit Forderungen nach Rentabilität und Wirtschaftlichkeit.[255]
Nicht alle ethischen Konflikte aber resultieren aus einander widerstreitenden Werten und Zielen. Viele Konflikte in der ethischen Praxis erweisen sich auch als Umsetzungskonflikte. Solche Konflikte entstehen, wenn der Einsatz bestimmter Mittel und Methoden neben dem erwünschten Ziel auch unerwünschte, üble Nebenfolgen nach sich zieht, wie dies etwa bei einer gesetzlichen Inobhutnahme oder bei der Zwangseinweisung eines suizidgefährdeten Menschen in ein psychiatrisches Krankenhaus der Fall ist. Das Ziel, die Unversehrtheit menschlichen Lebens zu gewährleisten, lässt sich in diesen Fällen nur durch eine vorübergehende Einschränkung der freien Selbstbestimmung der Betroffenen und damit unter Inkaufnahme kurzfristiger übler Folgen erreichen. Umsetzungskonflikte ergeben sich aber auch durch unverkürzte ethische Idealforderungen, die so in der konkreten Situation nicht verwirklicht werden können, weil sie die handelnde Person in ihrem Können überfordern. In der Sozialen Arbeit sind solche Konflikte, auch wenn sie die IFSW in ihrer Erklärung nicht erwähnt, vielleicht mehr als in jedem anderen Praxisbereich anzutreffen. Hat es die Soziale Arbeit doch sehr oft – man denke hier nur an die Arbeit mit jugendlichen Straftätern oder mit nichtsesshaften Männern und Frauen – mit Menschen zu tun, die in ihrer

---

[255] Vgl. Abschnitt 2.3.1 der genannten Verlautbarung. Der Deutsche Berufsverband Sozialer Arbeit, der DBSH, hat diese Verlautbarung übernommen und auch in seiner Broschüre über die berufsethischen Prinzipien und Grundlagen der Sozialen Arbeit abgedruckt (nachzulesen auch auf der Homepage des Berufsverbandes unter www.dbsh. de).

psychosozialen Entwicklung beeinträchtigt oder gar gestört sind. Wie aber soll jemand, der nie die Erfahrung unbedingter, vertrauensvoller Annahme seitens seiner Eltern gemacht hat, seiner Mitwelt vertrauen, wie soll er seinen Mitmenschen vertrauensvoll und wahrhaftig begegnen? Oder wie soll ein Jugendlicher, dessen Grenzen von seinen Bezugspersonen nie respektiert wurden, Grenzen anderer Menschen respektieren?

Ethische Handlungskonflikte schränken die menschliche Entscheidungs- und Handlungsfreiheit ein. Sie zeigen, dass diese Freiheit immer nur eine bedingte, nie eine absolute ist. Die Verantwortungsethik deutet ihre Existenz als Zeichen der Schuldverstricktheit des Menschen, mehr noch aber als Ausdruck der geschöpflichen Kontingenz. Das heißt: Ethische Konflikte sind für sie nicht erst eine Folge menschlichen Versagens und menschlicher Schuld, sondern bedingt durch die endlichen, begrenzten Strukturen dieser Welt. Wie schon für die sozialpsychologische Konfliktforschung sind also auch ethischem Denken zufolge Konflikte nicht etwas Außerordentliches. Sie kennzeichnen vielmehr die ethische Situation des Menschen in grundlegender Weise. Klaus Demmer, der lange Jahre in Rom theologische Ethik gelehrt hat, sieht in dieser konflikthaften Wirklichkeit denn auch den eigentlichen Ernstfall ethischer Reflexion. Jede Entscheidung sei, so Demmer, ein Versuch, in der Konflikthaftigkeit der jeweiligen Situation den bestmöglichen Weg zu finden.[256] Wie aber kann dies geschehen? Nach Wilhelm Korff schlägt bei der Beantwortung dieser Frage die Stunde des Abwägens. Was immer menschliches Dasein glücken lässt, sei, so der Münchner Sozialethiker, das Resultat von Optimierungsprozessen, des Abwägens von Gütern und des Abwägens von Übeln[257]. Korff selbst, aber auch einige andere Vertreter der verantwortungsethischen Denkrichtung, haben in den vergangenen Jahrzehnten – unter Rückgriff auf den Traditionsbestand der Ethik – zahlreiche Kriterien und Orientierungshilfen formuliert, die diesen Prozess der Abwägung und ethischen Entscheidungsfindung der Willkür entziehen und zu einem nachvollziehbaren, verantwortlichen Geschehen machen.

---

[256] Vgl. Demmer 1985, 145.
[257] Vgl. Korff 1989, 59.

II. Kriterien und Orientierungshilfen ethischer Entscheidungsfindung

Verantwortlich für den Prozess der ethischen Entscheidungsfindung und damit für die sittliche Richtigkeit menschlichen Handelns ist die handelnde Person. Sie hat abzuwägen, welches ethische Ziel im Konfliktfall den Vorrang verdient und, wenn es sich um einen Umsetzungskonflikt handelt, welcher der bestmögliche Weg zur Erreichung des angestrebten Zieles ist. Das entscheidende Kriterium liegt dabei negativ betrachtet im geringstmöglichen Übel, positiv formuliert im höchstmöglichen Gut.

In diesem Umgang mit ethischen Handlungskonflikten spiegelt sich nochmals die Eigenart ethischen Denkens und Handelns wider. Geht es im Anwendungsbereich des Rechts um die Frage, was mit Bezug auf die gegebenen positiven Rechtsnormen im Hinblick auf den konkreten Fall rechtens, also legal ist, so lautet die entscheidende ethische Frage: Was macht mein Handeln im gegebenen Fall – auch unter Einbezug der hierbei ins Spiel kommenden rechtlichen und ethischen Normen – zu einem vom Anspruch des jeweils Guten und Rechten als solchem bestimmten Handeln? Und das heißt zugleich: Was macht es unter den gegebenen Bedingungen zu einem human sinnvollen und angemessenen Handeln? Während sich also die Legalität einer Handlung aus der bloßen Anwendung vorgegebener Rechtsvorschriften ergibt, lässt sich die ethische Legitimität einer Handlung nicht aus einem solchermaßen geschlossenen System von Normen ableiten. Die Bestimmung des ethisch Guten und Richtigen, der vernünftige Umgang mit ethischen Werten und Normen bleibt vielmehr stets der Eigenverantwortung des handelnden Subjekts zugelastet.

Allgemeine Normen decken nie die ganze Bandbreite möglicher Handlungsansprüche ab, wie sie der handelnden Person in der konkreten Situation begegnen können. Bereits die traditionelle Ethik hat daher für solche Ausnahmesituationen ein Handlungsprinzip entwickelt, das den eigenverantwortlichen Umgang des Menschen mit ethischen Normen regelt: *die Lehre von der Epikie.* Die ethische Tradition versteht unter Epikie[258] die

---

258 Epikie kommt vom griechischen *epieikeia,* was wörtlich vielleicht am besten übersetzt werden kann mit Nachsicht, Milde.

nach Rechtschaffenheit, Billigkeit und Angemessenheit verfahrende, eigenständige Auslegung des Gesetzes dort, wo dieses infolge seiner Allgemeinheit lückenhaft bleibt. Das Wesen der Epikie besteht also darin, unabhängig vom Wortlaut des Gesetzes, den Sinn des Gesetzes, wo dieses infolge seiner generellen Fassung lückenhaft ist, zu erfüllen. Epikie lässt die Gültigkeit der Normformulierung im allgemeinen unangetastet, verbessert diese aber, wo das Leben außergewöhnliche Umstände mit sich bringt.[259]

Für Aristoteles ist Epikie die bessere Gerechtigkeit als die Gesetzesgerechtigkeit, weil sie im Unterschied zu einer generell formulierten Norm die oft außergewöhnlichen Umstände des Lebens mit berücksichtigt. Während noch Platon diese Befähigung zur Epikie, zur gerechten Korrektur der Gesetze auf die Besonderheit der Situation hin allein dem Philosophenkönig und dem Richter zugesteht, spricht Aristoteles diese Eignung jedem freien, von der Tugend der Gerechtigkeit bestimmten Bürger zu. Thomas von Aquin übernimmt im 13. Jahrhundert diese Lehre und verbindet sie mit der römischen Tugend der *Aequitas*. Thomas versteht unter Epikie daher die habituelle Bereitschaft des Einzelnen, die inneren und äußeren Umstände genau abzuwägen und eine Handlung nicht nur von den Einzelnormen her zu bewerten, sondern im Lichte der diesen Einzelnormen übergeordneten ethischen Prinzipien. In diesem Sinne bedeutet Epikie für Thomas „gleichsam die höhere Regel der menschlichen Handlungen"[260]. Zusammenfassend kann man also sagen: Epikie ist die Tugend der rechten Normanwendung. Diese Tugend anerkennt allgemeine Normen. Sie ist aber darüber hinaus dazu bereit, dort, wo eine allgemeine Norm aufgrund besonderer Umstände den ethischen Anspruch in einer konkreten Situation nicht hinreichend erfasst, diese Norm eigenständig zu verbessern und danach zu handeln, aber streng im Sinne der in der allgemeinen Norm zum Ausdruck gebrachten Wahrheit. Der im Hinblick auf die Einzelsituation nach Angemessenheit und Billigkeit

---

[259] Als eine der ältesten Tugenden wird Epikie erstmals in dieser Weise von Aristoteles beschrieben und definiert. Vgl. Aristoteles 1991, 1137 b.

[260] Thomas von Aquin, Summa Theologiae II-II, q.120 a.2. Eine ausführliche Auseinandersetzung mit der Tugend der Epikie bietet Virt 1983.

verfahrende Mensch handelt also durchaus nicht willkürlich, insofern er in seinem Handeln vom Anspruch der Gerechtigkeit bewegt bleibt.

Ethische Entscheidungs- und Abwägungsprozesse sind somit, auch wenn sie der Verantwortung der handelnden Person zugelastet bleiben, keineswegs beliebig. Die eigenständige Auslegung ethischer Ansprüche und Normen steht vielmehr immer unter dem Anspruch der Gerechtigkeit und der Angemessenheit. Sie muss jederzeit einer freien und öffentlichen Prüfung standhalten. Mit anderen Worten: Sie muss transparent und nachvollziehbar sein. Orientierung und Hilfestellung zur rechten Anwendung und Ausgestaltung dieser Tugend bieten der handelnden Person hierbei von der Ethik formulierte Kriterien und Vorzugsregeln. Diese ethischen Entscheidungshilfen beziehen sich – je nach Konfliktkonstellation – entweder auf die Abwägung der Ziele oder auf die Abwägung der Folgen, die sich aus dem Einsatz der zur Zielrealisierung notwendigen Mittel und Methoden ergeben. Sie können sich aber auch auf die Bewertung der subjektiven Handlungsvoraussetzungen der involvierten Personen selbst beziehen.

1. Kriterien für die Abwägung von Gütern und Werten

Um auch in ethischen Entscheidungssituationen noch in angemessener und richtiger Weise den Anspruch der Situation erfüllen zu können, muss die handelnde Person alle ins Spiel kommenden ethisch relevanten Handlungsbedingungen, Umstände und vorhersehbaren Folgen berücksichtigen und auf deren Hintergrund die miteinander konfligierenden Güter und Werte gegeneinander abwägen. Auf eine allgemeine Formel gebracht – Wilhelm Korff spricht in diesem Zusammenhang von der allgemeinen Vorzugsregel[261] –, heißt das: „Vor zwei miteinander konkurrierende, einander ausschließende Werte gestellt, hat der Mensch zu prüfen, welcher von beiden den Vorzug verdient und den handelnd zu verwirklichen."[262] Mit der Feststellung der tatsächlichen Vorzugswürdigkeit eines bestimmten Wertes ist

---

[261] Vgl. Korff 1979, 18.
[262] Schüller 1970, 4.

nicht auch schon dessen grundsätzliche Relativität aufgehoben. Eben so
wenig ist damit der nicht eingelöste Wert außer Kraft gesetzt. Die Vorzugswürdigkeit bezieht sich nur auf die jeweilige Situation. Unter veränderten
Umständen kann sie sich jederzeit wieder umkehren.

Mit dieser allgemeinen Vorzugsregel ist jedoch nur das Ziel des ethischen
Abwägungsprozesses beschrieben. Um zu einer fundierten und objektiv richtigen Entscheidung hinsichtlich der Vorzugswürdigkeit gelangen zu können,
bedarf es weiterer Vorzugsregeln, auf die sich die zum Handeln aufgerufene
Person als verbindlichen Maßstab zur objektiv richtigen Erfassung der konkurrierenden Güter und Werte beziehen kann.

a. Ranghöhe und Dringlichkeit

Eine erste solche spezielle Vorzugsregel betrifft die Ranghöhe und die Dringlichkeit von Werten. Wie bereits im zweiten Kapitel dargelegt[263], lassen sich
Güter und Werte sowohl hinsichtlich ihrer Ranghöhe wie auch hinsichtlich
ihrer Fundamentalität unterscheiden. Bestimmte Güter werden seit jeher in
ihrem Wert höher eingestuft als andere. Nach Max Scheler sind dies Werte,
die in der freien Annahme des Menschen ihren Seinsgrund haben und sich
daher auch nicht verbrauchen und abnützen wie materielle und vitale Werte. Werte wie Gerechtigkeit, Freundschaft, Liebe, Güte, aber auch geistige
Werte wie Wissenschaft, Kunst oder Religion lassen sich nicht erzwingen.
Sie sind das Werk freier, von einer je größeren Vernunft der Sache bewegten
Annahme und werden deshalb auch als dauerhafter und sinnstiftender emp-
funden.[264]

Andererseits gründen diese ranghöheren Werte auf den rangniedrigeren. Das
heißt: Ranghöhe und Dringlichkeit eines Wertes fallen nicht zusammen.
Geistig-personale Werte sind zwar ranghöher; aber sie haben zu ihrer Realisierung die vital-materiellen Werte zur Voraussetzung. Mit den Worten Nicolai Hartmanns: „Der höhere Wert ist allemal der bedingtere, abhängigere

---

263 Zum Folgenden vgl. auch Korff 1993, 79f. sowie Schüller ²1980, 124-132.
264 Vgl. dazu Scheler ⁴1954, 114-116.

und in diesem Sinne schwächere; seine Erfüllung ist sinnvoll nur, soweit sie sich über der Erfüllung der niederen Werte erhebt. Der unbedingtere, elementare und in diesem Sinne stärkere Wert aber ist allemal der niedere; er ist nur axiologisches Fundament des sittlichen Lebens, nicht Erfüllung seines Sinnes."[265] *Aus diesem systemischen Zusammenhang von Ranghöhe und Dringlichkeit ergibt sich zwingend, dass unter gegebenen Umständen der dringlichere Wert dem ranghöheren vorgezogen werden muss.* „Basisgüter haben Vorrang vor Gütern, die diese als Bedingung voraussetzen. Lebensstandard und Lebenskultur verlieren notwendig ihr Gewicht, wo es um fundamentale Dinge des Überlebens geht."[266] Primum vivere, deinde philosophari – zuerst leben, dann erst philosophieren!

Nach eben dieser Vorzugsregel hat jene Sozialarbeiterin entschieden, die die an Demenz leidende 85-jährige Frau in ein Pflegeheim hat einweisen lassen, nachdem sich ihr Allgemeinzustand in den letzten Monaten zusehends verschlechtert hatte.[267] Die Werte, die sich in diesem Fall unversöhnlich gegenüber standen, waren zum einen die an die Vertrautheit und Intimität der eigenen Wohnung gebundene Lebensqualität, zum anderen die massiv gefährdete körperliche Gesundheit der Klientin. Die Sozialarbeiterin hat sich in diesem Fall, nach Beratung mit Kolleginnen und nach Rücksprache mit der behandelnden Ärztin, nach sorgfältiger Klärung der sozialen und medizinischen Sachlage also, für den dringlicheren Wert entschieden: die Sicherstellung der physischen Versorgung der kranken Frau. Sie hat ihre Einweisung in ein Pflegeheim veranlasst und damit dem dringlicheren Wert den Vorrang vor dem ranghöheren eingeräumt.

b. Gemeinwohl und Eigenwohl

Ein weiteres Kriterium zur Feststellung der Vorzugswürdigkeit von Gütern und Werten stellt die Unterscheidung von Gemeinwohl und Eigenwohl dar.

---

[265] Hartmann [3]1949, 607.
[266] Korff 1993, 80.
[267] Vgl. dazu die Fallschilderung in Kapitel 3, Abschnitt III, Punkt 2 c.

Aus der Idee der Menschenwürde ergibt sich einerseits zwar die ethische Schlussfolgerung, dass die menschliche Person Grund, Träger und Ziel allen individuellen wie sozialen Handelns ist. Andererseits schließt menschliche Personalität jedoch leibhafte Existenz und damit Einbindung in Naturalität und Sozialität unaufhebbar ein. Der Mensch bedarf der Gemeinschaft und der Natur, um überhaupt ins Dasein zu treten und um seine Daseinsgrundlagen fortwährend zu sichern. Dabei bleiben in der Regel Spannungen zwischen den Ansprüchen und dem Wohl des Einzelnen und dem seiner sozialen und ökologischen Umwelt nicht aus, wie dies etwa beim Recht auf Gewissensfreiheit und der staatlichen Pflicht zum Wehrdienst oder beim Recht auf Freizügigkeit und dem Autofahrverbot bei überhöhten Smogwerten oder auch, um noch ein drittes Beispiel zu nennen, beim Recht auf Eigentum und dem Bedarf des Eigentums durch den Staat oder die Kommune der Fall ist. Wem kommt nun in solchen Situationen der Vorrang zu: dem Wohl des Einzelnen oder dem der Gemeinschaft? Hier gilt die Regel: *„Allein unter der Voraussetzung der Respektierung der Personwürde kommt den sich von der Gemeinschaft her ergebenden Ansprüchen gegenüber den Ansprüchen des einzelnen der Vorrang zu."*[268]

Die Würde und der Eigenwert der menschlichen Person verbietet eigentlich eine Unterordnung des einzelnen Menschen unter die Gesellschaft oder einzelne gesellschaftliche Institutionen. Wenn dennoch im Konflikt, das heißt unter gegebenen Umständen, den Ansprüchen, die sich von der Gemeinschaft oder vom Wohl der Gesamtökologie her ergeben, der Vorrang eingeräumt wird gegenüber den Ansprüchen der einzelnen Person, so ist das ethisch gerechtfertigt allein unter der Voraussetzung der Respektierung der Personwürde. Damit sind auch den Ansprüchen der Gemeinschaft gegenüber dem Einzelnen eindeutige Grenzen gesetzt: „Sie darf ihn in keinem Fall einem Anspruch unterwerfen, der ihn seines eigenen Willens beraubt und ihn in seiner Personwürde zerstört. Wo immer dies dennoch geschieht, zerstört sie letztlich ihre eigene moralische Basis."[269] Denn Zweck

---

268 Korff 1993, 84.

269 Korff 1993, 84. Im Falle einer Enteignung oder Besitzeinweisung, wie der Vorgang rechtlich auch genannt wird, kann der Entzug des Eigentums durch den Staat daher

aller menschlichen Gemeinschaft und ihrer Institutionalisierungen ist der Mensch. Umgekehrt bedarf der Mensch aber auch dieser Hilfen. Ohne Gemeinschaft, ohne soziale Funktionssysteme kommt der Einzelne nicht zum Stande seines Menschseins. Das aber heißt: Die Substanz des Gemeinwohls ist – ebenso wie die des Eigenwohls – die menschliche Person. Sie ist Grund, Träger und Ziel aller gesellschaftlichen Institutionen. Die Rechte, die sich aufgrund der Bedeutung, die die Gemeinschaft für den Einzelnen hat, für die Gemeinschaft, herleiten, sind zwar auf das Wohl der Vielen gerichtet; sie bewirken darin jedoch, aufs Ganze betrachtet, eben auch das Wohl des Einzelnen. Gemeinwohl und Eigenwohl stehen sonach in der Regel nicht notwendig im Widerspruch.

Überträgt man das Gesagte auf die Praxis der Sozialen Arbeit, so bedeutet dies, dass die menschliche Person Grund, Träger und Ziel aller sozialen Einrichtungen und Dienstleistungen ist und sein muss. Die Würde der menschlichen Person und die sich daraus ergebenden Freiheits- und Persönlichkeitsrechte dürfen nicht den institutionellen Interessen und Ansprüchen eines Wohnheimes oder einer Werkstatt untergeordnet oder gar geopfert werden. Die sozialen Einrichtungen müssen vielmehr grundsätzlich auf die menschliche Person und ihr Wohl hingeordnet bleiben. Einschränkungen in der persönlichen Freiheit, wie sie etwa die Eingliederung in einen festen Zeitablauf in einem Wohnheim für obdachlose Männer und Frauen oder die vorübergehende Isolation eines an einer schweren Psychose erkrankten Menschen mit sich bringt, sind ethisch gerechtfertigt allein aufgrund der jeweiligen besonderen Situation. Würden in einem Pflegeheim oder in einem Krankenhaus einfache tägliche Verrichtungen wie Körperpflege, Medikation und Nahrungsaufnahme dem individuellen Belieben der dort wohnenden Menschen anheim gestellt, so wäre damit das Betreuungspersonal sehr bald überfordert. Die Medikation zu bestimmten Zeiten und organisatorische Gesichtspunkte eines effizienten Arbeitsablaufes bedingen einen Tagesrhyth-

---

auch nur erfolgen, wenn nach gerichtlicher Abwägung dem Wohl der Allgemeinheit der Vorrang vor dem Eigentumsanspruch des Einzelnen zugebilligt wird. Dies wird im Allgemeinen nur beim Bau von öffentlichen Anlagen wie Schulen, behördlichen Einrichtungen oder Straßen gegeben sein.

mus, dem sich der Einzelne für die Dauer seines Aufenthaltes in einer Pflegeeinrichtung um des Wohles aller in dieser Einrichtung sich befindenden Menschen willen unterordnen muss. Eine Pflegedienstleitung, die die Individualität und den Eigenwert jedes einzelnen zu betreuenden Menschen respektiert, wird jedoch versuchen, so weit wie möglich auf die jeweiligen Bedürfnisse und Wünsche der ihnen anvertrauten Menschen einzugehen.

2. Kriterien für die Abwägung von üblen Folgen

Ein weiteres wichtiges Bestimmungsmoment ethischer Entscheidungsfindung sind, wie im vorhergehenden Kapitel dargelegt, die Folgen unseres Handelns. Deren Abwägung ist insbesondere dort von großer Bedeutung, wo entweder auf der Ebene der ethischen Ziele keine Abwägung vorgenommen werden kann, weil die in Frage stehenden Werte nicht verrechenbar und mit einander vergleichbar sind, wie dies bei der Personwürde der Fall ist, oder wo der Einsatz der erforderlichen Mittel und Methoden, um das erstrebte Ziel zu erreichen, neben den erwünschten auch unerwünschte üble Folgen zeitigt. Nach welchen Kriterien kann in solchen Situationen eine verantwortliche Entscheidung getroffen werden? Welche Orientierungshilfen gibt es für die Abwägung übler Folgen?

a. Übelabwägung und Übelminimierung

Für den Umgang mit üblen Folgen hat bereits die traditionelle Ethik mit dem Prinzip der Doppelwirkung, der Lehre von den *actus cum duplici effectu*, wie das Abwägungsprinzip lateinisch genannt wird, eine wichtige Orientierungshilfe entwickelt.[270] Ausgangspunkt der Lehre von den *actus cum duplici*

---

[270] Auch dieses Handlungsprinzip geht ursprünglich auf Thomas zurück (vgl. Summa Theologiae II-II, q.64 a.7). Lange vor dem Aquinaten hat jedoch bereits Aristoteles darauf hingewiesen, dass dort, wo es nicht möglich sei, genau die Mitte, sprich das ethisch gesehen Optimale zu erreichen, man „in zweitbester Fahrt" das geringste der Übel wählen müsse (vgl. Aristoteles 1991, 1109 a).

effectu ist die Einsicht, dass es Handlungen gibt, die eine zweifache Wirkung haben, eine gewollte gute Wirkung und eine unabdingbar damit verbundene ungewollte üble Wirkung, wie es etwa bei der Amputation eines Beines zur Rettung des Lebens eines Menschen der Fall ist. Diesem überkommenen Prinzip zufolge ist die Inkaufnahme des Übels zur Erreichung des guten Zieles ethisch dann gerechtfertigt, wenn folgende vier Bedingungen gegeben sind: *Erstens*, die Handlung, aus der sich die schlechte Folge ergibt, muss an sich gut oder indifferent sein, sie darf nicht sittlich schlecht sein. *Zweitens*, die Absicht beim Handeln muss gut sein; das heißt, die schlechte Folge darf nicht direkt intendiert werden. *Drittens*, die schlechte Folge muss sich ebenso unmittelbar ergeben wie die gute Wirkung, denn sonst wäre sie ein Mittel zur guten Wirkung und somit direkt intendiert. Und schließlich *viertens*, es muss ein entsprechend schwerwiegender Grund vorliegen, um die schlechte Folge in Kauf zu nehmen.

In dieser traditionellen Argumentation wird die schlechte Folge einer Handlung beim Vorliegen eines hinreichenden Grundes unter Ausschluss der *direkten* Willensintention als eine unbeabsichtigte, gleichsam *indirekte* Nebenwirkung gerechtfertigt. Bei näherer Betrachtung erscheint diese Unterscheidung von direkt und indirekt Gewolltem jedoch wenig logisch. Denn was hier als in Kauf genommene Nebenwirkung, als rein zugelassene Größe bezeichnet wird, ist de facto, wenn auch indirekt, so doch gewollt. Es ist das erforderliche Mittel zur Erreichung des guten Zieles. Franz Scholz bringt die Widersprüchlichkeit dieser Argumentation auf den Punkt: „Entweder kommt die gute Wirkung über die üble zustande oder die üble muss als conditio sine qua non mitgewollt werden, so wenig das auch gewünscht werden mag."[271]

Die Berufung auf ein bloß passives Zulassen erscheint mithin als kein geeigneter Weg, um die Inkaufnahme eines Übels ethisch zu rechtfertigen. Der Mensch würde sich damit nur an seiner eigentlichen Verantwortung vorbei stehlen. Ein von ihm indirekt verursachtes Übel bleibt de facto ebenso

---

[271] Scholz 1976, 125. Vgl. dazu auch die zusammenfassenden Ausführungen bei Böckle [6]1991, 311-315.

ein willentlich zu verantwortendes wie ein von ihm direkt verursachtes.[272] Vertreter des verantwortungsethischen Handlungsansatzes lehnen daher die für das Prinzip der Doppelwirkung grundlegende Unterscheidung zwischen direkt und indirekt Gewolltem als für die ethische Bewertung maßgeblichem Handlungskriterium ab und setzen an dessen Stelle den *angemessenen Grund*.[273] Was aber kann ein angemessener Grund für die Inkaufnahme einer üblen Nebenwirkung sein, sei diese nun direkt oder auch nur indirekt gewollt? Nach Wilhelm Korff gibt es nur einen angemessenen Grund, der die bewusste Inkaufnahme einer üblen Folge ethisch rechtfertigt und die handelnde Person von den Zumutungen einer solchen Entscheidung zwar nicht befreit, aber doch entlastet: *Das Übel, das als Nebenwirkung zu verantworten ist, darf in keinem Fall größer sein als jenes Übel, das aus einem generellen Handlungsverzicht erwachsen würde.* Die handelnde Person muss also eine Abwägung treffen hinsichtlich der Übel, zwischen denen sie in Wahrheit zu wählen hat, nämlich zwischen der üblen Folge, die im Falle des Handelns als Nebenwirkung in Kauf zu nehmen ist, und der üblen Folge, die aus dem Unterlassen der Handlung entstehen würde. In eine generelle Formel gekleidet lautet dieses Abwägungsprinzip: *Die Inkaufnahme eines bestimmten Übels, das zur Erreichung eines an sich guten Zieles unabdingbar ist, ist dann gerechtfertigt beziehungsweise kann toleriert werden, wenn die als solche nicht um seiner selbst willen intendierte negative Nebenwirkung in ihren üblen Folgen geringer ist als die üblen Folgen, die aus dem Unterlassen der Handlung und ihrem primär angestrebten Zweck entstehen würden.*[274] Nach eben diesem Abwägungsprinzip hat jener Arzt gehandelt, der, wie mir eine Hebamme im Rahmen einer Fortbildung berichtete, sich plötz-

---

272 Vgl. Korff 1993, 88.

273 Diese Präzisierung ist untrennbar verbunden mit dem Namen des Jesuiten Peter Knauer. Knauer hat als erster Ethiker eine Neufassung der Handlung mit Doppelwirkung vorgelegt. Aus den vielen diesbezüglichen Veröffentlichungen sei hier nur genannt Knauer 1967.

274 Vgl. zu dieser Formulierung Korff 1979, 81. Korff bezeichnet an anderer Stelle dieses Abwägungsprinzip als Übelabwägungsmaxime und gibt ihm eine etwas andere Fassung: „Ein Tun, das einem sittlich guten Ziel dienen soll, ist ethisch nur gerechtfertigt, wenn die als Nebenfolge eintretenden Übel geringer sind als die Übel, die aus einem Handlungsverzicht erwachsen würden" (Korff 1992a, 25).

lich einem dramatischen Handlungskonflikt gegenüber sah. Während einer zunächst normal verlaufenden Geburt kam es zu unvorhergesehenen Komplikationen. Das Kind war bereits in den Geburtskanal eingetreten, blieb jedoch während der Austreibungsphase stecken, weil sein Kopf zu groß war. Die Mutter hatte bereits sehr viel Blut verloren und drohte zu kollabieren. Auch der Pulsschlag des Kindes wurde immer schwächer. Ein Kaiserschnitt war nicht mehr möglich. Der Arzt musste innerhalb kürzester Zeit eine Entscheidung treffen. Er stand vor der Wahl, nichts zu tun und damit beide, Mutter und Kind, sterben zu lassen oder zumindest das Leben der Mutter zu retten. Dies ging allerdings nur, indem er den Schädel des Kindes zertrümmerte. Für das Kind selbst gab es aufgrund der Umstände keine Rettung. Der Arzt hat in dieser Situation verantwortlich und richtig gehandelt, obgleich die Entscheidung für ihn sicherlich eine große Last und wohl auch Zumutung bedeutete; musste er doch zur Erreichung des ethisch guten Zieles ein furchtbares Mittel anwenden: die bewusste, direkte Tötung des Kindes. Der Arzt hat deshalb verantwortlich und richtig gehandelt, weil er sich für das kleinere der beiden Übel entschieden hat. Er hat also nicht leichtfertig, sondern aus einem angemessenen Grund gehandelt. Hätte er nichts getan, wäre nicht nur das Kind, sondern auch die Mutter gestorben. So aber konnte er wenigstens ein Leben retten.

Das Beispiel zeigt, dass mit dem Prinzip der Übelabwägung auch ein objektives Kriterium gegeben ist, anhand dessen sich die Verhältnismäßigkeit der eingesetzten Mittel zur Erreichung des sittlich guten Zieles bestimmen lässt. Die Entscheidung für das kleinere der beiden Übel stellt einen angemessenen Handlungsgrund dar. Er bewahrt die handelnde Person davor, die Mittel dem Zweck blindlings unterzuordnen und um eines guten Zieles willen die hierfür unabdingbar – direkt oder indirekt – in Kauf zu nehmenden Übel um jeden Preis zu zahlen. Wo immer die üblen Folgen, die durch den Einsatz eines bestimmten Mittels entstehen, den positiven Wert des angestrebten Zieles übersteigen, verliert dieses seinen Sinn. In einem solchen Fall ist dann auch die Verhältnismäßigkeit der Mittel zum Ziel nicht mehr gegeben.

Wer nur die Wahl zwischen zwei Übeln hat, wird sich in jedem Fall für das kleinere der beiden Übel entscheiden. Nun ist es aber in der Praxis keineswegs so, dass die mit unserem Handeln verbundenen üblen Folgen sich immer nur als statische Größe erweisen. Im Gegenteil, in vielen Fällen können diese Nebenwirkungen durch geeignete Maßnahmen beeinflusst, abgeschwächt oder gar eliminiert werden. Dies schafft dann für die ethische Bewertung der Situation eine jeweils ganz neue Ausgangslage. Als allgemeine Handlungsmaxime muss daher die Regel lauten: *Ein Tun, das einem sittlich guten Ziel dienen soll, ist ethisch nur dann gerechtfertigt, wenn die mit ihm verknüpften negativen Nebenwirkungen auf das jeweils geringstmögliche Maß gebracht werden.*[275] Im Fall der an Demenz erkrankten 85-jährigen Frau, die entgegen ihrem Willen[276] in ein Pflegeheim eingeliefert wurde, hat die zuständige Sozialarbeiterin die mit der Entscheidung verbundenen negativen Folgen dadurch zu minimieren versucht, dass sie das Zimmer im Pflegeheim mit jenen Gegenständen aus der Wohnung der Klientin ausstattete, die dieser wichtig waren und ihr das Gefühl der Vertrautheit und Geborgenheit gaben. Dadurch konnte sich die Klientin in der für sie fremden Umgebung wenigstens ein Stück weit zu Hause fühlen.

b. Vorzugsregeln zur Bestimmung des geringstmöglichen Übels

Es gibt nun neben der Übelminimierungs- und der Übelabwägungsregel weitere, spezielle Vorzugsregeln zur genaueren Ermittlung des Übels, das in der jeweiligen Situation als das geringstmögliche zu gelten hat. Diese betreffen die Wahrscheinlichkeit des Auftretens der negativen Handlungsfolge, deren Umfang und die Dauer sowie die Zahl der von den möglichen negativen Nebenwirkungen betroffenen Menschen. Die Folgen einer Handlung, die einem sittlich guten Ziel dient, sind nicht immer vorhersehbar, vor allem nicht in ihrem ganzen Ausmaß. Soweit die Übel einer Handlung jedoch vorhersehbar sind, gilt: *„Unter sonst gleichen Umständen ist eine Handlungsweise,*

---

[275] Vgl. Korff 1992a, 25.

[276] Zu den spezifischen Umständen dieses Falles gehört auch, dass die alte Frau aufgrund ihrer Erkrankung selbst nicht mehr in der Lage war, ihre Situation richtig einzuschätzen. Ihre Fähigkeit zur Selbstbestimmung war massiv eingeschränkt.

die ein bestimmtes Übel nur wahrscheinlich zur Folge hat, einer anderen Hand-
lungsweise vorzuziehen, die das gleiche Übel mit Sicherheit verursacht.[277] In
Bezug auf Umfang und Dauer der zu erwartenden üblen Folgen lautet die
Vorzugsregel: *"Unter sonst gleichen Umständen ist bei Übeln, die unvermeidlich*
sind, das geringere dem größeren und das kürzer dauernde dem länger dauern-
den vorzuziehen."[278] Eine besondere Bedeutung kommt schließlich auch der
Zahl der Menschen zu, die von üblen Folgen betroffen sind. Hier gilt die
Vorzugsregel: *Im Konfliktfall ist – unter sonst gleichen Umständen – bei der*
Abwägung eines unvermeidlich zu erwartenden Übels zugunsten der vielen und
nicht der wenigen zu entscheiden.[279]
Im Prinzip handelt es sich bei dieser letztgenannten Vorzugsregel um die
Applikation des Entscheidungskriteriums Gemeinwohl – Eigenwohl auf die
Übelabwägungsebene. Am folgenden Beispiel wird das sehr deutlich: Die
Bewohnerin eines Altenheims war alkoholkrank. Sie besuchte aber noch re-
gelmäßig die Gruppenstunden, die dort von einer Sozialpädagogin zum Er-
halt der geistigen und motorischen Fertigkeiten angeboten wurden. Immer
wieder störte sie die Gruppenstunden und hinderte das Gespräch, das dem
Gedächtnistraining der Heimbewohner und -bewohnerinnen diente. In der
Folge blieben immer mehr Teilnehmerinnen der Gruppenstunde fern. Nachdem auch ein Gespräch mit der alkoholkranken Frau zu keiner Verhaltensän-
derung führte, entschloss sich die Sozialpädagogin dem *Wohl der Vielen* den
Vorzug zu geben und die Frau von den Gruppenstunden auszuschließen.
Aus der *Perspektive der Folgen* betrachtet, entschied sich die Sozialpädagogin
für die *Wahl des geringeren Übels*. Die Abwägung fand *nicht auf der Ebene*
der Personwürde statt. Auf dieser Ebene ist keine Abwägung möglich. Hier
hat jede Kursteilnehmerin die gleiche Würde. Auf der Folgenebene jedoch
sind die negativen Auswirkungen durch den Ausschluss der alkoholkranken Frau geringer als die negativen Auswirkungen, die entstünden, wenn
die Frau weiter an dem Gedächtnistraining teilnimmt. Der Kurs würde in
diesem Falle nämlich über kurz oder lang ganz zerbrechen. Die Sozialpäda-

---

277 Schüller [2]1980, 121.
278 Korff 1992a, 25.
279 Vgl. Schüller [2]1980, 120. In diesem Sinne auch Korff 1992a, 25 und Feldhaus 1999,
192.

gogin ging jedoch – und darin zeigte sich ihr Bemühen, den in der Situation bestmöglichen Weg für alle Betroffenen zu finden – sehr verantwortlich mit den negativen Folgen um, die ihre Entscheidung für die alkoholkranke Frau mit sich brachte. Sie erklärte ihr in aller Ausführlichkeit ihren Entschluss und bot ihr regelmäßigen Gesprächskontakt an. Die mit der Entscheidung für die Klientin verbundene Exklusionserfahrung versuchte sie abzumildern, indem sie diese auf ein anderes, weniger störanfälliges Gruppenangebot – es handelte sich dabei um eine Kreativgruppe – aufmerksam machte, das sie als Ersatz für das Gedächtnistraining besuchen könnte.

Jede Abwägung übler Folgen stellt den Versuch dar, im Konfliktfall unter den gegebenen Umständen noch das Bestmögliche aus der Situation zu machen. Das eben geschilderte Beispiel zeigt, dass mit jeder Übelabwägung, so diese in guter Gesinnung und somit verantwortlich getroffen wird, unabdingbar auch das Bemühen verbunden ist, die notwendig in Kauf zu nehmenden Übel auf ein Mindestmaß zu reduzieren. Die Übelminimierung, dieses Bemühen um einen verantwortlichen Umgang mit den üblen Folgen unseres Handelns ist nach außen hin ein Erkennungszeichen einer ernsthaften, guten Gesinnung, nach innen hin ist es eine Rückvergewisserung für die handelnde Person, dass sie im Eingehen auf die kontingenten Bedingungen dieser Welt die Ausrichtung auf das ethisch Gute und Ideale nicht aus den Augen verliert.

3. Das Gesetz der Gradualität als Orientierungshilfe für die Bewertung subjektiver Handlungsvoraussetzungen

Die Bewertung und Abwägung der Umstände, Bedingungen und Folgen einer Handlung ist ein wichtiges Bestimmungsmoment ethischer Entscheidungsfindung. Zu diesen Umständen und Bedingungen gehören neben zahlreichen situativen Aspekten auch die subjektiven Handlungsdispositionen der betreffenden Personen. Inwiefern beeinflussen diese den ethischen Entscheidungsprozess? Die Ergebnisse der modernen Entwicklungspsychologie zeigen, dass der Weg zur personalen Reifung und Selbstwerdung des Menschen dynamisch und prozesshaft ist. Jeder Einzelne muss sich den Grundbedingungen seiner Existenz – dem Anspruch lebenslanger Entwicklung seines

Selbstwertgefühls, seiner Ängste und ihrer Abwehr, seiner geschlechtlichen Identität, seiner Prägung durch Schuld – stellen.[280] Diese Aufgabe verbindet junge und alte Menschen, Männer und Frauen. Wir alle sind Wachsende im Leben, Kinder und Jugendliche natürlich mehr als ältere Menschen. Und wir alle können in diesem personalen Wachstum behindert werden oder, aus welchen Gründen auch immer, hinter unseren Möglichkeiten zurückbleiben.

Eine wichtige Aufgabe der personalen Entfaltung und Reifung des Menschen ist auch die Entwicklung des moralischen Bewusstseins. Der Mensch ist zwar von seiner Anlage her grundsätzlich zu verantwortlichem ethischem Handeln befähigt. Diese Befähigung muss jedoch, wie alle anderen Befähigungen auch, erst geweckt und entwickelt werden.[281] Das heißt: Der Mensch ist auch in ethischer Hinsicht ein geschichtliches Wesen, das sich Tag für Tag durch seine zahlreichen Erfahrungen und Entscheidungen formt und entwickelt. „Deswegen kennt, liebt und vollbringt er das sittlich Gute", so schreibt Papst Johannes Paul II. in seiner Enzyklika ‚Familiaris consortio', „auch in einem stufenweisen Wachsen."[282] Der polnische Papst spricht in diesem Zusammenhang von einem „Gesetz der Gradualität oder des stufenweisen Weges"[283]. Und er meint damit: Das Handeln und Verhalten der Menschen muss vor dem Hintergrund ihrer subjektiven Voraussetzungen und Möglichkeiten beurteilt werden. Man darf Menschen nicht mit ethischen Ansprüchen und Normen überfordern, die einzulösen sie von ihrem persönlichen Entwicklungsstand her gar nicht in der Lage sind. Dies entspricht im Übrigen bester ethischer Tradition. *Ultra posse nemo tenetur!* – So lautet ein altes scholastisches Axiom. *Jenseits des Könnens kann niemand verpflichtet werden!* Vor diesem Hintergrund müssen Normen als Erfüllungsnormen und nicht als Zielvorstellungen im Sinne von Idealvorstellungen verstanden werden. Ansonsten wird man der jeweiligen Situation und Entwicklung der Menschen nicht gerecht. Das Gesetz der Gradualität darf andererseits aber nicht mit einer Gradualität des Gesetzes gleichgesetzt werden, so als ob es ver-

---

280 Vgl. dazu das umfangreiche Werk von Oerter / Montada ⁵2002.
281 Vgl. dazu auch die Ausführung zum Thema Gewissensfreiheit und Gewissensirrtum in Kapitel 3, Abschnitt III, Punkt 3 d.
282 Johannes Paul II. 1982, a. 34.
283 Johannes Paul II. 1982, a. 34.

schiedene Grade und Arten von Wahrheit oder Gerechtigkeit gebe, je nach Menschen und Situationen verschieden. Das Gesetz des stufenweisen Weges hebt die Richtigkeit des zu verwirklichenden Zieles nicht auf. Es gestattet nicht, auf einer bestimmten Stufe des Weges stehen zu bleiben. Es berechtigt jedoch, diese bestimmte Stufe bei einem Jugendlichen etwa oder einem in seiner seelischen Reife und Entwicklung gestörten Menschen zu respektieren, ihn nicht mit Ansprüchen nächster Stufen zu überfordern, sondern ihn behutsam dorthin weiterzuführen. Ein verantwortungsbewusst agierender Sozialpädagoge wird daher sehr genau die subjektiven Handlungsdispositionen seiner Klienten und Klientinnen zu erkennen versuchen und sie mit seinen Forderungen und Ansprüchen dort abholen.

III. Der ethisch verantwortete Kompromiss

Die Bewältigung ethischer Konflikte ist eine beständige, für das menschliche Zusammenleben notwendige Aufgabe sozialer Verantwortung. Die Abwägung der Ziele, Umstände und Folgen mittels objektiver Kriterien und Orientierungshilfen stellt den Versuch dar, Handlungskonflikte durch ein System rationaler Regelung in verbindlicher Weise zu kanalisieren und dadurch kontrollierbar zu machen. Vom Handlungsträger erfordert das Ich-Stärke, Sachverstand und vor allem die Bereitschaft zum Kompromiss. Denn im Grunde bedeutet jede Abwägung das Eingehen eines Kompromisses. Wer abwägt, ist bereit, auf die volle Zielverwirklichung zu verzichten. Wer abwägt, nimmt eine üble Folge in Kauf, wenn es ihm dadurch gelingt, ein noch größeres Übel zu verhindern. Wer abwägt, ist bereit, einen Vergleich zwischen den als unbedingt verstandenen ethischen Werten und der konkreten Situation, in der zu handeln ist, einzugehen. In ethischer Hinsicht kann der Kompromiss interpretiert werden als das Annehmen eigener, auch übergreifender Verantwortung unter den „Bedingungen begrenzter Handlungsfähigkeit"[284] entsprechend der verantwortungsethischen Maxime: Das Mögliche ist das Meiste!

---

[284] Rendtorff 1993, 127.

Was aber kennzeichnet nun den ethisch verantworteten Kompromiss näherhin? Was macht den Kompromiss zu einem ethisch verantworteten Geschehen? Was unterscheidet ihn von einem *faulen* Kompromiss?[285] Der ethisch verantwortete Kompromiss hat seinen Ort auf der *Ebene pragmatischer und dringlicher Entscheidungen*. Er bringt *das Handeln* ins Spiel und nicht die Gesinnung. Auf der gesinnungsethischen Ebene, auf der Ebene der Grundentscheidung gibt es keinen Kompromiss. Hier wird eine eindeutige Entscheidung zum sittlich Guten verlangt. Demgegenüber sieht sich der Einzelne auf der Handlungsebene, auf der es um die Bestimmung der sittlichen Richtigkeit geht, wie im vorangegangenen Abschnitt dargestellt, des Öfteren vor konkurrierende, einander aber ausschließende ethische Werte und Normen gestellt. In solchen Situationen ist er gezwungen, unter Berücksichtigung der Umstände, Bedingungen und vorhersehbaren Folgen seines Tuns den jeweils vorzugswürdigeren Wert auf Kosten des anderen einzulösen.

Der ethisch verantwortete Kompromiss ist also angesiedelt auf der Ebene des sittlich Richtigen. Wer somit – und dies gilt es stets zu bedenken – einen ethisch verantworteten Kompromiss eingeht, der hat sich schon für das sittlich Gute entschieden und anerkennt grundsätzlich die ihn anfordernde ethische Lebenswirklichkeit mit all ihren normativen Ansprüchen. Allein aufgrund der konkreten Umstände sieht er sich manchmal gezwungen, einen Kompromiss einzugehen, um zu einer der Situation angemessenen, ethisch plausiblen und richtigen Entscheidung zu gelangen. Er wird hier beispielsweise ein kleineres Übel einem größeren vorziehen oder – objektiven Entscheidungskriterien gemäß – den in der konkreten Situation vorzugswürdigeren Wert ermitteln und handelnd einlösen. Damit bestreitet er in keiner Weise die objektive Gültigkeit von Gütern und Werten und der sie sichernden Normen. In den allermeisten Fällen wird ohnedies die Ausrichtung des Handelns aufgrund in sich stimmiger Normen erfolgen. Eine Abwägung der Güter und Werte ist ja nur in bestimmten Entscheidungssituationen, in denen es zu Güterkonkurrenzen und Wertkonflikten kommt, erforderlich.

---

[285] Vgl. zum Folgenden auch Gründel 1982, 106-111, sowie Feldhaus 1999, 184-189.

Beispiel eines notwendigen, ethisch verantworteten Kompromisses ist etwa die gesetzliche Regelung des Schwangerschaftsabbruches nach §218 des bürgerlichen Gesetzbuches. Diesem Paragraphen zufolge ist der Schwangerschaftsabbruch in Deutschland unter bestimmten Bedingungen straffrei. Man beachte: Er ist straffrei, nicht sittlich erlaubt. Nach der Neufassung des §218 vom 25. August 1995 ist der Tatbestand des § 218 unter anderem dann nicht verwirklicht, wenn seit der Empfängnis nicht mehr als zwölf Wochen vergangen sind, der Schwangerschaftsabbruch von einem Arzt vorgenommen wird und die schwangere Frau dem Arzt durch eine Bescheinigung nach § 219 nachgewiesen hat, dass sie sich mindestens drei Tage vor dem Abbruch hat beraten lassen. Im § 219 und im Schwangerschaftskonfliktgesetz § 5 ist festgehalten, dass die Beratung dem Schutz des ungeborenen Lebens dient, die Frau zur Fortsetzung der Schwangerschaft zu ermutigen und ihr Perspektiven für ein Leben mit dem Kind zu eröffnen hat. Die Beratung ist ergebnisoffen zu führen und soll der schwangeren Frau helfen, eine verantwortliche und gewissenhafte Entscheidung zu treffen. Der Gesetzgeber geht also eindeutig vom Wert und der grundsätzlichen Schutzbedürftigkeit des werdenden menschlichen Lebens aus. Das heißt: Er hat sich eindeutig für das sittlich Gute entschieden. Wenn er dennoch unter den genannten Bedingungen den Schwangerschaftsabbruch unter Straffreiheit stellt, so deshalb, weil in der Praxis ein bestimmter Prozentsatz an Frauen eine Abtreibung vornehmen lässt, auch wenn dies gesetzlich nicht erlaubt ist. Wie die Erfahrung der Vergangenheit lehrt, werden diese Frauen in ihrer Not nicht nur kriminalisiert, sondern auch noch in die Hände von Scharlatanen getrieben. Wenn sich der Gesetzgeber also zu der genannten strafrechtlichen Regelung des Schwangerschaftsabbruches durchgerungen hat – erstmals war dies 1975 der Fall –, so wollte er damit diese Frauen schützen, ohne jedoch den Wert des werdenden Lebens zur Disposition zu stellen. In ethischer Hinsicht geht es in dieser Frage darum, welcher Weg der am besten geeignete ist, um die Zahl der Schwangerschaftsabbrüche zu reduzieren. Dass unsere Gesellschaft mit Schwangerschaftsabbrüchen zu leben hat, ist eine Tatsache. Die Erfahrung lehrt, dass mit einer strengen strafrechtlichen Ahndung diese Tatsache nicht aus der Welt zu schaffen ist, sondern – im Gegenteil – die ethischen Probleme noch verschärft. Sollte sich in Zukunft allerdings herausstellen, dass der § 218 in seiner jetzigen Fassung den Wert des ungeborenen Lebens nicht in entsprechender Weise zu schützen vermag, dass es sich bei ihm gleichsam um eine verdeckte Fristenlösung handelt, dann läge ein *fauler* Kompromiss vor.[286]

Der Vorgang der Güterabwägung und damit des Kompromisshandelns ist nicht willkürlich, sondern verantwortet, weil und insofern er nach objektiven Vorzugskriterien erfolgt. So muss er auch einer freien und öffentlichen Prüfung standhalten. Von einem unzulässigen und faulen Kompromiss müsste man hingegen dann sprechen, wenn ein relativierbarer Wert unmotiviert und ohne das Gegengewicht eines vergleichbaren Wertes geopfert wird. Es muss also ein angemessener und gewichtiger Grund vorhanden sein, der einen Kompromiss erforderlich macht und auch legitimiert. Wenn jemand in einer bestimmten Situation ein schlimmeres Übel nur durch eine bewusste Falschaussage vermeiden kann, dann tut er das gewiss nicht leichten Herzens, sondern nur aus dem gewichtigen Grund, damit ein noch schlimmeres Übel zu vermeiden. Er leugnet damit auch keineswegs die Verpflichtung zur Grundgesinnung der Wahrhaftigkeit. Er versucht lediglich, der Situation und den Umständen entsprechend sittlich richtig zu handeln. So gesehen ist der ethisch verantwortete Kompromiss keineswegs von geringerem ethischem Wert als eine Entscheidung aufgrund einer einzigen, klar erkannten Norm. Er stellt vielmehr einen qualifizierten sittlichen Akt menschlicher Verantwortung dar, hervorgehend aus der Sorge um das Wohl des Lebens und der Welt.

IV. Der Prozess der ethischen Entscheidungsfindung

Nachdem in den vorangegangen Abschnitten die unterschiedlichen Ebenen und Kriterien ethischer Abwägung ausführlich traktiert wurden, soll nun

---

[286] In der Tat scheinen der § 218 und vor allem auch das Schwangerschaftskonfliktgesetz in seiner jetzigen Formulierung verbesserungsbedürftig zu sein. Eine Beratung, bei der die zu beratende Person nicht die Motive für ihr Tun nennt und auch nicht nennen muss, verdient nicht den Namen Beratung. In diesem Punkt liegt dann tatsächlich eine *Schein*-Lösung vor.

der Prozess der ethischen Entscheidungsfindung und mit ihm das im dritten Kapitel vorgestellte verantwortungsethische Handlungsmodell anhand
von drei Fallbeispielen aus der Praxis der Sozialen Arbeit in seinen einzelnen
Schritten nochmals exemplarisch dargestellt werden. Wer sich im Rahmen
des ethischen Entscheidungsfindungsprozesses auf die Abwägung der miteinander konkurrierenden Güter und Werte einlässt, das sei an dieser Stelle
nochmals explizit hervorgehoben, hat sich vorgängig schon für das sittlich
Gute entschieden. Er bezieht sich in seiner Abwägung nie auf den Wert und
die Würde der menschlichen Person, sondern immer nur auf die Besonderheit der Umstände und Folgen in der jeweiligen Situation. Er anerkennt die
grundsätzliche Sinnhaftigkeit und Existenzberechtigung ethischer Normen,
weiß aber zugleich um die Bandbreite möglicher Handlungsansprüche und
ethischer Konfliktsituationen. Wer sich auf eine Güter- und Übelabwägung
einlässt, ist motiviert von der Tugend der Epikie, der vernünftigen, nach Angemessenheit und Billigkeit verfahrenden, eigenverantwortlichen Normaus-
legung. Sein oberstes Ziel ist es, das für alle von der Handlung Betroffenen
Bestmögliche zu erreichen. Wo die Wirklichkeit keine klaren Alternativen
zulässt, ist ein verantwortungsethisch denkender und handelnder Mensch
unter Umständen auch bereit, einen ethisch verantworteten Kompromiss
einzugehen. Seine Entscheidungsfindung ist dabei aber nicht beliebig und
willkürlich, sondern transparent und nachvollziehbar, insofern sie sich an
objektiven Kriterien und Vorzugsregeln orientiert.

1. Fragen und Schritte des ethischen Entscheidungsprozesses

Ziel des ethischen Entscheidungsprozesses ist die Findung eines begründeten Handlungsentscheids. Dazu ist es in einem ersten Schritt zunächst
notwendig, den ethischen Konflikt genau zu bestimmen und sich auf dieser Basis – im Sinne der vier Bestimmungsmomente des verantwortungsethischen Handlungsmodells – der eigenen Gesinnung und Zielsetzung zu
vergewissern.

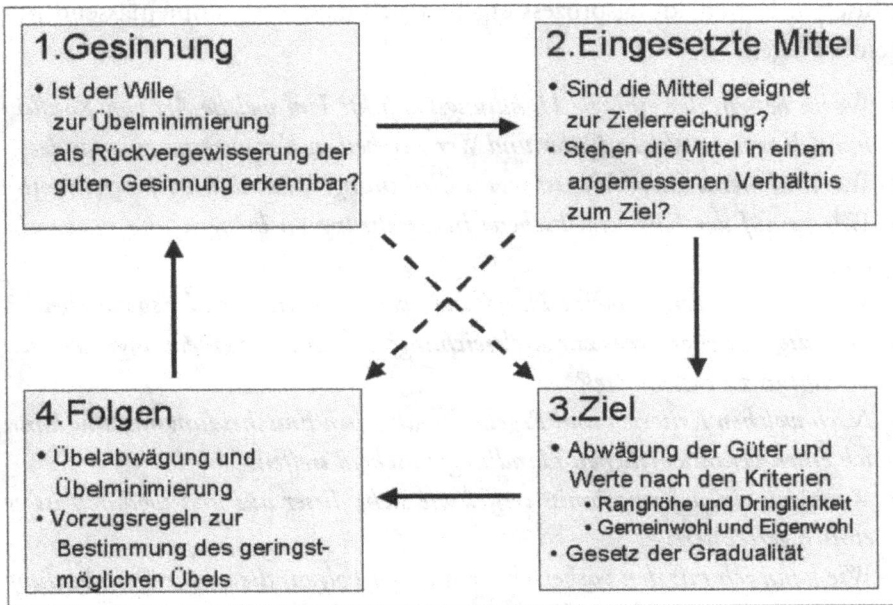

1.Gesinnung

• Ist der Wille
zur Übelminimierung
als Rückvergewisserung der
guten Gesinnung erkennbar?

2.Eingesetzte Mittel

• Sind die Mittel geeignet
zur Zielerreichung?
• Stehen die Mittel in einem
angemessenen Verhältnis
zum Ziel?

4.Folgen

• Übelabwägung und
Übelminimierung
• Vorzugsregeln zur
Bestimmung des geringst-
möglichen Übels

3.Ziel

• Abwägung der Güter und
Werte nach den Kriterien
• Ranghöhe und Dringlichkeit
• Gemeinwohl und Eigenwohl
• Gesetz der Gradualität

Abb. 7: Fragen und Kriterien des ethischen Handlungsentscheids

In einem zweiten Schritt geht es dann darum, mögliche Handlungsalternativen, sprich Methoden und Interventionen zur Erreichung des Zieles, mit
ihren jeweiligen Vor- und Nachteilen zu diskutieren. Hier stehen Sachverhaltsfragen, Fragen der professionellen Beurteilung der Situation mit ihren
konkreten Umständen, Bedingungen und vorhersehbaren Folgen im Mittelpunkt. Nachdem alle vier Bestimmungsmomente des ethischen Handlungsentscheids eingehend erörtert und abgehandelt sind, muss in einem dritten
Schritt schließlich eine Entscheidung getroffen und ethisch so begründet
werden, dass sie auch für Außenstehende transparent und nachvollziehbar
ist. Dies geschieht, indem die Kriterien und Regeln benannt werden, anhand deren im vorliegenden Fall die Ziele und Handlungsfolgen gegeneinander abgewogen werden. Ganz wichtig für die *Rückvergewisserung,* für die
gute Gesinnung und Zielausrichtung, zumal wenn üble Folgen bewusst in
Kauf genommen werden müssen, ist an dieser Stelle die Überlegung, wie
diese üblen Folgen auf ein Mindestmaß reduziert werden können. Für den

ethischen Entscheidungsprozess ergeben sich daraus zusammenfassend folgende Fragen:

- *Worin besteht der ethische Handlungskonflikt? Um welche Art von Konflikt handelt es sich? Welche Güter und Werte stehen in Konkurrenz zueinander?*
- *Was sind meine Ziele? Wie ist meine Gesinnung? Was möchte ich erreichen?*
- *Was ist auf der Sachverhaltsebene in Erfahrung zu bringen und zu beachten?*
- *Welche Folgen zeitigt meine Handlung, wenn ich mich so oder so entscheide?*
- *Sind die Mittel geeignet zur Zielereichung? Stehen sie in einem angemessenen Verhältnis zu diesem Ziel?*
- *Nach welchen Kriterien und Regeln der ethischen Entscheidungsfindung kann ich einen verantwortlichen Handlungsentscheid treffen?*
- *Wenn ich einen Kompromiss treffe, wie sieht dieser aus und wodurch ist er ethisch gerechtfertigt?*
- *Wie kann ich mit den vorhersehbaren üblen Folgen, die meine Entscheidung nach sich zieht, verantwortlich umgehen? Wie kann ich sie auf ein Mindestmaß reduzieren?*

2. Fallbeispiele

a. Fallbeispiel 1

Im Rahmen der Arbeit mit wohnungslosen Frauen sieht sich die Sozialarbeiterin Gertrude F.[287] folgender Situation gegenüber: Eine junge Frau, die eben entbunden hat, möchte unbedingt in eine eigene Wohnung ziehen, um dort allein mit ihrem Baby zu leben. Gertrude F. ist der Meinung, dass die junge Frau von ihrem Entwicklungsstand her noch nicht dafür geeignet ist, allein mit dem Kind zu leben. Sie hat die Frau in zahlreichen Situationen wenig verantwortungsvoll und sehr impulsiv handelnd erlebt. Sie befürchtet bei einem Einzug in eine eigene Wohnung eine Vernachlässigung des Kindes. Die Vorstellungen der Klientin

---

[287] Die Namen der in diesem Kapitel geschilderten Personen sind allesamt frei erfunden, nicht jedoch die Situationen und Konflikte.

darüber, was die Sorge für ein Kind bedeutet und erfordert, erscheinen der Sozialarbeiterin naiv und wenig konkret.

Wie soll sich Gertrude F. entscheiden? Worin besteht der ethische Konflikt? Wie kann sie ihre Entscheidung begründen? Der Konflikt, den die Sozialarbeiterin in diesem Fall erlebt, ergibt sich gewissermaßen aus ihrer Doppelrolle als Helferin und Kontrolleurin. Ethisch gesehen, besteht der Handlungskonflikt zwischen zwei miteinander konkurrierenden Werten: dem Anspruch auf Selbstbestimmung und eigenverantwortliche Lebensgestaltung der jungen Mutter auf der einen und der körperlichen und seelischen Unversehrtheit des Kindes auf der anderen Seite. Die Sozialarbeiterin steht vor der Frage, ob es sinnvoll und vertretbar ist, die Klientin bei der Wohnungsvermittlung vorbehaltlos zu unterstützen, oder ob es angesichts ihrer noch vorhandenen psychischen Unreife nicht angezeigt erschiene, einen anderen Weg zu wählen, der die Fürsorge und Pflege, die das Baby benötigt, sicherstellt. Ziel der Sozialarbeiterin ist es, Mutter und Kind in ihrer Würde als Person ernst zu nehmen und durch gezielte Interventionen zum Wohle beider beizutragen. Bezogen auf die junge Mutter bedeutet das, sie in ihrem Anspruch auf Autonomie und Entscheidungsfreiheit, auf Erziehung und Pflege des eigenen Kindes zu stärken und zu befähigen. Sich für das Wohl des Kindes einzusetzen, impliziert die Sorge um eine gute körperliche und seelische Versorgung, so dass das Kind sich altersgemäß entwickeln kann.
Mit gutem Willen allein ist es aber nicht getan. Die hehren Vorsätze müssen auch zu richtigem, sachgemäßem Handeln führen. Um die Dringlichkeit der Entscheidung beurteilen und die unter den gegebenen Umständen für alle Betroffenen beste Lösung finden zu können, müssen zunächst alle ethisch relevanten Handlungsaspekte zusammengetragen und beurteilt werden. Hier ist Wissen und Professionalität gefragt. Im vorliegenden Fall müsste die Sozialarbeiterin zunächst ihr *Vorurteil*, ihre Konstruktionen bezüglich der wohnungslosen jungen Frau überprüfen. Gibt es außer den genannten noch weitere Indizien, die dafür sprechen, dass die Klientin den Erfordernissen der Fürsorge, die ein Säugling benötigt, nicht wird nachkommen können? Was ist diesbezüglich aus dem Vorleben der Klientin in Erfahrung zu bringen? Was sind ihre Stärken? Wie lange ist die Klientin schon wohnungslos? Gibt

es hilfreiches Fachwissen zum Thema Wohnungslosigkeit? Welche Entwicklung hat die Frau genommen, seit die Sozialarbeiterin sie kennt? Bezogen auf das Kindeswohl ist sodann Wissen erforderlich hinsichtlich der Versorgung, Betreuung und Erziehung von Säuglingen und Kleinkindern, insbesondere hinsichtlich der Anforderungen an die Erstelternschaft. Wichtig für die Entscheidungsfindung ist schließlich auch die Frage, ob es im sozialen Umfeld der Klientin Ressourcen gibt, die man aktivieren könnte, um sie in ihrer Entwicklung zur Eigenständigkeit zu fördern und in ihrer Aufgabe als Mutter zu unterstützen. Da es sich im vorliegenden Fall um eine wohnungslose Frau handelt, ist allerdings damit zu rechnen, dass keine echten oder nur sehr konfliktträchtige, eher destabilisierend wirkende Beziehungen vorhanden sind. Klarheit kann hier nur das Gespräch mit der Klientin erbringen. Welche Handlungsalternativen sind nun vorstellbar? Und wie sind diese ethisch zu bewerten? Wenn die Sozialarbeiterin handfeste Hinweise dafür hätte, dass für den Säugling Gefahr in Verzug ist, müsste sie dies beim Jugendamt melden und eine Inobhutnahme des Kindes veranlassen. In ethischer Hinsicht wäre unter diesen Umständen der körperlichen Unversehrtheit des Säuglings als dem dringlicheren Wert der Vorrang einzuräumen vor dem Recht der Klientin auf Selbstbestimmung als dem höheren Wert. Ein solcher handfester Hinweis wäre etwa dann gegeben, wenn Gertrude F. schon wiederholt beobachtet hätte, dass die Klientin den Säugling körperlich gezüchtigt hat, weil er nicht zum Weinen aufgehört hat oder ihn über einen längeren Zeitraum einfach allein gelassen hat. In der vorliegenden Fallschilderung wird von solchen Vorkommnissen allerdings nichts berichtet. Das Kind in eine Pflegefamilie zu geben, stünde mithin angesichts der gegebenen Umstände in keinem angemessenen Verhältnis zum Ziel. Die sicheren negativen Folgen, die daraus für die junge Frau entstünden, würden geringer geachtet als die nur wahrscheinlichen negativen Folgen für den Säugling. In keinem angemessenen Verhältnis zum Ziel stünde es allerdings auch, wenn die Sozialarbeiterin der Klientin bei der Wohnungssuche behilflich wäre und sich ansonsten um Mutter und Kind nicht weiter kümmerte. Lassen die Beobachtungen der Sozialarbeiterin doch befürchten, dass aufgrund der schwierigen sozialen und psychischen Situation, in der sich die junge Frau befindet – sie hat keine Erfahrung in der Führung eines eigenen Haushaltes, sieht sich erstmals mit der Pflege und Erziehung eines Kleinkindes konfrontiert und ist überdies allein erziehend –, diese überfordern und damit negative Konsequenzen für das Wohl des Kindes mit sich bringen. Zu überlegen ist also, ob hier nicht in Form einer Teilverwirklichung der beiden Ziele, Autonomie der Frau und Wohl des Kindes, ein ethisch verantworteter Kompromiss gefunden werden kann. Wie könnte ein solcher Ausgleich der Interessen und Werte aussehen?

Ein erster Schritt in die eigenverantwortliche Lebensführung und elterliche Fürsorge bei gleichzeitiger größtmöglicher Interventions- und Kontrollmöglichkeit im Hinblick auf das Kindeswohl wäre die Unterbringung der wohnungslosen jungen Frau in einem Mutter-Kind-Heim, in einer Einrichtung also, die Wohngruppen mit Frauen in dieser Lebenslage engmaschig betreut. Eine nächste Ebene wäre die Vermittlung von Wohnraum unter der Aufsicht eines Trägers, der betreutes Einzelwohnen anbietet. Den geringstmöglichen Eingriff in die Autonomie der Frau würde schließlich die Anbindung an eine Familien- und Erziehungsberatungsstelle bedeuten. Die Mutter hätte hier einerseits die volle Verantwortung für ihre Lebensgestaltung sowie die Pflege und Erziehung ihres Kindes. Andererseits hätte sie bei auftretenden Schwierigkeiten durch die fachliche Beratung und Begleitung konkrete Hilfestellung. Mögliche negative Folgen für das Kindeswohl würden schneller aufgedeckt.

In der Praxis wird sich die Sozialarbeiterin, je nach Einschätzung des Entwicklungsstandes der Frau und der tatsächlichen Bedrohung des Kindeswohles, je nach Einschätzung der Sachlage also, in der Regel für einen dieser drei Wege entscheiden. Nach dem Gesetz der Gradualität wäre – idealtypisch – allerdings auch an ein Voranschreiten in pädagogisch sinnvollen Teilschritten denkbar. Die junge Frau könnte so langsam und behutsam in ihre Elternverantwortung hineinwachsen. Sie bekäme im Hinblick auf die Pflege und Erziehung des Kindes jeweils so viel Autonomie zugestanden, wie sie zu leisten imstande ist. Das Wohl des Kindes wäre dabei jederzeit im Blick. Wie ist dieser Kompromiss nun ethisch zu bewerten? Für die junge Mutter stellt jede der drei angedachten Interventionen einen Eingriff in ihre Autonomie und damit ein Übel dar. Im Vergleich zur Inobhutnahme handelt es sich dabei jedoch eindeutig um das geringere Übel. Die Inkaufnahme dieses Übels ist ethisch gerechtfertigt durch die Gefährdung des Kindeswohls, die von der Sachlage her durchaus als real zu bewerten ist. Der Eingriff in die elterliche Erziehungsverantwortung und die damit verbundene negative Nebenwirkung für die Mutter erfolgen also nicht leichtfertig, sondern aus einem angemessenen Grund. Es handelt sich bei diesem Kompromiss also um keinen *faulen*, sondern um einen ethisch verantworteten, auf der Handlungs- und nicht auf der Gesinnungsebene angesiedelten Kompromiss. Die Sozialpädagogin anerkennt die Autonomie und das Recht der Klientin auf Pflege und Erziehung ihres Kindes. Und sie wird ihr dies im Beratungsgespräch auch verdeutlichen und versuchen, sie für ihre Entscheidung zu gewinnen. Sie verzichtet auf der Handlungsebene jedoch um des Kindeswohles willen zunächst auf die volle Zielverwirklichung, ist jedoch gleichzeitig darum bemüht, die üblen Folgen für die Mutter so gering wie möglich zu halten. Dieses Bemühen – und damit indirekt auch ihre gute Gesinnung – spiegelt sich darin, dass sie diejenige Handlungsweise wählt, die den geringstmöglichen Eingriff in die Autonomie der Mutter darstellt.

b. Fallbeispiel 2

Ein junger Mann, der seinen Zivildienst in einer Einrichtung für Menschen mit Behinderung macht, hat den Auftrag, einen Mann, der aufgrund seiner körperlichen Behinderung an den Rollstuhl gebunden ist, mit dem VW-Transporter zu einer ärztlichen Untersuchung zu fahren. Als der Zivildienstleistende den Mann mit seinem Rollstuhl anschnallen möchte, weigert sich dieser und gibt ihm zu verstehen, dass er das nicht möchte. Er sei bereits an den Rollstuhl gefesselt. Im Übrigen lasse er sich nicht vorschreiben, was für ihn gut sei. Er werde im Leben genug gegängelt.

Worin besteht in diesem Fall der ethische Konflikt? Der Zivildienstleistende sieht sich hier einander widerstreitenden Interessen und Werten gegenüber. Auf der einen Seite steht die Weigerung des behinderten Mannes, sich anschnallen zu lassen. Der Mann pocht auf sein Selbstbestimmungsrecht. Auf der anderen Seite trägt der Zivildienstleistende als Fahrer des Autos die

Verantwortung dafür, den Rollstuhlfahrer körperlich unversehrt an seinen Bestimmungsort zu bringen.

Eine begründete ethische Entscheidung setzt eine fundierte Sachverhaltsklärung voraus. Was ist in dieser Hinsicht für das Fallverstehen wichtig? Die Weigerung des Mannes, sich mit seinem Rollstuhl anschnallen zu lassen ist aus seiner Sicht durchaus nachvollziehbar. Er ist als Rollstuhlfahrer ständig auf die Hilfe anderer Menschen verwiesen und erlebt sich in seiner Autonomie und Bewegungsfreiheit eingeschränkt. Aufgrund dieser Erfahrung ist er offenbar sehr sensibel und auch verletzlich für Grenzen, die ihm von anderen Menschen gesetzt werden. Er erlebt dies unter Umständen als eine weitere Form der Behinderung. Er greift mit seiner Weigerung aber in den Verantwortungsbereich des Zivildienstleistenden ein. Dieser ist als Führer des Autos nach der Straßenverkehrsordnung dafür verantwortlich, dass seine Mitfahrer angeschnallt sind. Die gesetzliche Anschnallpflicht ist keine Willkür des Staates, sondern Ausdruck des inzwischen auch durch Erfahrungswerte erhärteten Wissens, dass das Anlegen eines Gurtes die Gefahr körperlicher Schädigungen bei einem Unfall erheblich reduziert.

Angesichts dieser Sachlage ist die Entscheidung, die der Zivildienstleistende zu treffen hat, eindeutig. Er darf den Rollstuhlfahrer nicht transportieren, wenn dieser sich beharrlich weigert, sich mit seinem Rollstuhl anschnallen zu lassen. Auch hier ist dem Gut der körperlichen Unversehrtheit als dem dringlicheren Wert der Vorrang einzuräumen vor dem höheren Wert der Autonomie. Entscheidend für eine einvernehmliche Klärung des Konflikts wird in diesem Fall jedoch die Art und Weise sein, wie der Zivildienstleistende seine Entscheidung begründet und dem Mann nahe bringt. Denn zunächst wird dieser die Zurückweisung seines Wunsches als Einschränkung seiner Willensäußerung und damit als Übel erleben. Der Zivildienstleistende kann diese vorhersehbare negative Folge seiner Entscheidung jedoch entkräften und minimieren, indem er, um Verständnis werbend, dem Mann im Rollstuhl nicht nur auf die gesetzliche Anschnallpflicht hinweist, sondern ihm auch ausführlich darlegt, dass dieses Gesetz nachgewiesenermaßen dem Lebensschutz dient. Nicht um ihn zu gängeln, müsse er also ihn und seinen Rollstuhl anschnallen, sondern um ihn vor möglicher Gefahr zu schützen. Die persönliche Zuwendung bringt, ebenso wie die Begründung, zum Ausdruck, dass der Zivildienstleistende den an den Rollstuhl gebundenen Mann in seiner personalen Würde und Autonomie achtet. Verschließt sich der Mann dennoch dem Ansinnen des Zivildienstleistenden, so muss dieser die Fahrt zum Arzt verweigern. Denn er ist für die Sicherheit des Transportes letztlich verantwortlich. Da sie vorhersehbar waren, hätte er, auch in ethischer Hinsicht, die negativen Folgen zu verantworten, die entstünden, wenn der Rollstuhlfahrer infolge eines Unfalles zu Schaden käme, auch wenn sie der Geschädigte selbst zu tragen hätte. Der Rollstuhlfahrer hat in derselben Weise die Entscheidung und Eigenverantwortlichkeit des Zivildienstleistenden zu achten und zu respektieren.[288]

c. Fallbeispiel 3

In einer Wohngruppe für Mädchen mit Gewalterfahrungen lebt die 16-jährige Tina mit sieben anderen Mädchen. Alle Mädchen unterschreiben beim Einzug einen Vertrag, in dem unter anderem steht, dass sie auf die Ausübung von Gewalt in der Gruppe verzichten. Wer gegen diese Regel verstößt, muss die Gruppe verlassen. Die Mädchen wissen also, was in einem Fall von Gewalttätigkeit untereinander passiert. Tina hat sich in der Gruppe gut eingelebt. Sie hat dort einen für sie geeigneten Platz der Betreuung gefunden und eben eine Lehre angefangen. Eines Abends kommt Tina verärgert in die Wohngemeinschaft zurück. Sie provoziert einen Streit mit einem anderen Mädchen, in dessen Verlauf sie zuschlägt und ihrer Mitbewohnerin ein blaues Auge zufügt. Die Betreuerinnen der Gruppe, es handelt sich um zwei Erzieherinnen und zwei Sozialpädagoginnen, sind in der Teamsitzung am nächsten Tag, an der auch die Psychologin der Einrichtung teilnimmt, aufgerufen, darüber zu beraten, ob Tina die Gruppe verlassen muss.

---

[288] Der vorliegende Fall nahm aufgrund einer ethisch falschen Entscheidung einen tragischen Ausgang. Der Zivildienstleistende hat sich von dem Mann im Rollstuhl *erweichen* lassen. Aus Mitleid mit ihm überging er seine Bedenken und transportierte ihn unangeschnallt. Es kam zu einem Verkehrsunfall, in dessen Verlauf der Rollstuhlfahrer aus dem Auto geschleudert und dabei tödlich verletzt wurde.

Wiederum gilt es zunächst den ethischen Konflikt genau zu bestimmen. In dieser Fallskizze stehen sich das Wohl des Mädchens und das der Gruppe gegenüber. Es geht hier also um einen Konflikt zwischen Gemeinwohl und Eigenwohl. Tina ist in die Gruppe inzwischen gut integriert. Sie ist dabei, sich in ihrer persönlichen Entwicklung zu stabilisieren. Das Wohl der übrigen Gruppenmitglieder ist durch den Vorfall hingegen in Mitleidenschaft gezogen. Das Leben und Zusammenleben in einer Gruppe kann nur gelingen, wenn sich jedes Gruppenmitglied in Bezug auf seine körperliche und seelische Unversehrtheit sicher und geborgen fühlen kann. Die Aufstellung und Einhaltung von Verhaltensregeln dienen diesem Schutzbedürfnis. Sie entlasten von der Unsicherheit hinsichtlich des Verhaltens der Anderen und schaffen so Klarheit und Verbindlichkeit im sozialen Umgang. Im vorliegenden Fall ist einem Mädchen aus der Gruppe, ohne deren Zutun, durch ein anderes Gruppenmitglied erheblicher körperlicher Schaden zugefügt worden.

Die Betreuerinnen befinden sich in einer schwierigen Situation. Ihnen liegt das Wohl aller acht Mädchen am Herzen. Sie schätzen die Mädchen, die allesamt eine sehr belastete Kindheit hinter sich haben, sehr und möchten, dass sie in der Gruppe eine gewisse psychische Stabilität erlangen und vor allem auch lernen, sich eigenständig im Sozialverband zu bewegen und zu dessen Zusammenhalt und Gelingen beizutragen. Im Hinblick auf die personale Würde der Mädchen ist aber ohnedies keine Abwägung zu treffen. Tina hat als Person den gleichen unverrechenbaren und unveräußerlichen Wert wie jedes andere Mädchen in der Gruppe auch. Das heißt: Zu welcher Entscheidung die Betreuerinnen auch immer gelangen, sie kann nicht damit begründet werden, dass Tina durch ihr Verhalten an personaler Würde eingebüßt hätte und als Mensch nun weniger Wert wäre als die anderen Mädchen. Auf welcher Abwägungsebene aber kann dann eine Entscheidung gefunden und wie kann sie ethisch begründet werden?

Von entscheidender Bedeutung für das ethische Urteil ist in diesem Fall der Stellenwert, den die Professionellen der Einhaltung der Gruppenregeln – und hier im Besonderen der Gewaltverzichtsregel – im Hinblick auf das Gruppenwohl und das Gelingen des sozialtherapeutischen Prozesses beimessen. Aus ihrer Erfahrung im Umgang mit schwer erziehbaren, in ihrem Sozialverhalten zutiefst versehrten Mädchen wissen sie, dass die Funktionalität der Gruppe, der ein zentraler Einflussfaktor für die individuelle Nachreifung und Weiterentwicklung der Mädchen ist, maßgeblich davon abhängt, dass alle Mädchen sich an die Gruppenvereinbarungen halten. Die Mädchen kommen aus Familien, in denen sie keinerlei soziale Grenzen erlebt haben. Sie haben nie gelernt, eigene Grenzen und die anderer Menschen zu erkennen und zu respektieren. Aus diesem Grund wird jedes Mädchen bei seiner Aufnahme in den Gruppenverband streng auf die Einhaltung bestimmter Gruppenregeln verpflichtet, in Bezug auf den Verzicht auf Gewalt sogar schriftlich.

Angesichts dieser Bewertung der Sachlage treffen die Betreuerinnen die Entscheidung, dass Tina die Gruppe verlassen muss. Sie meinen, dass hier die Abwägungsregel *Gemeinwohl geht vor Eigenwohl* in Anschlag zu bringen ist. Tina hat mit ihrem Verhalten gegen die wichtigste der Gruppenregeln verstoßen. Die Konsequenzen ihres Handelns waren ihr im Vorfeld bekannt. Den Verantwortlichen ist klar, dass ihre Entscheidung für Tina negative Folgen hat. Die positive Entwicklung, die sie in den letzten Monaten in den verschiedenen Lebensbereichen genommen hat, ist durch die Maßnahme gefährdet. Auf der anderen Seite sind sich die Betreuerinnen darin einig, dass bei einem Verbleib des Mädchens in der Gruppe das gesamte Gruppenkonzept und damit der Erfolg für alle anderen Gruppenmitglieder in Frage gestellt wäre. Die Verpflichtungskraft der aufgestellten Normen und damit auch deren entlastende und grenzsetzende Funktion wären nicht mehr gegeben. Ihrer Meinung nach wären die negativen Auswirkungen in diesem Fall weit größer, da davon alle Gruppenmitglieder betroffen wären, als die üblen Folgen, die ihre Entscheidung hervorruft. Aus diesem Grund sehen sie mit ihrem Entschluss auch, obwohl es sich für Tina um eine harte Entscheidung handelt, die Verhältnismäßigkeit der Mittel gewahrt. Da sie jedoch auch das Wohlergehen und die weitere Entwicklung von Tina sehr bewegt, investieren sie in ihrem Gespräch viel Zeit in die Frage, wie sie die vorhersehbaren negativen Folgen, die ihre Entscheidung für Tina mit sich bringt, reduzieren können. Sie vereinbaren, dass in einem ausführlichen Gespräch, zunächst mit Tina allein, dann aber auch mit der Gruppe, nochmals ausführlich die genauen Umstände des Vorfalls zur Sprache gebracht werden. Ganz wichtig ist es den Betreuerinnen, Tina zu signalisieren, dass ihre Entscheidung nicht ihr als Person, sondern ihrem Verhalten gilt. Um ihr das nicht nur verbal, sondern auch auf der Handlungsebene zu signalisieren, wird eine Sozialpädagogin beauftragt, Tina bei der Vermittlung in eine andere Hilfeeinrichtung behilflich zu sein. Oberste Priorität haben dabei der Erhalt und die Sicherstellung ihres Ausbildungsplatzes.

Im vorliegenden Fall wäre durchaus auch eine andere ethische Entscheidung denkbar gewesen. Je nach Beurteilung der psychosozialen Entwicklung der übrigen Gruppenmitglieder und der Einsicht Tinas in ihr Fehlverhalten hätte das Team der Professionellen auch zu der Überzeugung gelangen können, dass es sehr unwahrscheinlich ist, dass bei einem Verbleib Tinas in der Gruppe der therapeutische Erfolg der übrigen Gruppenmitglieder und damit das Wohl der Vielen in Frage gestellt ist. Unter diesen Umständen wäre der Ausschluss Tinas das größere Übel. Dennoch müsste auch bei einem solchen Entscheid mit den möglichen, wenn auch wenig wahrscheinlichen negativen Folgen, die durch den Verbleib Tinas in der Gruppe entstehen könnten, sehr gewissenhaft umgegangen werden. Die Betreuerinnen müssten sicherstellen, dass durch den Vorfall keine Verunsicherung in der Gruppe und auch nicht bei Tina entsteht, weder hinsichtlich des sozialen Umgangs noch hinsichtlich der Verbindlichkeit der aufgestellten Normen. Um diese möglichen negativen Folgen in Grenzen zu halten, müsste das Verhalten Tinas Konsequenzen nach sich ziehen, die für alle Betroffenen sichtbar sind. Tina müsste sich öffentlich für ihr Verhalten entschuldigen und sich mit ihrer Kontrahentin aussöhnen. Und vor allem müsste unmissverständlich deutlich gemacht werden, dass im Wiederholungsfall der Ausschluss aus der Gruppe unvermeidlich ist.

Schluss: Entscheidungssicherheit und Entscheidungszumutung

Die Fallbeispiele im letzten Kapitel haben gezeigt, dass das Handeln in der Sozialen Arbeit neben der rechtlichen immer auch eine ethische Dimension aufweist. Um professionell intervenieren und helfen zu können, müssen Sozialarbeiterinnen und Sozialarbeiter die jeweiligen rechtlichen Rahmenbedingungen und Vorgaben zweifelsohne sehr genau kennen. Recht und Moral sind aber nicht immer deckungsgleich, obwohl es beiden Sollensordnungen um die gerechte Zuteilung dessen geht, worauf jeder Mensch als Person Anspruch hat. Insbesondere in Konfliktsituationen zeigt sich, dass das Recht oftmals hinter diesem Bemühen zurückbleibt. Einerseits ist es als von Menschenhand gemacht selbst nie fehlerfrei, wie gerade die jüngsten Bestrebungen um die Reform unseres Sozialstaates deutlich vor Augen führen. Zum anderen deckt es auch nie alle denkbaren Fälle ab. Es gibt immer wieder besondere Handlungslagen, die in ihrem ethischen Gehalt durch rechtliche Vorschriften nur unzureichend oder gar nicht erfasst werden. In solchen Fällen reicht die bloße Orientierung an rechtlichen Normen nicht aus, um ein der Situation angemessenes, dem Wohl aller beteiligten Personen gerecht werdendes Ergebnis zu erzielen. Hier ist vom handelnden Subjekt vielmehr ein eigenständiger, über die rechtlichen Vorgaben hinaus gehender Handlungs- und Gewissensentscheid gefordert.

Ein eigenverantwortlicher Gewissensentscheid stellt an die handelnden Personen hohe personale Anforderungen. Er setzt Mut und die Bereitschaft zum Risiko voraus. Denn ethische Entscheide haben nie die Gewissheit und Klarheit mathematischer Urteile. Mit ihnen bleibt vielmehr stets ein bestimmtes Maß an Unsicherheit und Zweifel, was die richtige Einschätzung der Umstände und Folgen des Handelns betrifft, bestehen.[289] Dies wiegt in

---

[289] Auf diesen Tatbestand hat bereits Aristoteles in seiner Nikomachischen Ethik hingewiesen und daher angemahnt, in der Ethik auch nur so viel Klarheit und Präzi-

der Praxis der Sozialen Arbeit umso schwerer, als es hier ja nicht nur um die Beurteilung eines bloßen Sachverhaltes wie etwa die Bewertung eines materiellen Schadens geht, sondern um Hilfe für Menschen in Not. Mit anderen Worten: Der Konflikt als der eigentliche Ernstfall der ethischen Reflexion ist der Normalfall der sozialarbeiterischen Praxis. Und es ist dies eine Praxis, in der Menschen nicht nur den Preis von Kartoffeln bestimmen oder den Zustand eines Hauses bewerten, sondern die soziale und psychische Situation anderer Menschen. Die Fallbeispiele in dieser Arbeit haben illustriert, wie schwer das ist und welche Konsequenzen damit verbunden sind. Eine etwas unterschiedliche Einschätzung der jeweiligen Umstände, Folgen und Übel – und einen gewissen Ermessensspielraum gibt es bei ethischen Abwägungsprozessen in der Regel immer, man denke nur an das letztgenannte Fallbeispiel – kann zu ganz unterschiedlichen Handlungsentscheiden führen.

Diese mit ethischen Entscheidungen verbundenen Unsicherheiten stellen für die handelnden Personen eine enorme psychische Belastung und Zumutung dar. Dies umso mehr, als auch die Möglichkeit subjektiver Fehleinschätzung nie ganz auszuschließen ist, mag die Beurteilung der jeweiligen Sachlage noch so professionell und gewissenhaft sein. Außerdem, wo abgewogen und eine Vorzugswahl getroffen werden muss, gilt es die mit einer solchen Entscheidung unabdingbar verbundenen und auch nicht weiter zu minimierenden Übel zu verantworten und auszuhalten. Manche Sozialarbeiterinnen und Sozialarbeiter versuchen dieser belastenden Situation zu entgehen, indem sie sich auf die scheinbare Sicherheit rechtlicher Vorschriften und Normen zurückziehen. Wieder andere flüchten in die Welt der Ideale. Sie lassen sich auf kein Abwägen und keine Kompromisse ein, sondern begnügen sich damit, vor dem Hintergrund ihrer Utopien die Schlechtigkeit der gesellschaftlichen Zustände anzuprangern.

Beide Handlungstendenzen, die Verrechtlichung wie die Idealisierung, sind als Reaktion auf die Belastungen und Zumutungen, die helfende Berufe mit sich bringen, zwar nachvollziehbar. Sie bleiben, auch wenn sie für sich genommen einen wichtigen Aspekt menschlichen Handelns zur Darstellung

---

sion zu fordern, wie es der Natur ihres Gegenstandes entspricht (vgl. Aristoteles 1991, 1094 b).

bringen, dennoch defizitär. Denn ethisch gesehen vollzieht sich menschliches Handeln immer und notwendig unter den Bedingungen dieser endlichen und durch menschliches Tun vielfach versehrten Welt. Das aber heißt: Ziel ethischen Handelns kann immer nur die Suche nach dem Verantwortbaren, nach dem Bestmöglichen unter den jeweils gegebenen Bedingungen sein. Wer verantwortungsethisch denkt, orientiert sich in seinem Handeln an dem, was machbar ist, ohne auf der Haltungsebene aus dem Auge zu verlieren, was wünschbar ist. Er weiß, dass das Gelingen menschlichen Daseins nur über den mühsamen und von Unsicherheiten geprägten Weg des Abwägens von Gütern und Übeln zu erreichen ist. Eine Alternative dazu gibt es nicht.

Sozialarbeiterinnen und Sozialarbeiter, die sich auf die ethische Fragestellung einlassen, setzen sich zugleich den Zumutungen und Unsicherheiten einer eigenständigen ethischen Entscheidungsfindung aus. Auch wenn ihnen die damit verbundenen Belastungen letztlich von niemandem abgenommen werden können, so bietet ihnen der in dieser Arbeit vorgestellte verantwortungsethische Handlungsansatz doch eine gewisse Hilfestellung und Stütze. Er verweist sie auf wirklichkeitsgerechte Ziele und betont, dass auf der Handlungsebene das Mögliche das Meiste ist. Dadurch bewahrt er sie vor einer Überschätzung ihrer Möglichkeiten und einer damit einhergehenden Überforderung. Und er gibt ihnen objektive Kriterien und Entscheidungshilfen zur Hand. Diese nehmen zwar nicht die Last der Entscheidung. Sie machen diese aber transparent und nachvollziehbar, indem sie verdeutlichen, dass die Hintanstellung eines bestimmten Wertes oder die Inkaufnahme eines Übels nicht willkürlich erfolgt, sondern aus einem angemessenen Grund. Die vielleicht wichtigste Bestärkung und Entlastung erfahren Menschen, die zu einem Handlungsentscheid aufgerufen sind, im Gespräch mit anderen Menschen. Die Beratung und der Austausch im Team, in der Supervision oder mit Menschen, die einem wichtig sind und zu denen man Vertrauen hat, sind eine ganz wichtige Hilfe bei der Informationsgewinnung und der richtigen Einschätzung der Sachlage. Sie bewahren vor einer Einengung der eigenen Sichtweise und öffnen die Augen für Bereiche, die man aufgrund eigener blinder Flecke oder Vorurteile nicht sieht.[290]

Sich den ethischen Ansprüchen zu stellen und eigenverantwortliche Entscheidungen zu treffen, ist nie leicht, weder im privaten Leben noch in der beruflichen Praxis. Es erfordert, wie bereits betont, Mut und stellt an die Handlungsträger und -trägerinnen hohe fachliche und personale Anforderungen. Sie müssen dialogbereit und wachsam sein, selbstkritisch und korrekturoffen, selbstreflexiv und lernbereit. Diese Haltungen aber setzen Ich-Stärke und Ambiguitätstoleranz voraus. Im Studium der Sozialen Arbeit wird, wie schon in der Schule, der Schwerpunkt immer noch zu sehr auf die Vermittlung von sachbezogenem Wissen gelegt. Das ist einerseits zwar wichtig, reicht für ein verantwortliches ethisches Handeln aber nicht aus. Hierfür sind die Ausprägung und Einübung personaler Fähigkeiten und Kompetenzen wie der eben genannten mindestens ebenso bedeutend. Denn nur wer diese Fähigkeiten und Kompetenzen besitzt, wird auch die Kraft haben, ethisch fragwürdige Situationen zu skandalisieren und jeweils das handelnd in die Tat umzusetzen, was er vor seinem Gewissen als gut und richtig erkannt hat.

---

[290] Der Münchner Ethiker Johannes Gründel sieht in der Konvergenzargumentation, in der sich bündelnden Zusammenschau der verschiedenen Gesichtspunkte und Begründungen, einen der existentiellen Eigenart menschlich-personalen Lebens angemessenen, ganzheitlichen Weg der Gewissheitsbildung. Ausführlicher dazu Gründel ²1984, 151-156.

Literatur

Anzenbacher, Arno (1992): Sterbehilfe für unverfügbares Leben? Eine Auseinandersetzung mit Peter Singer, in: Herrmann Hepp (Hrsg.), Hilfe zum Sterben? Hilfe beim Sterben?, Düsseldorf, 74-93.

Aristoteles (1991): Die Nikomachische Ethik (hrsg. von Olof Gigon), Zürich – München.

Aristoteles (2004): Metaphysik XII (Übersetzung und Kommentar von Hans-Georg Gadamer), Frankfurt a. M.

Auer, Alfons (²1984): Autonome Moral und christlicher Glaube, Düsseldorf.

Baum, Hermann (1996): Ethik sozialer Berufe, Paderborn – München – Wien – Zürich.

Baumgartner, Alois / Korff, Wilhelm (1990): Das Prinzip Solidarität. Strukturgesetz einer verantworteten Welt, in: Stimmen der Zeit, 115. Jahrgang, 237-250.

Baumgartner, Alois / Korff, Wilhelm (1998): Art. Sozialprinzipien, in: Lexikon der Bioethik, Band 3, Gütersloh, 405-411.

Bentham, Jeremy (1988): The Principles of Morals and Legislation, Amherst.

Berkel, Karl (1984): Konfliktforschung und Konfliktbewältigung. Ein organisationspsychologischer Ansatz (=Wirtschaftspsychologische Schriften der Universitäten München und Augsburg 9), Berlin.

Bock, Teresa (1998): Art. Sozialarbeit, in: Lexikon der Bioethik, Band 3, Gütersloh, 366-369.

Böckle, Franz (⁶1994): Fundamentalmoral, München.

Boff, Leonardo (1999): Das Prinzip Mitgefühl, in: Das Prinzip Mitgefühl (herausgegeben und eingeleitet von Leonardo Boff unter Mitarbeit von Werner Müller), Freiburg – Basel – Wien, 13-21.

Brack, Ruth (1986): Konkret: Was hilft mir bei der Suche nach ethisch verantwortbaren Lösungen in schwierigen Situationen? In Sozialarbeit, 18. Jahrgang, 9-19.

Dahrendorf, Ralf (³1971): Zu einer Theorie des sozialen Konflikts, in: Wolfgang Zapf (Hrsg.), Theorien des sozialen Wandels, Köln – Berlin, 108-123.

DBSH (o. J.): Professionell handeln auf ethischen Grundlagen. Berufsethische Prinzipien des DBSH, Essen.

Demmer, Klaus (1976): Entscheidung und Verhängnis. Die moraltheologische Lehre von der Sünde im Licht christologischer Anthropologie, Paderborn.

Demmer, Klaus (1989): Moraltheologische Methodenlehre, Freiburg/Schweiz – Freiburg i. Br. – Wien.

Deutsch, Morton (1976): Konfliktregelung. Konstruktive und destruktive Prozesse, München – Basel.

Dörries, Herrmann (1970): Gottesgehorsam und Menschengehorsam, in: Ders., Wort und Stunde, Band III, Göttingen, 109-194.

Drewermann, Eugen (1982): Psychoanalyse und Moraltheologie. Band 1: Angst und Schuld, Mainz.

Drewermann, Eugen (1984): Psychoanalyse und Moraltheologie. Band 2: Wege und Umwege der Liebe, Mainz.

Drewermann, Eugen (³1991): Der Krieg und das Christentum. Von der Ohnmacht und Notwendigkeit des Religiösen, Regensburg.

Eisenmann, Peter (2006): Werte und Normen in der Sozialen Arbeit, Stuttgart.

Engl, Joachim / Thurmaier, Franz (¹¹2007): Wie redest du mit mir? Fehler und Möglichkeiten in der Paarkommunikation, Freiburg – Basel – Wien.

Engstler, Heribert / Menning, Sonja (2003): Die Familie im Spiegel der amtlichen Statistik. Lebensformen, Familienstrukturen, wirtschaftliche Situation der Familien und familiendemographische Entwicklung in Deutschland. Erweiterte Neuauflage (erstellt im Auftrag des Bundesministeriums für Familie, Senioren, Frauen und Jugend in Zusammenarbeit mit dem Statistischen Bundesamt), Bonn.

Eusebius von Caesarea (³1989): Kirchengeschichte (hrsg. von Heinrich Kraft), Darmstadt.

Feldhaus, Stephan (1999): Verantwortung als Handeln im Kompromiss. Zur ethischen Methode der Güter- und Übelabwägung, in: Hans-Günter Gruber / Benedikta Hintersberger (Hrsg.), Das Wagnis der Freiheit. Theologische Ethik im interdisziplinären Gespräch, Würzburg, 181-199.

Flammer, A. (1989): Entwicklungstheorien. Psychologische Theorien der menschlichen Entwicklung, Bern – Stuttgart –Toronto.

Fletcher, Joseph (1967): Moral ohne Normen, Gütersloh.

Forst, Rainer (Hrsg.)(2000): Toleranz. Philosophische Grundlagen und gesellschaftliche Praxis einer umstrittenen Tugend (= Theorie und Gesellschaft 48), Frankfurt a. M. – New York.

Forst, Rainer (2003): Toleranz im Konflikt. Geschichte, Gehalt und Gegenwart eines umstrittenen Begriffs, Frankfurt a. M.

Forst, Rainer (2004): Anerkennung und Toleranz, in: Forschungsinstitut für Philosophie Hannover, Journal, Nr. 3 (Februar 2004), 1-4.

Furger, Franz (1990): Art. Utilitarismus, in: Hans Rotter / Günter Virt (Hrsg.), Neues Lexikon der christlichen Moral, Innsbruck – Wien, 816-821.

Gehlen, Arnold (¹³1986): Der Mensch. Seine Natur und seine Stellung in der Welt (= Sammlung Aula, Band 1), Wiesbaden.

Gnilka, Joachim (1996): Paulus von Tarsus, Freiburg i. Br.

Grisebach, Eberhard (1928): Gegenwart. Eine kritische Ethik, Halle.

Gruber, Hans-Günter (1993 a): Haltung oder Handlung? Zur Bestimmung des Sittlichen im Spannungsfeld von subjektiven und objektiven Gehalten, in: Theologie der Gegenwart, 36. Jahrgang, 287-300.

Gruber, Hans-Günter (1993 b): Autonome Moral oder Moral der Autonomie? Zur Diskussion um das Proprium einer theologischen Ethik, in: Stimmen der Zeit, 118. Jahrgang, 691-699.

Gruber, Hans-Günter (1997): Glaubwürdigkeit in der Normfindung. Kriterien einer verantwortlichen Findung und Begründung konkreter sittlicher Normen, in: Münchener Theologische Zeitschrift, 48. Jahrgang, 57-70.

Gruber, Hans-Günter (1999): Das Geheimnis menschlicher Unfreiheit. Zum Freiheits- und Ethikverständnis Eugen Drewermanns, in: Hans-Günter Gruber / Benedikta Hintersberger (Hrsg.), Das Wagnis der Freiheit. Theologische Ethik im interdisziplinären Gespräch, Würzburg, 104-119.

Gruber, Hans-Günter (2000): Die Würde des Menschen ist unantastbar – auch in der Pflege? Die Idee der Menschenwürde als Ziel und Richtmaß ethisch verantwortlichen Handelns in der Pflege, in: PflegeImpuls, 2. Jahrgang, 28-33.

Gruber, Hans-Günter (2002): Art. Lebenspartnerschaften, in: Lexikon der Pastoral, Band 2 (hrsg. von Konrad Baumgartner und Peter Scheuchenpflug), Freiburg – Basel – Wien, Sp. 1055-1058.

Gründel, Johannes (1982): Die Bergpredigt als Orientierung für unser Handeln, in: Rudolf Schnackenburg (Hrsg.), Die Bergpredigt – utopische Vision oder Handlungsanweisung (=Schriften der Kath. Akademie in Bayern 107), Düsseldorf, 81-112.

Gründel, Johannes (²1984): Normen im Wandel, München.

Gründel, Johannes (1990): Verbindlichkeit und Reichweite des Gewissensspruches, in: Ders. (Hrsg.), Gewissen. Subjektive Willkür oder oberste Norm?, Düsseldorf, 99-126.

Habermas, Jürgen (1983): Diskursethik – Notizen zu einem Begründungsprogramm, in: Ders., Moralbewusstsein und kommunikatives Handeln, Frankfurt a. M., 53-126.

Hare, Richard M. (1992): Moralisches Denken: seine Ebenen, seine Methode, sein Witz, Frankfurt a. M.

Hartmann, Nicolai (³1949): Ethik, Berlin.

Heinzmann, Richard (1990): Der Mensch als Person. Zum Verständnis des Gewissens bei Thomas von Aquin, in: Johannes Gründel (Hrsg.), Gewissen. Subjektive Willkür oder oberste Norm?, Düsseldorf, 34-52.

Herriger, Norbert (²2002): Empowerment in der Sozialen Arbeit, Stuttgart – Berlin – Köln.

Hilpert, Konrad (1995): Das Recht, anders zu sein, in: Ethica, 3. Jahrgang., 339-363.

Hilpert, Konrad (1997): Caritas und Sozialethik. Elemente einer theologischen Ethik des Helfens, Paderborn – München – Wien – Zürich.

Hilpert, Konrad (³2001): Art. Toleranz, in: Lexikon für Theologie und Kirche. Band 10 (hrsg. von Walter Kasper u. a.), Freiburg – Basel – Rom – Wien, Sp. 95-101 (völlig neu bearbeitete Auflage).

Höffe, Otfried (Hrsg.)(1995): Die Nikomachische Ethik, Berlin.

Honnefelder Ludger (1993): Praktische Vernunft und Gewissen, in: Handbuch der christlichen Ethik. Band 3. Aktualisierte Neuausgabe, Freiburg – Basel – Wien, 19-43.

Honnefelder, Ludger (1998): Art. Ethik, in: Lexikon der Bioethik, Band 1, Gütersloh, 654-662.

Huber, Wolfgang (2008): Die Funktion von Theologie und Ethik für Soziale Arbeit, in: Rektorenkonferenz Kirchlicher Fachhochschulen (Hrsg.), Entdeckungen. Theologie und Ethik in Studium und Praxis der Sozialen Arbeit, Opladen – Farmington Hills, 77-84

Hümmeler, Elke (1993): Erfahrung in der genetischen Beratung. Eine theologisch-ethische Studie (=Forum interdisziplinäre Ethik 6), Frankfurt a. M.

Kant, Immanuel (1974a): Kritik der praktischen Vernunft. Werkausgabe Band VII, Frankfurt a. M.

Kant, Immanuel (1974b): Grundlegung zur Metaphysik der Sitten. Werkausgabe Band VII, Frankfurt a. M.

Kant, Immanuel (1977): Metaphysik der Sitten. Werkausgabe Band VIII, Frankfurt a. M.

Katechismus der Katholischen Kirche (1993): München u. a. (deutsche Ausgabe der lateinischen, 1993 in Rom erschienenen, als Urtext geltenden Ausgabe).

Kerber, Walter (1981): Gerechtigkeit, in: Christlicher Glaube in moderner Gesellschaft, Teilband 17, Freiburg i. Br., 30-59.

Klages, Helmut (1988): Wertedynamik. Über die Wandelbarkeit des Selbstverständlichen, Osnabrück.

Kleve, Heiko (2001): Sozialarbeit als Beruf ohne (eindeutige) Identität. Eine postmoderne Umdeutung, ihre Begründung und Auswirkung, in: Forum Sozial, Heft 3, 15-17.

Klug, Wolfgang (2000): Braucht die Soziale Arbeit eine Ethik? – Ethische Fragestellungen als Beitrag zur Diskussion der Sozialarbeitswissenschaft im Kontext ökonomischer Herausforderungen, in: Udo Wilken (Hrsg.), Soziale Arbeit zwischen Ethik und Ökonomie, Freiburg i. Br., 175-206.

Kluxen, Wolfgang (1998): Art. Ethos, in: Lexikon der Bioethik, Band 1, Gütersloh, 693 f.

Knauer, Peter (1967): The Hermeneutic Function of the Principle of Double Effect, in: Natural Law Forum, 12. Jahrgang, 132-162.

Korff, Wilhelm (1979): Kernenergie und Moraltheologie. Der Beitrag der theologischen Ethik zur Frage allgemeiner Kriterien ethischer Entscheidungsprozesse, Frankfurt a. M.

Korff, Wilhelm (1985): Wie kann der Mensch glücken? Perspektiven der Ethik, München.

Korff, Wilhelm (²1985): Norm und Sittlichkeit. Untersuchungen zur Logik der normativen Vernunft, Mainz.

Korff, Wilhelm (1989): „Gnade setzt Natur voraus und vollendet sie". Thomas von Aquin und die Neuzeit, in: Wilhelm Ernst (Hrsg.), Grundlagen und Probleme der heutigen Moraltheologie, Würzburg, 41-60.

Korff, Wilhelm (1992a): Ethische Kriteriologie, in: Ders., Die Energiefrage. Entdeckung ihrer ethischen Dimension, Trier, 23-26.

Korff, Wilhelm (1992b): „Grammatik der Zustimmung". Implikationen der Akzeptanzproblematik, in: Ders., Die Energiefrage. Entdeckung ihrer ethischen Dimension, Trier, 229-285.

Korff, Wilhelm (1993): Ethische Entscheidungskonflikte: Zum Problem der Güterabwägung, in: Handbuch der christlichen Ethik. Band 3. Aktualisierte Neuausgabe, Freiburg – Basel – Wien, 78-92.

Korff, Wilhelm (1999): Sozialethik im Kontext neuzeitlicher Vernunft- und Freiheitsgeschichte, in: Hans-Günter Gruber/Benedikta Hintersberger (Hrsg.), Das Wagnis der Freiheit. Theologische Ethik im interdisziplinären Gespräch, Würzburg, 136-158.

Krockauer, Rainer (2006): Diakonische Spiritualität: Brennpunkte einer Theologie Sozialer Arbeit, in: Ders./Stephanie Bohlen/Markus Lehner (Hrsg.), Theologie und Soziale Arbeit. Handbuch für Studium, Weiterbildung und Beruf, München, 319-329.

Küng, Hans (⁴1992): Projekt Weltethos, München.

Lapide, Pinchas (1985): Die Seligpreisungen – ein Glaubensgespräch, München.

Laubach, Thomas (2000): Entscheidungen. Die Anwendungsfälle sittlichen Urteilens und Handelns, in: Gerfried W. Hunold u. a. (Hrsg.), Theologische Ethik. Ein Werkbuch, Tübingen – Basel, 264-277.

Levi, Primo (¹¹2002): Ist das ein Mensch? Ein autobiographischer Bericht (ungekürzte Ausgabe des Deutschen Taschenbuchverlags), München.

Lewkowicz, Marina/Lob-Hüdepohl, Andreas (Hrsg.)(2003): Spiritualität in der sozialen Arbeit, Freiburg i. Br.

Lob-Hüdepohl, Andreas (2003): Ethik Sozialer Arbeit als Menschenrechtsprofession. Konturen einer sozialprofessionellen Grundhaltung, in: Soziale Arbeit, 52. Jahrgang, 42-48.

Lückert, Heinz-Rolf (⁵1965): Konflikt-Psychologie. Einführung und Grundlegung, München – Basel.

Lückert, Heinz-Rolf (1972): Der Mensch, das konfliktträchtige Wesen. Das Konzept vom Menschen in der gegenwärtigen Psychologie, München.

Lüssi, Peter (²1992): Systemische Sozialarbeit. Praktisches Lehrbuch der Sozialberatung, Bern – Stuttgart – Wien.

Luhmann, Niklas (1973): Formen des Helfens im Wandel gesellschaftlicher Bedingungen, in: Hans-Uwe Otto / Siegfried Schneider (Hrsg.), Gesellschaftliche Perspektiven der Sozialarbeit. Erster Halbband, Darmstadt – Neuwied, 21-43.

Luther, Martin (1883ff.): Kritische Gesamtausgabe, Weimar.

Martin, Ernst (2001): Sozialpädagogische Berufsethik. Auf der Suche nach dem richtigen Handeln, Weinheim.

Mertens, Gerhard (1982): Ethik und Geschichte. Der Systemansatz der Theologischen Ethik Werner Schöllgens (= Tübinger Theologische Studien Band 20), Mainz.

Mertens, Wolfgang (⁶2004): Psychoanalyse, Stuttgart – Berlin – Köln – Mainz.

Metz, Johann Baptist (²2001): Im Eingedenken fremden Leids. Zu einer Basiskategorie christlicher Gottesrede, in: Ders. / Johann Reikertsdorfer / Jürgen Werbick, Gottesrede, Münster – Hamburg – Berlin – London, 3-20.

Metz, Johann Baptist (²2006): Memoria Passionis. Ein provozierendes Gedächtnis in pluralistischer Gesellschaft (in Zusammenarbeit mit Johann Reikertstorfer), Freiburg – Basel – Wien (durchgesehene und korrigierte Auflage).

Mieg, Harald A. (1994): Verantwortung. Moralische Motivation und die Bewältigung sozialer Komplexität, Opladen.

Mill, John Stuart (1985): Der Utilitarismus, Stuttgart.

Miller, Tilly (²2001): Systemtheorie und Soziale Arbeit. Entwurf einer Handlungstheorie (= Dimensionen Sozialer Arbeit und der Pflege Band 2), Stuttgart (überarbeitete und aktualisierte Auflage).

Miller, Tilly / Pankofer, Sabine (Hrsg.)(2000): Empowerment konkret! Handlungsentwürfe und Reflexionen aus der psychosozialen Praxis (= Dimensionen Sozialer Arbeit und der Pflege 4), Stuttgart.

Mührel, Eric (Hrsg.)(2003): Ethik und Menschenbild der Sozialen Arbeit, Essen.

Müller, C. Wolfgang (1999): Wie Helfen zum Beruf wurde. Eine Methodengeschichte der Sozialarbeit, Weinheim – Basel.

Müller, C. Wolfgang (2001): Helfen und Erziehen. Soziale Arbeit im 20. Jahrhundert.

Neubrand, Maria (1995): Die Würde des Menschen steht nicht im Konjunktiv. Biblische Grundlagen, in: Entschluss. Spiritualität – Praxis – Gemeinde, 50. Jahrgang, 30-31.

Nida-Rümelin, Julian (2005): Warum es keine Verantwortung ohne Freiheit gibt?, in: Ders., Über die menschliche Freiheit, Stuttgart, 79-105.

Nietzsche, Friedrich (1956): Aus dem Nachlaß der Achtzigerjahre, in: Werke in drei Bänden (herausgegeben von K. Schlechta), München.

Nothelle-Wildfeuer, Ursula (1999): Soziale Gerechtigkeit und Zivilgesellschaft, Paderborn.

Oerter, Rolf / Montada, Leo (⁵2002): Entwicklungspsychologie. Ein Lehrbuch, München – Weinheim (überarbeitete Auflage).

Pauder-Studer, Herlinde (2003): Einführung in die Ethik, Wien.

Pieper, Annemarie (⁵2003): Einführung in die Ethik, Tübingen – Tübingen – Basel (überarbeitete und aktualisierte Auflage).

P. Johannes Paul II. (1982): Familiaris consortio, in: Acta Apostolica Sedis, Band 74, Rom 81-191.

Platon (⁶1969): Sämtliche Werke. 3 Bände (hrsg. von E. Loewenthal), Köln – Olten.

Platon (2002): Apologie des Sokrates (hrsg. von Franz J. Weber), Paderborn u. a.

Rahner, Karl (1955): Über die Frage einer formalen Existentialethik, in: Schriften zur Theologie Band 2, Einsiedeln – Zürich – Köln, 227-246.

Rawls, John (1975): Eine Theorie der Gerechtigkeit, Frankfurt a. M.

Reamer, Frederic G. (1983): Ethical dilemmas in social work practice, in: Social Work, 28. Jahrgang, 31-35.

Rendtorff, Trutz (1993): Vom ethischen Sinn der Verantwortung, in: Handbuch der christlichen Ethik. Band 3. Aktualisierte Neuausgabe, Freiburg – Basel – Wien, 117-129.

Ringeling, Herrmann (1993): Die Notwendigkeit des ethischen Kompromisses: Kritik und theologische Begründung, in: Handbuch der christlichen Ethik. Band 3. Aktualisierte Neuausgabe, Freiburg – Basel – Wien, 93-116.

Römelt, Josef (2001): Verantwortung als Gestaltung von Freiheit. Moralverständnis zwischen radikaler Moderne und Postmoderne, in: Karl-Wilhelm Merks (Hrsg.), Verantwortung Ende oder Wandlungen einer Vorstellung? Orte und Funktionen der Ethik in unserer Gesellschaft, Münster u. a., 41-58.

Rotter, Hans / Virt, Günter (Hrsg.)(1990): Neues Lexikon der christlichen Moral, Innsbruck – Wien.

Scheler, Max (⁴1954): Der Formalismus in der Ethik und die materiale Wertethik, Bern.

Scheler, Max (¹⁵2002): Die Stellung des Menschen im Kosmos (hrsg. von Manfred F. Frings), Bonn.

Schilson, Arno (1987): „Ohne dich bin ich nichts!" Liebe und Ehe in theologischer Sicht, in: Theologie und Glaube, 77. Jahrgang, 317-335.

Schleißheimer, Bernhard (2003): Ethik heute. Eine Antwort auf die Frage nach dem guten Leben, Würzburg.

Schlittmaier, Anton (2006): , in: Sozialmagazin, 31. Jahrgang, Heft 2, 43-52.

Schluchter, Wolfgang (1971): Wertfreiheit und Verantwortungsethik. Zum Verhältnis von Wissenschaft und Politik bei Max Weber, Tübingen.

Schlüter, Wolfgang (³1995): Sozialphilosophie für helfende Berufe. Der Anspruch der Intervention. Aktualisierte Auflage, München – Basel.

Schmidbauer, Wolfgang (²1992): Hilflose Helfer. Über die seelische Problematik der helfenden Berufe, Reinbek bei Hamburg (erweiterte und überarbeitete Neuausgabe).

Schmidbauer, Wolfgang (1992): Helfen als Beruf. Die Ware Nächstenliebe, Reinbek bei Hamburg.

Schmidt, Gunter (1996): Das Verschwinden der Sexualmoral. Über sexuelle Verhältnisse, Hamburg.

Schnackenburg, Rudolf (Hrsg.)(1982): Die Bergpredigt. Utopische Vision oder Handlungsanweisung?, Düsseldorf.

Schneider, Johann (²2001): Gut und Böse – Falsch und Richtig. Zu Ethik und Moral der sozialen Berufe, Frankfurt a. M.

Schockenhoff, Eberhard (1996): Naturrecht und Menschenwürde. Universale Ethik in einer geschichtlichen Welt, Mainz.

Schockenhoff, Eberhard (³2000): Ethik des Lebens. Ein theologischer Grundriß, Mainz.

Schockenhoff, Eberhard (2003): Wie gewiss ist das Gewissen? Eine ethische Orientierung, Freiburg – Basel –Wien.

Schöllgen, Wilhelm (1953): Die soziologischen Grundlagen der katholischen Sittenlehre (= Handbuch der katholischen Sittenlehre Band V), Düsseldorf.

Schöllgen, Wilhelm (1955): Aktuelle Moralprobleme, Düsseldorf.

Schöllgen, Wilhelm (1961): Konkrete Ethik, Düsseldorf.

Scholz, Franz (1976): Wege, Umwege und Auswege der Moraltheologie. Ein Plädoyer für begründete Ausnahmen, München.

Schopenhauer, Arthur (1977): Preisschrift über die Grundlage der Moral (hrsg. von Werner Brede), Herrsching.

Schroer, Christian (1995): Praktische Vernunft bei Thomas von Aquin (= Münchener philosophische Studien. Neue Folge 10), Stuttgart – Berlin – Köln.

Schüller, Bruno (1970): Zur Problematik allgemein verbindlicher ethischer Grundsätze, in: Theologie und Philosophie, 45. Jahrgang, 1-23.

Schüller, Bruno (²1980): Die Begründung sittlicher Urteile. Typen ethischer Argumentation in der Moraltheologie, Düsseldorf (überarbeitete und erweiterte Auflage).

Schumacher, Thomas (2003): Soziale Arbeit als Begriff. Paradigma zur Grundlegung einer Sozialarbeitswissenschaft, in: Archiv für Wissenschaft und der der Sozialen Arbeit, 33. Jahrgang, 3-18.

Schumacher, Thomas (2007): Soziale Arbeit als ethische Wissenschaft. Typologie einer Profession (= Dimensionen Sozialer Arbeit und der Pflege Band 11), Stuttgart.

Singer, Peter (²1994): Praktische Ethik, Stuttgart

Spaemann, Robert (1977): Wovon handelt die Moraltheologie? Bemerkungen eines Philosophen, in: Internationale Katholische Zeitschrift „Communio", 6. Jahrgang, 13-19.

Staub-Bernasconi, Silvia (1995): Das fachliche Selbstverständnis Sozialer Arbeit – Wege aus der Bescheidenheit. Soziale Arbeit als „Human Rights Profession", in: Wolf Rainer Wendt (Hrsg.), Soziale Arbeit im Wandel ihres Selbstverständnisses. Beruf und Identität, Freiburg i. Br., 57-104.

Steinbüchel, Theodor (1939): Die philosophische Grundlegung der katholischen Sittenlehre (= Handbuch der katholischen Sittenlehre Band 1, hrsg. von Fritz Tillmann), Düsseldorf.

Tafferner, Andrea (2003): Bilder vom Menschsein – Bilder des Helfens. Ein theologisch-anthropologischer Beitrag zum Verhältnis von Spiritualität und Sozialer Arbeit, in: Marina Lewkowicz / Andreas Lob-Hüdepohl (Hrsg.), Spiritualität in der sozialen Arbeit, Freiburg i. Br., 87-101.

Thiersch, Hans (1995): Lebenswelt und Moral. Beiträge zur moralischen Orientierung, Weinheim – München.

Thomas von Aquin (1949): In Ethicorum (Ed. R. M. Spiazzi), Turin.

Thomas von Aquin (1950 a): Summa Theologiae (Ed. Leonina manualis), Rom – Turin.

Thomas von Aquin (1950 b): De veritate (Ed. Leonina manualis), Rom – Turin.

Tödt, Heinz Eduard (1988): Perspektiven theologischer Ethik, München.

Tremmel, Hans (2006): Subsidiarität – ein sozialethisches Strukturprinzip für die Soziale Arbeit, in: Konrad Hilpert / Thomas Bohrmann (Hrsg.), Solidarische Gesellschaft. Christliche Sozialethik als Auftrag zur Weltgestaltung im Konkreten, Regensburg, 63-77.

Virt, Günter (1983): Epikie – verantwortlicher Umgang mit Normen. Eine historisch-systematische Untersuchung, Mainz.

Walzer, Michael (1994): Sphären der Gerechtigkeit. Ein Plädoyer für Pluralität und Gleichheit. Frankfurt a. M.

Walzer, Michael (1998): Über Toleranz. Von der Zivilisierung der Differenz, Berlin.

Waschkuhn, Arno (1995): Was ist Subsidiarität? Ein sozialphilosophisches Ordnungsprinzip. Von Thomas von Aquin bis zur „Civil Society", Opladen.

Weber, Max (²1958): Politik als Beruf, in: Gesammelte politische Schriften (hrsg. von J. Winckelmann), 493-548.

Weber, Max (⁵*1976):* Wirtschaft und Gesellschaft. Grundriß der verstehenden Soziologie (1922), Tübingen.

Weischedel, Wilhelm (³*1972):* Das Wesen der Verantwortung. Ein Versuch, Frankfurt a. M.

Weizsäcker, Ernst von (1972): Ethische Probleme aus der Biologie, in: Zeitschrift für Evangelische Ethik, 16. Jahrgang, 150-157.

Wendt, Wolf Rainer (1990): Ökosozial denken und handeln. Grundlagen und Anwendungen in der Sozialarbeit, Freiburg i. Br.

Wendt, Wolf Rainer (⁴1995): Geschichte der Sozialen Arbeit. Neu bearbeitete und aktualisierte Auflage, Stuttgart.

Weth, Rudolf (2007): Ecce homo – Vom neuen Sehen des Menschen in der Diakonie. Biblisch-theologische Impulse zum diakonischen Menschenbild, in: Desmond Bell / Wolfgang Maaser / Gerhard K. Schäfer (Hrsg.), Diakonie im Übergang, Bochum, 68-104.

Wiesel, Elie ((⁵*1996):* Die Nacht. Erinnerung und Zeugnis (Herder Spektrum), Freiburg i. Br.

Wildfeuer, Armin / Lampe, Ernst-Joachim (1998): Art. Person, in: Lexikon der Bioethik, Bd. 3, Gütersloh, 5-12.

Wilken, Udo (Hrsg.) (2000): Soziale Arbeit zwischen Ethik und Ökonomie, Freiburg i. Br.

Wolbert, Werner (1989): Wege und Umwege einer ethischen Normierungstheorie, in: Wilhelm Ernst (Hrsg.), Grundlagen und Probleme der heutigen Moraltheologie, Würzburg, 75-93.

Zimmer, Andreas (1999): Das Verständnis des Gewissens in der neueren Psychologie, Frankfurt a. M.

Zink, Dionys (1988): Personalität und Solidarität: Grundlagen einer sozialpädagogischen Berufsethik, in: Sozial, 38. Jahrgang, 3-8.

Zink, Dionys (1990): Aufforderung zur Konstitution von Sozialarbeitswissenschaft an Fachhochschulen, in: Karl-Dieter Ulke (Hrsg.), Ist Sozialarbeit lehrbar?, Freiburg i. Br., 40-54.

Zink, Dionys (1994): Impulse zur Weiterentwicklung einer sozialpädagogischen Berufsethik, in: Sozial, 44. Jahrgang, 87-90.

Zulehner, Paul M. u. a. (Hrsg.)(²*1997):* Solidarität. Option für die Modernisierungsverlierer, Innsbruck – Wien.

Personenregister

Amman, E. 6
Anzenbacher, A. 39 224
Aristoteles 18f. 23 35 81ff. 90 134
    153 164 172 190 196 220f. 224
Auer, A. 33 224

Bacon, F. 35
Batseba 14
Baum, H. 2 224
Baumgartner, A. 94 97 224
Baumgartner, K. 226
Bell, D. 233
Bentham, J. 133f. 224
Berkel, K. 184 224
Bock, Th. 224
Böckle, F. 38 123 197 224
Boff, L. 100 224
Bohrmann, Th. 234
Brack, R. 224
Brede, W. 231

Cicero 163 165

Dahrendorff, R. 184 224
David 14
Demmer, K. 143f. 188 224f.
Deutsch, M. 184 225
Dionysius von Alexandrien 178
Dörries, H. 178 225
Drewermann, E. 127ff. 225

Eisenmann, P. 28f. 42 60 84 142
    225

Engl, J. 186 225
Engstler, H. 91 225
Epiktet 163
Ernst, W. 233
Eusebius von Caesarea 178 225

Feldhaus, St. 201 205 225
Flammer, A. 175 225
Fletcher, J. 127 225
Forst, R. 71 73 225
Frings, M. F. 230
Furger, F. 136 225

Gadamer, H.-G 224
Gehlen, A. 12 226
Gnilka, J. 166 226
Gigon, O. 224
Grisebach, E. 125 226
Gruber, H.-G. 33 38 77 128 225f.
    228
Gruber, J. 4
Gründel, J. 61f. 69 143 182 205 223
    226

Habermas, J. 36 120 226
Hare, R. M. 136 226
Hartmann, N. 192f. 226
Hepp, H. 224
Heinzmann, R. 121 171 226
Herriger, N. 65 227
Hilpert, K. 64 75 95 227
Hintersberger, B. 225f. 228

Höffe, O. 18 227
Honnefelder, L. 15 19 174 227
Hümmeler, E. 36 184 227
Huber, W. 22 99 227
Hunold, G. W. 228

Jesus von Nazareth 27 52ff. 68f. 74
    98ff. 130 148ff.

Kant, I. 11 17 27 49ff. 57 66 90 120
    129 151 227
Kasper, W. 227
Kerber, W. 84f. 87 227
Klages, H. 41 227
Kleve, H. 227
Klug, W. 10 22 227
Kluxen, W. 14 228
Knauer, P. 198 228
Kopernikus 41
Korff, W. 16 26 45 69f. 79 94 97
    103ff. 121 143 173 188 191ff. 198
    200ff. 224 228
Kraft, H. 225
Krockauer, R. 113 228
Küng, H. 48 228

Laotsé 130
Lampe, E.-J. 233
Lapide, P. 148 228
Laubach, Th. 228
Lessing, G. E. 71
Levi, B. 100f. 228
Lewkowicz, M. 113 228 232
Lob-Hüdepohl, A. 48 113 228f. 232
Locke, J. 71
Löwenthal, E. 230
Lückert, H.-R. 184 229
Lüssi, P. 229
Luhmann, N. 5f. 9f. 229

Lukas 177
Luther, M. 179 229

Maaser, W. 233
Machiavelli, N. 160
Marc Aurel 163
Martin, E. 2 229
Marx, K. 87
Maslow, A. 30
Menning, S. 91 225
Menzinger-Gruber, G. 4
Merks, K.-W. 230
Mertens, G. 109 229
Mertens, W. 140f. 229
Metz, J. B. 98ff. 229
Mieg, H. A. 229
Mill, J. S. 133 135 229
Miller, T. 4 9 65 229
Montada, L. 30 203 230
Mührel, E. 229
Müller, W. 224
Müller, W. C. 7f. 229

Nell-Breuning, O. von 95
Neubrand, M. 53 230
Nida-Rümelin, J. 58 230
Nietzsche, F. 75 230
Nothelle-Wildfeuer, U. 84 230

Oerter, R. 30 203 230
Otto, U. 229

Pankofer, S. 65 229
Pauer-Studer, H. 17 19 133 136 156
    230
Paulus 52 166ff. 170f. 176
Petrus 177
Pieper, A. 14 230
P. Pius XI. 63

P. Johannes Paul II. 203 230
Platon 81 164f. 190 230

Rahner, K. 126 230
Rawls, J. 86f. 230
Reamer, F. G. 230
Reikertsdorfer, J. 229
Rendtorff, T. 62 163 204 230
Ringeling, H. 143 230
Römelt, J. 230
Rotter, H. 225 230

Salomon, A. 7
Schäfer, G. K. 233
Scheler, M. 12 192 230
Scheuchenpflug, P. 226
Schilson, A. 103 231
Schlechta, K. 230
Schleißheimer, B. 60 231
Schlittmaier, A. 231
Schlüter, W. 2 231
Schluchter, W. 231
Schmidt, G. 158f. 231
Schmidbauer, W. 109 231
Schnackenburg, R. 148 226 231
Schneider, J. 2 112f. 231
Schneider, S. 229
Schockenhoff, E. 47 148 156 163 166
    171 173f. 231
Schöllgen, W. 141ff. 229 231
Scholz, F. 197 231
Schopenhauer, A. 102f. 111 231
Schrader-Breymann, H. 8
Schroer, Ch. 16 231
Schüller, B. 112 143 191f. 201 231
Schumacher, Th. 8 20f. 232
Seneca 163 165
Singer, P. 39f. 136ff. 224 232
Spaemann, R. 37 232

Spiazzi, R. M. 232
Sölle, D. 132
Sokrates 16 135 164f. 177 230
Staub-Bernasconi, S. 9 48 232
Steinbüchel, Th. 125 323

Tafferner, A. 115 232
Thiersch, H. 232
Thomas von Aquin 16 52 121 171f.
    175f. 190 196 226 228 231f.
Thurmaier, F. 186 225
Tillmann, F. 232
Tödt, H. E. 232
Tremmel, H. 65 232

Ulke, K.-D. 233
Urija 14

Virt, G. 190 225 230 232

Walzer, M. 76 87 232
Waschkuhn, A. 232
Weber, F. J. 230
Weber, M. 93 139ff. 231ff.
Weischedel, W. 60 233
Weizsäcker, E. von 127 233
Wendt, W. R. 7 9 232f.
Werbick, J. 229
Weth, R. 74 233
Wiesel, E. 101f. 233
Wildfeuer, A. 233
Wilken, U. 2 227 233
Winckelmann, J. 232
Wolbert, W. 127 233

Zapf, W. 224
Zimmer, A. 175 233
Zink, D. 10 233
Zulehner, P. M. 233

AUTOR

Gruber, Hans-Günter, geb. 1957, Dr. theol. Dr. theol. habil.; 1978-1984 Studium der Theologie und Philosophie an der Ludwig-Maximilians-Universität München; 1985-1989 Ausbildung zum Ehe-, Familien- und Lebensberater am Institut für Forschung und Ausbildung in Kommunikationstherapie München; 1988 Promotion zum Dr. theol.; 1993 Habilitation im Fachgebiet Moraltheologie.

Seit 1998 Professor für Katholische Theologie in der Sozialen Arbeit an der Katholischen Stiftungsfachhochschule München. Zuvor von 1994 bis 1998 Privatdozent für Moraltheologie an der Ludwig-Maximilians-Universität München. Seit 1989 nebenberufliche Tätigkeit als Ehe- und Familienberater in der Erzdiözese München und Freising.

Derzeitige Arbeits- und Forschungsschwerpunkte: Theologische Grundlegung helfenden Handelns; Ethik und Ethos der Sozialen Arbeit; sozialarbeiterische und ethische Fragen der Familienhilfe. Zahlreiche Veröffentlichungen zu verschiedenen Themenbereichen der Ethik.

Dimensionen Sozialer Arbeit und der Pflege

Hrsg. von der Katholischen Stiftungsfachhochschule München

Band 10: Tilly Miller

Dramaturgie von Entwicklungsprozessen

Ein Phasenmodell für professionelle Hilfe im psychosozialen Bereich

2006. VI/134 S., kt. € 22,–. ISBN 978-3-8282-0366-2

Das Buch bietet ein Phasenmodell, das Entwicklungsprozesse in ihren typischen Verlaufsdynamiken zu beschreiben vermag. Darauf bezogen folgen Überlegungen für das professionelle Handeln. Angesprochen sind insbesondere SozialarbeiterInnen, BeraterInnen, SupervisorInnen, Coaches, MediatorInnen, Studierende und Lehrende helfender Berufe.

Band 9: Birgit Dorner / Kerstin Engelhardt (Hrsg.)

Arbeit an Bildern der Erinnerung

Ästhetische Praxis, außerschulische Jugendbildung und Gedenkstättenpädagogik

2006. VIII/244 S., kt. € 24,90. ISBN 978-3-8282-0350-1

Die Geschichte des Nationalsozialismus rückt in immer weitere Ferne. Dadurch werden auch an die Bildungsarbeit neue Herausforderungen gestellt. Will Bildungsarbeit Jugendlichen Zugänge zur Geschichte schaffen, muss sie deren ästhetische Bedürfnisse und Bild-Lebenswelt berücksichtigen. Einen neuen Zugangsweg können ästhetische Herangehensweisen bieten, d.h. Zugänge über sinnliche und leibliche Empfindungen auch durch Selbsttätigkeit: sie verlagert das reine Konsumieren von Inhalten in schöpferisches Gestalten. Sie fordert und fördert Eigentätigkeit und damit eigene Zugänge zur Geschichte.

Band 7: Charlotte Uzarewicz / Michael Uzarewicz

Das Weite suchen

Einführung in eine phänomenologische Anthropologie für Pflege

2005. X/192 S., kt. € 22,-. ISBN 978-3-8282-0307-5

Auf welcher anthropologischen Basis gründen Pflegepraxis ihr Handeln und Pflegewissenschaft ihre Theorien und Forschungen? Ausgehend von dieser Fragestellung wird im vorliegenden Buch ein kurzer Überblick über die traditionellen anthropologischen Theorien gegeben und deren begrenzte Reichweite offen gelegt. Dieses Buch stellt eine Grundlegung für eine phänomenologische Anthropologie (in) der Pflege dar, die sich nicht mit einer bloßen normativen Fragestellung zufrieden gibt.

„LUCIUS LUCIUS   Stuttgart

Geschichte der Sozialen Arbeit, Band 1:

Die Gesellschaft vor der sozialen Frage

Von Prof. Dr. Wolf Rainer Wendt

5., völlig neubearb. und erw. Aufl.

2008. XII/527 S., kt. € 24,90
UTB 3093. ISBN 978-3-8252-3093-7.

Wer Soziale Arbeit verstehen und an ihr mitwirken will, muss ihre Geschichte kennen. Das Buch bietet eine umfassende Beschreibung der Bemühungen um eine Besserung von Zuständen in der modernen Gesellschaft und um die Behebung von Not und Elend. Das Werk beschreibt die Entstehung und Entwicklung sozialer Betätigung in ihren Zusammenhängen seit der zweiten Hälfte des 18. Jahrhunderts in Europa und später auch in den USA. Detailliert erörtert werden die Richtungen, in den die soziale Frage nach Gerechtigkeit, Ausgleich und sozialer Heilung international vor dem Hintergrund der Industrialisierung und ihrer Folgen für breite Schichten der Bevölkerung beantwortet wurde: in sozialistischen Entwürfen von Gemeinschaft und Genossenschaft, in christlich-konservativen Erneuerungsbestrebungen, liberalen Hilfen zur Selbsthilfe, sozialer Politik und in der Frauenbewegung mit den Anfängen der Verberuflichung Sozialer Arbeit.

Der Band erscheint in Nachfolge der 4. Auflage der „Geschichte der Sozialen Arbeit" des Autors und stellt eine gänzliche Neubearbeitung und Erweiterung des ersten Teils der „Geschichte" dar. Es dient in der akademischen Ausbildung als Lehrbuch und der Profession als eine Gesamtdarstellung ihres Herkommens.

Der Autor ist langjähriger Vorsitzender der Deutschen Gesellschaft für Soziale Arbeit und lehrt in Tübingen und Stuttgart.

Geschichte der Sozialen Arbeit, Band 2:

Die Profession im Wandel ihrer Verhältnisse

Von Prof. Dr. Wolf Rainer Wendt

5., völlig neubearb. und erw. Aufl.

2008. XII/412 S., kt. € 24,90
UTB 3094. ISBN 978-3-8252-3094-4, UTB 3172 (Kombi 1+2; Kombipreis 39,90)

Die Professionalisierung Sozialer Arbeit begann um 1900 und bleibt einem Entwicklungsprozess verhaftet, in dem bis heute die Identität der sozialen Berufstätigkeit nicht fest umrissen und fertig ausgemacht ist. Der Wandel der politischen, ökonomischen und gesellschaftlichen Verhältnisse schließt die Soziale Arbeit und ihr verbundene Bestrebungen ein. Das Buch beschreibt das Werden und Wirken der sozialen Profession international in Zeiten der Reform, des Krieges, wohlfahrtsstaatlicher Programme und neuer sozialer Bewegungen bis in die globalen Krisen und Risiken der Gegenwart. Die Situation sozialberuflichen Handelns wird mit ihrer Geschichte in den Kontext allgemeiner Daseinsvorsorge und Bemühungen um Wohlfahrt gerückt.

LUCIUS
LUCIUS   Stuttgart

Peter R. Wellhöfer

Gruppendynamik und soziales Lernen
Theorie und Praxis der Arbeit mit Gruppen
3. überarbeitete und erweiterte Auflage

2007. XI, 230 S., kt. € 17,90. UTB 2192. ISBN 978-3-8252-2192-8

Jeder Mensch kennt Gruppensituationen, in denen er sich "anders" verhalten hat, als er es "normalerweise" tut oder tun möchte. Das individuelle, völlig selbst gesteuerte Verhalten gibt es nur in der Theorie und in der persönlichen Selbsteinschätzung. Es ist faszinierend und auch manchmal erschreckend, wie die gemeinsame Interaktion das persönliche Verhalten beeinflusst.

Die dritte Auflage von "Gruppendynamik und soziales Lernen" gibt dem Leser die Möglichkeit, sich detailliert über den aktuellen Stand der Gruppenpsychologie zu informieren. Durch eine große Anzahl von Übungen und Experimenten will der Autor den Leser aktivieren, die Inhalte selbst zu erleben. Die beschriebenen Übungen sind in vielen Seminaren erprobt und stellen ein bewährtes Schulungsmaterial für Dozenten, Verhaltenstrainern und Moderatoren dar.

Als integrierendes Bezugssystem für die Umsetzung der einzelnen Erkenntnisse wird das Menschenbild der "Humanistischen Psychologie" vorgeschlagen und am Beispiel der "Themenzentrierten Interaktion" erläutert. An drei weiteren Beispielen (Seminar "Gesprächsführung und Motivation", "Kollegiale Beratung" und "Soziales-Kompetenz-Training") wird ausführlich beschrieben, wie die theoretischen Aspekte konkret in die Arbeit mit Gruppen und Teams einfließen können.

Peter R. Wellhöfer

Schlüsselqualifikation Sozialkompetenz
Theorie und Trainingsbeispiele

2004. IX/251 S., kt. € 15,90. UTB 2516. ISBN 978-3-8252-2516-2

Seit Jahren wird beklagt, dass in allen Ausbildungsebenen zu wenig Wert auf die Vermittlung von Schlüsselqualifikationen bzw. "social skills" gelegt wird. Dieses Buch richtet sich an Lehrende in der Erwachsenenbildung und bietet ihnen Anregungen zur inhaltlichen Seminar- und Workshopgestaltung. Konzeption und Darstellung sowie die Übungsbeispiele basieren auf den langjährigen Erfahrungen des Autors als Seminartrainer in Hochschule und Wirtschaft.

"LUCIUS
"LUCIUS   *Stuttgart*

www.ingramcontent.com/pod-product-compliance
Lightning Source LLC
Chambersburg PA
CBHW052001270326
41929CB00015B/2740